南京邮电大学校级人文社会科学研究基金项目资助（项目号：NYS216028）

技术创新对成本领先战略的影响机理研究

石盛林　◎著

东南大学出版社
SOUTHEAST UNIVERSITY PRESS
·南京·

图书在版编目(CIP)数据

技术创新对成本领先战略的影响机理研究 / 石盛林著. — 南京：东南大学出版社，2024.5
ISBN 978-7-5766-1403-9

Ⅰ．①技… Ⅱ．①石… Ⅲ．①企业管理—技术革新—影响—成本管理—研究—中国 Ⅳ．①F279.23

中国国家版本馆 CIP 数据核字(2024)第 082960 号

责任编辑：丁志星　　责任校对：韩小亮　　封面设计：余武莉　　责任印制：周荣虎

技术创新对成本领先战略的影响机理研究

著　　者	石盛林
出版发行	东南大学出版社
社　　址	南京市四牌楼 2 号(邮编：210096　电话：025 - 83790585)
出 版 人	白云飞
网　　址	http://www.seupress.com
电子邮箱	press@seupress.com
经　　销	全国各地新华书店
印　　刷	广东虎彩云印刷有限公司
开　　本	700 mm×1000 mm　1/16
印　　张	17.5
字　　数	320 千字
版　　次	2024 年 5 月第 1 版
印　　次	2024 年 5 月第 1 次印刷
书　　号	ISBN 978-7-5766-1403-9
定　　价	68.00 元

本社图书若有印装质量问题，请直接与营销中心联系，电话：025 - 83791830。

前言 Preface

中国制造企业普遍采用成本领先战略参与国际竞争,在全球产业链上处于中低端,制造业"大而不强"的问题十分突出。加快推进我国制造企业成本领先战略转型升级,尽快实现从"中国制造"向"中国创造"的跨越,从制造大国向制造强国迈进,已经成为摆在我们面前最重要的任务。

本书以中国制造业企业为研究对象,基于企业家认知能力、高管团队认知风格、技术创新、竞争战略、战略管理制度基础观等理论,运用问卷调查研究、案例研究等研究方法,探讨技术创新对成本领先战略的影响机理,有助于找到成本领先战略转型升级路径和动力机制,具有重要的理论和现实意义。

基于2011年257家中国制造企业样本和2012年427家中国制造企业样本的两次问卷调查研究,形成了三个主要结论:第一,企业实施的成本领先战略可以区分为两种:以运营效率为主要驱动因素的传统型成本领先战略,以工艺创新为主要驱动因素的创新型成本领先战略。两种类型的成本领先战略的财务绩效、市场绩效、总体绩效都没有显著差异。总体来看,样本企业中,以传统型成本领先战略为主导的比例高于以创新型成本领先战略为主导的比例。第二,从技术创新形式来看,企业实施的是以成本领先战略为主导的竞争战略,由以提高制造质量、提升运营效率为主要目的的工艺创新驱动。从低成本创新动机来看,本书提出并实证检验了低成本创新动机的三个维度——本能动机、认知动机、行为动机。其中,本能动机、行为动机对成本领先战略有显著影响。第三,目前的正式制度没有强化工艺创新对成本领先战略的影响;劳动制度没有对低成本创新动机与成本领先战略关系产生显著调节作用;环境资源制度弱化了低成本行为动机对成本领先战略的影响。高管团队存在两种认知风格——分析型和创造型,且分析型强度高于创新型,两种认知风格对技术创新两种形式与成本领先战略关系都没有显著调节作用。

以福耀玻璃曹德旺为研究对象的案例研究,形成了两个主要结论:第一,本书提出企业家认知能力三个维度——感知能力、注意能力、决策能力。企业家认知能力随着企业生命周期的演进而演变。第二,企业家感知能力、注意能力、决策能力在信息加工的不同阶段,对技术创新与竞争战略关系的调节作用呈现出差异。企业家感知能力对工艺创新与成本领先战略关系,以及产品创新与差异化战略关系有明显调节作用;企业家注意能力对工艺创新与成本领先战略关系有明显调节作用;企业家直觉决策能力主要影响产品创新与差异化战略的关系,而企业家分析决策能力主要影响工艺创新与成本领先战略的关系。

本书的研究发现为推动从"中国制造"向"中国创造"转变、推动中国制造企业成本领先战略转型升级提供了战略指导。第一,在转型升级路径上,进一步提升技术创新强度,特别是产品创新强度,从"传统型成本领先战略"向"创新型成本领先战略"转变,实现"在新的产业市场中继续实施成本领先战略"。第二,在转型动力机制上,一方面是在企业内部,企业家自身认知能力随着企业的发展而不断提升,认识到个体认知能力的局限性,聚焦核心事业领域;高管团队提升创造型认知风格强度,在感知和处理信息时能够更具灵活性和创造性,同时提升主动创新动机强度。另一方面是在企业外部,加强对企业家认知能力的提升、高管团队创造型认知风格的形成,促进主动创新的正式制度的建设落实和非正式制度的培育,增强有利于企业主动创新的劳动制度、环境资源制度的建设和落实。

针对单案例研究发现的局限性,未来研究主要从三个方面展开:第一,通过跨案例比较研究,完善企业家认知能力的概念,开发测量量表。第二,通过跨案例比较研究,探寻企业家认知能力的演化及其影响因素,特别是制度环境的影响。第三,聚焦冠军企业,探寻冠军企业家认知能力的形成与演变规律,推动中国制造业转型升级。

目录 Contents

第一篇　绪论篇

第一章　绪论 …………………………………………… 002
1.1　研究意义与目的 …………………………………… 002
1.2　关键概念和研究内容 ……………………………… 006
1.3　研究方法与技术路线 ……………………………… 016
1.4　本书的创新点 ……………………………………… 019
参考文献 ………………………………………………… 021

第二章　文献综述 ……………………………………… 027
2.1　竞争战略实证研究 ………………………………… 027
2.2　竞争战略与技术创新的关系 ……………………… 039
2.3　高管团队与竞争战略、技术创新的关系
　　 …………………………………………………… 048
2.4　企业家与竞争战略、技术创新的关系 …………… 055
2.5　本章小结 …………………………………………… 067
参考文献 ………………………………………………… 069

第二篇　问卷调查研究篇

第三章　问卷调查研究的理论模型 …………………… 092
3.1　工艺创新和产品创新对成本领先战略影响机
　　 理理论模型 ……………………………………… 092
3.2　低成本创新动机对成本领先战略影响机理理
　　 论模型 …………………………………………… 106

3.3 本章小结 ·· 112
参考文献 ·· 114

第四章 问卷调查研究设计ㆍㆍㆍㆍㆍㆍㆍㆍㆍㆍㆍㆍㆍㆍㆍㆍㆍㆍㆍㆍㆍㆍㆍㆍㆍㆍㆍㆍㆍㆍㆍ 120

4.1 问卷设计 ··· 120
4.2 数据收集 ··· 122
4.3 变量测量 ··· 125
4.4 分析方法与工具 ··· 136
参考文献 ·· 138

第五章 问卷调查研究的数据分析与研究发现 ·············· 140

5.1 工艺创新和产品创新对成本领先战略影响机理研究数据分析
   ··· 140
5.2 低成本创新动机对成本领先战略影响机理研究数据分析 ··· 176
5.3 问卷调查研究发现 ··· 189
5.4 问卷调查研究结果讨论 ····································· 190
参考文献 ·· 209

第三篇 案例研究篇

第六章 案例研究的理论背景 ·································· 214

6.1 企业理论的简要回顾 ······································· 214
6.2 企业家企业理论 ··· 217
6.3 战略管理认知学派的隐含假设 ······························ 218
6.4 本章小结 ·· 220
参考文献 ·· 221

第七章 案例研究设计 ··· 226

7.1 研究方法 ··· 227
7.2 研究样本 ··· 231
7.3 数据收集 ··· 232
7.4 数据分析方法与工具 ······································· 233
参考文献 ·· 236

第八章　案例研究的数据分析与研究发现 ·················· 238
　8.1　数据准备 ························· 239
　8.2　数据分析 ························· 241
　8.3　案例研究发现 ······················· 254
　8.4　案例研究结果讨论 ····················· 256
　参考文献 ···························· 262

第四篇　结论与展望篇

第九章　研究结论与未来研究展望 ················ 266
　9.1　研究结论 ························· 266
　9.2　理论贡献和实践启示 ···················· 270
　9.3　局限性与未来研究展望 ··················· 271

第一篇
绪论篇

本篇提出研究问题,回顾相关的研究成果,包含两章内容。

第一章"绪论"主要阐述研究意义与目的、关键概念和研究内容、研究方法与技术路线、本书的创新点。

第二章"文献综述"回顾研究涉及的竞争战略实证研究,竞争战略与技术创新的关系,高管团队与竞争战略、技术创新的关系,企业家与竞争战略、技术创新的关系,并对已有研究成果进行简要评述,为探寻技术创新对成本领先战略的影响机理奠定理论基础。

第一章
绪　论

1.1　研究意义与目的

1.1.1　研究意义

新中国成立70多年来,以改革开放为标志,中国制造业的发展可以划分为四个阶段[1]:第一阶段是1949至1977年的自我发展阶段,通过向苏联学习,初步建立起了一套完整的工业体系。第二阶段是1978年至2000年的代工阶段,通过"三来一补",即"来料加工、来件装配、来样加工、补偿贸易"的合作模式,大规模从国外引进生产线,形成了中国制造的初期形态。第三阶段是2001年至2010年的全球化阶段,以2001年加入世界贸易组织为开端,中国制造企业通过积极参与全球价值链分工,让我国快速成为"世界工厂",2010年成为世界制造业第一大国。第四阶段是从2011年开始的高质量发展阶段,中国制造从低中端向中高端升级,从制造大国向制造强国迈进。

回望第二、三阶段,即改革开放40多年以来,我国及时抓住经济全球化发轫之初的大好机遇,充分发挥劳动力、土地、资源的低成本比较优势,主动承接发达国家和地区的制造业转移,自2010年以1.92万亿美元的增加值,超越美国成为世界制造业第一大国,一直保持世界第一制造大国地位,2022年增加值达到4.98万亿美元,占世界制造业增加值比重达到29.47%。

中国制造业企业普遍采用了资源驱动成本领先战略①[2],以数量、规模、速度为主要特征的增长模式,处于技术含量低、资源消耗大、污染排放高、附加值低的加工制造装配环节[3]。《2021中国制造强国发展指数报告》显示:2020年我国制造强国发展的主要支撑力仍为规模发展,分项得分58.02,在

---

① 文献中使用了"总成本领先战略""成本领先战略""低成本战略""标歧立异战略"和"差异化战略"等名称,本书统一使用"成本领先战略"和"差异化战略"。

九个国家中排名第一,比排名第二的美国高出 23.00(表 1.1);质量效益仍是我国制造业的最大弱项,分项得分 16.09,在九个国家中排名第七,仅高于印度(10.02)、巴西(8.51),比排名第一的美国低 38.97(表 1.2)。

表 1.1　2020 年各国规模发展分项数值

国家	中国	美国	德国	日本	韩国	法国	英国	印度	巴西
2020	58.02	35.02	24.85	20.42	15.28	8.97	7.97	4.86	2.38
2019	54.86	36.42	27.10	22.18	16.03	10.39	9.00	5.76	2.99
增减	+3.16	-1.40	-2.25	-1.76	-0.75	-1.42	-1.03	-0.90	-0.61

数据来源:中国工程院战略咨询中心,中国机械科学研究总院集团有限公司,国家工业信息安全发展研究中心.2021 中国制造强国发展指数报告[R/OL]. https://mp.weixin.qq.com/s/_NQl1fTXS66_1eLElB6CNg.

表 1.2　2020 年各国质量效益分项数值

国家	美国	日本	法国	德国	英国	韩国	中国	印度	巴西
2020	55.06	31.57	26.31	24.20	22.65	19.14	16.09	10.02	8.51
2019	51.96	31.73	26.39	25.18	22.90	19.23	16.11	10.33	9.87
增减	+3.10	-0.16	-0.08	-0.98	-0.25	-0.09	-0.02	-0.31	-1.36

数据来源:中国工程院战略咨询中心,中国机械科学研究总院集团有限公司,国家工业信息安全发展研究中心.2021 中国制造强国发展指数报告[R/OL]. https://mp.weixin.qq.com/s/_NQl1fTXS66_1eLElB6CNg.

21 世纪初期,中国制造企业采用何种竞争战略参与国际竞争,国内学术界和企业界曾存在两种不同的观点:一种观点认为中国制造企业将会失去成本优势,应该转向差异化战略;另一种观点认为中国大部分制造企业还缺乏支撑差异化战略的职能条件以及受国际分工的影响,仍然需要依靠成本领先战略参与国际竞争[4]。事实上,一项实证研究表明,美国 45.4% 的企业、日本 41.4% 的企业都明显地采用了成本领先战略,而两国企业明显采用差异化战略的比例分别为 39.3% 和 7.6%[5],甚至在华跨国公司的竞争战略也由差异化向成本领先转变[6]。有研究认为,从中国制造企业长期发展来看,由发达国家主导的国际分工现实和基本国情局限决定了现阶段我国多数企业和行业不具备在国际竞争中依靠核心技术、研究开发、产品设计、品牌、国际渠道等实行差异化战略的条件,成本领先战略过去是、现在和今后相当长时期仍然是中国制造业参与国际竞争的主要手段和战略武器[7]。

进入 21 世纪 10 年代以来,在 2008 年国际金融危机冲击的复杂影响下,我国经济发展长期积累的矛盾和问题开始呈现,出现了重大的趋势性新变化,最为明显的,就是保持了30多年的高速经济增长出现了明显的持续回落。2003年至2007年我国经济年均增长达到11.6%,2008年至2011年年均增长降到9.6%,2012年至2013年落到了7.7%,2014年又进一步退到7.4%,2015年至2020年分别增长7.04%、6.85%、6.95%、6.75%、6.11%、2.3%,2021年增长8.1%。这预示着我国经济发展进入了一个重要的转折点。随着人民币升值、劳动力成本上升、环境成本增加等,资源驱动成本领先战略是不可持续的,创新驱动是必由之路[2]。

习近平总书记综合分析世界经济长周期和我国发展阶段性特征及其相互作用,做出我国经济发展进入新常态的重大判断。2014年5月,习近平总书记在河南考察时指出:"我国发展仍处于重要战略机遇期,我们要增强信心,从当前我国经济发展的阶段性特征出发,适应新常态,保持战略上的平常心态。"这是他首次公开提出"新常态"的概念。习近平总书记指出:"新常态下,我国经济发展的主要特点是:增长速度要从高速转向中高速,发展方式要从规模速度型转向质量效益型,经济结构调整要从增量扩能为主转向调整存量、做优增量并举,发展动力要从主要依靠资源和低成本劳动力等要素投入转向创新驱动。"

为了探寻创新驱动的成本领先战略转型升级路径和动力机制,本书在文献研究和质性研究基础上,从技术创新视角研究其对成本领先战略的影响机理。一是从技术创新形式视角,探讨工艺创新和产品创新对成本领先战略的直接影响,以及战略管理制度基础观出发的企业外部制度环境,认知心理学出发的企业内部决策主体企业家的认知能力、高管团队的认知风格,与成本领先战略密切相关的低成本创新方式对二者关系的调节作用;二是从低成本创新动机视角,研究低成本创新动机对成本领先战略的直接影响,以及与低成本创新动机和成本领先战略直接相关的劳动制度、环境资源制度对二者关系的调节作用。

本书的研究,在管理实践方面,期望找到中国制造企业成本领先战略转型升级路径,并从企业外部和内部两个方面探寻成本领先战略的"创新驱动源"。具体来说,通过企业外部制度环境、企业内部的企业家认知能力、高管团队认知风格、低成本创新方式对工艺创新和产品创新与成本领先战略关系调节作用的研究,以及劳动制度、环境资源制度对低成本创新动机与成本领先战略关系调节作用的探索,找到推动"创新驱动成本领先战略"实施的动力机制。

在理论研究方面,现有研究技术创新与成本领先战略及差异化战略关系的文献,主要有三种观点——层级观、资源观和互动观[8-10],鲜见技术创新形式和低成本创新动机对成本领先战略影响机理的研究,期望本书研究能填补这方面的空白。

1.1.2 研究目的

成本领先战略是波特[11]提出的三种基本竞争战略中的一种类型,国外竞争战略以实证研究为主,鲜见理论研究创新[12];国内以陈圻为代表,扎根于中国情境,开拓性地做了"一般竞争战略的逻辑基础重构"[13],并在国内率先提出了"创新型低成本战略的科学研究纲领方法论基础"[7]。"一般竞争战略的逻辑基础重构"在评价波特的竞争战略理论、基本战略理论和相关实证研究科学性的重大缺陷的基础上,尝试建立在新的产业环境中发展竞争战略理论所必需的新的逻辑概念基础,给出了公司所在产业"相关市场"、参照产品和相对溢价的定义,以及成本领先战略和差异化战略的定义,修正了两种基本战略相容的经典条件,界定了低成本差异化战略,提出若干假设及推论供分析和实证检验。在《创新型低成本战略的科学研究纲领方法论基础》一文[7]中,陈圻和任娟指出了波特成本领先战略在逻辑基础、研究范式和应用延展方面的三大局限性使之成为一个退步的研究纲领,认为必须由新的纲领取代之。陈圻和任娟将用于自然科学的"科学研究纲领方法论"引入战略研究,并应用该方法论提出了基于6个公理性假设和5个辅助假设的三大基本假设(低成本战略假设、创新型低成本战略模式假设和战略升级演化路径假设),界定了低成本战略、创新型低成本战略及其若干特征,以及战略升级演化的路径生成方式,这构成了低成本战略研究的科学假设演绎体系,为后续实证检验奠定了逻辑基础。

本书在上述研究成果基础上,开展以下研究:第一,从技术创新形式视角出发,揭示技术创新两种形式——工艺创新和产品创新对成本领先战略的影响机理,包括工艺创新和产品创新对成本领先战略的直接影响,以及企业家认知能力、高管团队认知风格、制度环境、低成本创新方式对二者关系的调节作用;比较技术创新两种形式对差异化战略的影响机理,包括工艺创新和产品创新对差异化战略的直接影响,以及企业家认知能力、高管团队认知风格、制度环境、低成本创新方式对二者关系的调节作用。第二,从低成本创新动机视角出发,探索低成本创新动机对成本领先战略的影响机理,包括低成本创新动机对成本领先战略的直接影响,以及劳动制度、环境资源制度对二者关系的调节作用;比较低成本创新动机对差异化战略的影响机理,包括低成本创新动机对差异化战略的直接影响,以及劳动制度、环境资源制度对二者关系的调节作用。上述研究,理论上完善了竞争战略理论研究,揭示了技术创新对成本领先战略的影响机理;实践上尝试提出中国制造企业成本领先战略转型升级路径和动力机制。

1.2 关键概念和研究内容

1.2.1 关键概念

本书基于中国制造企业的问卷调查和案例研究数据,探索技术创新对成本领先战略的影响机理,比较技术创新对差异化战略的影响机理,涉及的主要概念包括成本领先战略与差异化战略、技术创新、低成本创新动机、企业家、高管团队、战略管理制度基础观。

1. 成本领先战略与差异化战略

传统事业战略(Business Strategy)以产业中已存在企业作为逻辑起点,聚焦企业所处的某一特定事业领域,主要关注在事业领域"如何做"。学者们提出了各种事业战略类型,例如 Buzzell 等[14]提出的建设、维持、收获三种类型,Miles 和 Snow[15]提出的防御者、分析者、探索者、反应者四种类型,波特[11]提出的成本领先、差异化、集中化三种竞争战略,Galbraith 和 Schendel[16]提出的六种消费品事业战略类型、四种工业品事业战略类型等,其中最具影响力的是波特的竞争战略理论[12,17]。

波特认为竞争战略就是采取进攻性或防守性行动,在产业中建立起进退有据的地位,成功地对付五种竞争作用力,从而为企业赢得超常的投资收益[11]33。秉承产业组织经济学哈佛学派的结构—行为—绩效范式,波特提出了三种基本竞争战略:成本领先战略、差异化战略和集中化战略。成本领先战略是指企业通过采用一系列具体策略在产业中赢得成本领先地位;差异化战略是指企业为客户市场提供差异化的产品或服务,形成在产业范围内的独特性优势;集中化战略是把前两种战略运用于较小的目标市场。

陈圻在《一般竞争战略的逻辑基础重构》一文[13]中,指出了波特竞争战略理论存在的三方面缺陷:经典理论原始概念存在缺失、经典理论缺乏连贯性和自洽性、经典理论不能适应产业环境的演变。针对波特竞争战略理论存在的缺陷,他给出了公司所在产业"相关市场"、参照产品和相对溢价的定义,并在此基础上重新定义了成本领先战略和差异化战略。将成本领先战略定义为:在相关市场中提供与参照产品相同或相近的价值的产品,以较低成本和不明显包含相对溢价的较低价格赢得产量优势的竞争战略类型。将差异化战略定义为:选择被目标客户所偏好的某些产品特点,通过非价格竞争以减小交叉弹性,以降低顾客对价格的敏感性,通过"相对溢价"(非波特溢价)获得价格收益的战略类型。他认为战略性价格竞争是成本领先战略可以观察到的特征,而厂商是否成本领先要在相关市场中去判断其价格,因为不同的相关市场价格水平也不同。本书研究基于上述定义展开,主要研究成本领先战略,比较研究差异化战略①。

2. 技术创新

创新最初在拉丁文中被写成"innovate",意思是"更新、创造或改变"。熊彼特在1912年出版的《经济发展理论》[18]中首次提出了"创新理论",按照熊彼特的观点,所谓创新,就是"建立一种新的生产函数",也就是说把一种从未有过的关于生产要素和生产条件的"新组合"引入生产体系。自从熊彼特提出创新概念以后,"创新"就是一个被人们广泛关注的字眼。

Shane和Ulrich回顾了1954—2003年间发表在 *Management Science* 上的有关技术创新领域的文献[19]。他们发现,在1954—1958年间没有一篇关于创新的论文,1959—1963年间仅有1篇,占该刊论文总数不足1‰,而到了1998—2003年间,有关创新的文章已达70篇,占五年间发表论文总数的

---

① 事实上,企业在竞争中同时采取了成本领先战略和差异化战略,如果成本领先战略的实施强度高于差异化战略,企业实施的是"以成本领先战略为主导的混合竞争战略";相应地,如果差异化战略的实施强度高于成本领先战略,企业实施的便是"以差异化战略为主导的混合竞争战略"。为方便研究,如不加特别说明,本书分别以企业实施"成本领先战略"或企业实施"差异化战略"的简称代替。

16%。由此可见,有关技术创新的研究从20世纪60年代初期开始引起学者们的关注,至21世纪初仍然是研究热点。

由于研究者的兴趣及视角不同,因此对创新的理解也不一致[20]。总体上,对技术创新的认识主要有四种观点:① 产品观点认为技术创新是组织生产或设计的新产品,主要强调创新的具体结果。② 过程观点认为技术创新是一个系统化的过程,着重从一系列的历程或阶段来评价创新。③ 产品及过程观点认为技术创新既是一种产品,也是一种过程,应以产品和过程的二元观点来定义技术创新,将结果及过程加以融合[21]。④ 多元观点认为技术创新的产品或过程观点只是强调了组织技术层面的创新,而忽略了组织管理层面的创新,因此主张从技术创新和管理创新两个方面来考察技术创新[22-26]。

本书主要考察技术创新与成本领先战略的关系,比较技术创新与差异化战略的关系。技术创新依据不同的分类标准有不同的类型:① 按创新的主体分类,技术创新可以分为自主创新和合作创新两类。自主创新是企业独立完成的拥有自主知识产权的创新;合作创新则是合作各方在技术创新的全过程或某些环节共同实现的创新,其特征是共同参与、共享成果、共担风险。② 按创新的方式分类,技术创新可以分为原始创新、集成创新和消化吸收创新。原始创新是指企业通过研发活动掌握核心或关键技术并拥有自主知识产权的创新;集成创新是指企业通过融合多种资源和技术所从事的创新;消化吸收创新是指企业在对引进技术进行消化吸收的基础上所从事的工业创新。③ 按创新的内容分类,技术创新可以分为工艺创新和产品创新。工艺创新是指企业为生产新的(有重大改进的)产品或提高生产效率,采用在技术上是新的(有重大改进的)工艺设备或生产方法的创新;产品创新是指企业将新的产品或有重大改进的产品成功推向市场的创新。对企业而言,新的产品必须是"新"的,但对于企业所在的行业或市场而言,其不一定必须是"新"的。上述三方面的不同组合就形成了不同创新模式。本书研究关注工艺创新和产品创新两种技术创新形式。

3. 低成本创新动机

本书研究成本领先战略,从技术创新投入角度而言,与成本领先战略密切相关的低成本创新动机、低成本创新特征也是本书涉及的关键概念。动机心理学认为动机是作用于有机体或有机体内部,发动并指引行为的某种力[27]。动机涉及行为的发端、方向、强度和持续性,有助于解释为什么行为在一种情境中发生,而在其他情境中不发生。就创新动机而言,它主要反映企业"为什么要创新""创新有什么好处"这样一类问题,它由企业追求的效用诱发,并从企业自身内部产生[28-29]。本书关注低成本创新动机,即"是否需要创新""为什么要创新""其他企业不创新,我们是否要创新""是否要低成本创新"等创新动机问题。

曾鸣是较早提出低成本创新①的学者之一,他认为许多中国企业已经开始确立创新带来的成本优势,即"低成本创新"[4]。曾鸣认为低成本创新有两个层面的含义:① 企业通过创新,而不是简单的低要素成本,进一步降低成本;② 企业创造性地应用种种方法以降低成本的方式实现(主要是应用型)创新,从而带来性价比的大幅度上升,创造全球竞争优势。陈圻和任娟概括了低成本创新的三个特征(低财务成本、低时间成本和低风险);同时指出低成本创新有多种层次和形式,可以是功能创新、技术创新,可以是自主创新、领先创新、跟随创新和模仿创新,可以通过专利授权、委托创新、联合创新、敏捷产品开发等形式来实现[7]。本书的研究是基于陈圻和任娟的低成本创新特征。

4. 企业家

"企业家"的英文"entrepreneur"源于法文"entreprendre",意思为"企业家""承包人""主办者""倡导者",这个名词由法国经济学家坎迪隆在1755年出版的《商业性质概论》[30]中率先引入经济学研究,其后,经济学家们从不同的视角提出了各自的认识,例如,坎迪隆的"不确定性承担者"[31]、萨伊的"协调者"[32]、熊彼特的"创新者"[33]、奈特的"判断性决策者"[34]、柯兹纳的"套利者"[35]等。

在张维迎和盛斌看来,企业家就是把生产要素组织起来,按照盈利原则从事经营活动的人,包括商人、银行家、企业管理者等[36]。企业家的职能,一是在于发现机会,二是组织生产要素(资本、劳动力、资源、技术),三是创新(包括技术创新、市场创新、管理创新)。将企业家与一般民众区别开来的

---

① 曾鸣原文使用的是"成本创新"[4],陈圻和任娟使用"低成本创新"[7]来描述曾鸣提出的"成本创新",本书统一使用"低成本创新"。

是企业家精神,具体而言就是企业家的冒险精神、创新精神、不满足精神、英雄主义精神。其中,创新精神的主要标志就是创建企业[37]。

商学院的企业家理论研究主要是从管理学视角探讨一位希望创业的"意愿企业家"如何才能成为成功的企业家[38],企业家的行动经常被想象为独立的、自由漂流的认知行为,与紧随其后的通过组合资源、生产产品和服务来利用企业家洞见的一系列过程是分离的[39]18。

本书的研究基于福斯和克莱因的企业家企业理论[39]展开,不同于传统管理学视角的"意愿企业家",本书借鉴企业生命周期理论[40],把处于企业生命周期不同阶段的企业家划分为三种状态:处于企业成长阶段的"创业企业家"、处于企业成熟阶段的"成功企业家"、能够避免企业老化带领企业持续发展的"卓越企业家"。从认知心理学视角,探索企业家认知能力对技术创新与成本领先战略关系的调节作用,比较企业家认知能力对技术创新形式与差异化战略关系的调节作用。

5. 高管团队

高层管理团队(简称"高管团队")是企业高层管理者的相关小群体,一般包括董事会主席、副主席、首席执行官、首席作业官、总裁、资深副总裁、执行副总裁,以及直接向他们汇报工作的高级经理[41]。高管团队负责整个企业的组织与协调,对企业经营管理拥有很大的决策权与控制权[42]。当然,高管团队并不是高层管理者的简单组合,而是界定于那些良性互动、认同共同目标、资源整合优化、高效能的最高管理者团队[43]。

高管团队如何影响企业战略、技术创新,不同的理论从不同的角度做出了解释[44]。而这些理论中,影响最大的是1984年Hambrick和Mason提出的高层梯队理论,该理论建立了高层管理者的心理的和人口统计方面的特征、战略选择和组织绩效三者之间的联系,强调高层管理者的背景特征对战略选择的影响[45]。此后的研究主要围绕高管团队的人口统计特征、异质性、内部运作过程对战略选择、组织绩效的影响展开[42-43,46]。石盛林和陈圻[47]、石盛林等[48]识别了高管团队认知风格,探讨了高管团队认知风格与竞争战略的关系,高管团队认知风格对技术创新的影响。本书研究关注高管团队认知风格对技术创新形式与成本领先战略关系的调节作用,比较高管团队认知风格对技术创新形式与差异化战略关系的调节作用。

6. 战略管理制度基础观

制度理论的起源,可追溯到19世纪的经济学、政治学和社会学等研究领域,它强调制度对组织决策和行为的影响[49]。理论界对于制度主要存在两种不同的观点,即制度经济学视角和组织社会学视角的观点,两种视角的制度理论经常一起用于解释公司的组织行为和战略[50]。彭维刚综合了两种视角的观点,使用了"制度基础观"这一概念来表达战略理论中的制度观点[51]。

(1) 制度经济学视角的制度理论

一种是制度经济学视角的观点,这种观点更多地关注于效率,把制度定义为"社会的博弈规则,或者更正式一些,是人类设计出来的用以规范人们相互交往的所有约束"[52]。根据North的观点[52],约束包含了正式和非正式两种形式。正式约束是指成文的法律、规定;非正式约束则是由习俗、传统和习惯形成的行为准则和框架。在正式制度失效的地方,非正式制度能够减少不确定性,并且能够保持组织的稳定性。

制度经济学视角的制度理论认为,决策者的决策标准与经济学的理性假定一致,企业经营目标是追求效率和效用最大化。制度环境对经济活动和公司行为具有重要影响,也是导致经济组织效率差异的决定性因素。

(2) 组织社会学视角的制度理论

另一种是组织社会学视角的观点,这种观点更多地关注于合法性问题,把制度定义为"为社会行为提供稳定和意义框架的控制性、规范性和认知性的结构和活动"[53]。Scott提出了制度三系统的理论模型,即管制支柱、规范支柱和认知支柱[53]。管制支柱对应着正式制度,它主要指的是政府的强制性权力,因此它也是制度框架的首要支柱。规范支柱和认知支柱对应着非正式制度,规范支柱是指其他相关竞争者的价值观、信仰和规范如何影响个人和企业的行为;认知支柱是引导个人和企业行为内部化习以为常的价值观和信仰。三种制度支柱形成了一个从有意识到无意识,从合法强制到理所当然的连续过程[54]。

组织社会学视角的制度学派认为,为了在社会环境中生存和发展,组织需要遵守社会主流价值体系,以获取合法性[55-56],从而增强企业获取资源和得到外部环境中的社会—心理的支持能力。根据DiMaggio和Powell的观点[57],组织主要通过三种类型的同构获得合法性——强制型同构、规范型同构和模仿型同构——这三种机制作用于 Scott[53] 所提出的管制、规范和认知的制度支柱。强制型同构的产生,来自所依赖企业的压力和文化期望;模仿型同构的出现是当不确定性促使企业去模仿其他成功的企业之时;规范型同构则源自遵守职业标准的压力,遵从能使企业有效使用资源,包括合法性或者有助于避免制裁。制度学者认为,企业变得越来越同质化、越来越有组织地参与规范性实践。

（3）战略管理制度基础观的制度框架

进入20世纪90年代,中东欧以及中国等新兴经济体所引发的深刻制度变革[58],以及全球化背景下企业跨国经营活动的深度和广度不断增加等[59],为研究一般战略理论在不同制度条件下的普适性提供了非常契合的背景[60]。在这一背景下,学者们意识到制度已经不再仅仅是战略管理背景[50,61],而应是直接决定企业战略及绩效的一个重要方面[51,62]。

彭维刚首次使用了"制度基础观"来表达战略理论中的制度观点[51],认为企业战略选择不仅是由行业状况和企业特定资源所决定的,还是高层管理者对面临的正式的和非正式的制度因素的反应,战略选择是制度和组织之间动态交互作用的结果。在《制度基础观:战略三脚架第三条腿》一文[63]中,彭维刚等回顾了制度基础观产生的企业外部和内部两方面基础,提出了制度基础观的两个假设,详细阐述了制度基础观对战略研究四个基本问题的解释。企业所嵌入的制度环境不同,企业交易关系也不同,进而企业竞争优势的源泉不同,从而导致企业绩效的差异[64]。

彭维刚认为一个制度框架由支配个人及企业行为的正式制度和非正式制度构成,并且这些制度依次由三个"支柱"支撑(表1.3)[65]。

表1.3 制度的范围

制度的类型	示例	支撑的支柱
正式制度	法律	管制支柱
	规章	
	规则	
非正式制度	规范	规范支柱
	文化	认知支柱
	伦理道德	

数据来源:彭维刚.全球企业战略[M].孙卫,刘新梅,等译.北京:人民邮电出版社,2007:85.

正式制度一般以具体文字规定的法律、政策和规定为表现形式。正式制度包括法律、规章和规则，首要支柱是管制支柱，是政府的强制性权力[65]85。在最新的实证研究中，Hitt等提出了四项正式制度，分别是规章性制度、经济制度、物质基础制度和政治制度[66]。规章性制度指的是法律、规章和财产权保护方面的规定。在国家层面，政治制度对整个制度环境的影响最大，因为政治制度是代表国家层面的意识形态导向，而这些政治意识形态在一定程度上决定着其他制度的建设或者发展。国家的经济制度是另外一个对企业行为和战略产生重大影响的制度。经济制度反映国家对重要的资源（如土地、资金、信息）的分配机制，也反映了国家对企业行为的控制和导向。因此，经济制度决定了企业如何获得资源和如何利用这些资源，经济制度的发展代表了推动企业经济交流和运转物质支持体系的水平和质量。虽然这四项制度看上去迥异，而且各有不同的发展机制，但是它们在现实中却相互依赖、相互影响[67]。

非正式制度包括规范、文化和伦理道德，两个主要支柱是规范支柱和认知支柱。"规范"定义了事情应该如何去做，所以规范支柱就是指其他相关参与者的价值观、信仰和规范如何影响个人和企业的行为。Hofstede把文化定义为"一个人群的成员与另一个人群的成员相区分的共同思维方式"[68]。因此，可以认为文化是一种关于风俗、道德、价值观以及心理结构的精神复合体，具有稳定性与延续性、强制性、排他性、吸纳性、衍生性等特性[69]。伦理是指导个人和企业行为的规范、原则和标准，不仅是非正式制度的一个重要组成部分，而且也在正式制度中得到深刻的体现[65]96。文化和伦理道德构成了认知支柱，引导个人和企业行为的、内部化的、习以为常的价值观和信仰[65]85。非正式制度包含虽然没有明文规定但是人们长久以来已经习惯的那些规则、传统和做法。非正式制度不容易被观察到，因为非正式制度很大程度上体现在社会中的信仰和价值观中，而这些信仰和价值观只有通过行为才能表现出来。如上所述，非正式制度体现了规范性和认知性等特点。规范性特点指的是社会生活的可说明的、可评估的义不容辞的维度。认知性特点则被定义为组成现实的本性和缔造意义的构架规则。

正式制度和非正式制度作为制度的两个不可分割的部分，是一个对立的统一体,既相互依存,在一定的条件下又可以相互转化[70]。两种制度的对立主要体现在制度冲突或不兼容。非正式制度安排具有自发性、非强制性、广泛性和持续性等特点。相反,正式制度是人们有意识地对社会行为确定的规范,具有一定的强制性,且一旦确立就会形成制度刚性,对经济活动产生深刻的影响。两种制度的统一主要体现在互补性和替代性。从互补性来看,一个富有效率的正式制度的形成,应该考虑与道德文化、社会意识形态等非正式制度的互补,才能保持整个社会制度系统的和谐。从替代性来看,在正式制度缺位的情况下,非正式制度也可能替代正式制度提供一系列安排,以获得有效的经济运行。两种制度的相互转化性表现为:非正式制度可能因为诱致性制度变迁或强制性制度变迁转化为正式制度;相反,正式制度也可以转化为非正式制度。

本书关注制度环境对技术创新形式与成本领先战略关系的调节作用,比较制度环境对技术创新与差异化战略关系的调节作用,以及劳动制度、环境资源制度对低成本创新动机与成本领先战略关系的调节作用,比较劳动制度、环境资源制度对低成本创新动机与差异化战略关系的调节作用。

1.2.2 研究内容

本书从技术创新视角出发,以中国制造企业为研究对象,实证研究技术创新对成本领先战略的影响机理,比较分析技术创新对差异化战略的影响机理。

首先,对研究的理论基础与相关研究进行回顾和评述,厘清本书对现有研究成果的继承、完善与创新的关系。回顾成本领先战略及差异化战略实证研究,成本领先战略及差异化战略与技术创新关系的研究,高管团队与竞争战略、技术创新关系的研究,企业家与竞争战略、技术创新关系的研究;对成本领先战略及差异化战略和技术创新关系的文献进行评述,为探寻技术创新对成本领先战略影响机理、比较技术创新对差异化战略影响机理奠定了理论基础。

其次,在上述文献研究成果的基础上,通过2011年和2012年的两次问卷调查研究,从技术创新两个视角出发,研究技术创新对成本领先战略的影响机理,比较分析技术创新对差异化战略的影响机理。从技术创新形式视角出发,探讨工艺创新和产品创新对成本领先战略的直接影响,制度环境、高管团队认知风格、低成本创新方式对工艺创新和产品创新与成本领先战略关系的调节作用;比较两种技术创新形式对差异化战略的直接影响,制度环境、高管团队认知风格、低成本创新方式对工艺创新和产品创新与差异化战略关系的调节作用。从低成本创新动机视角出发,探讨低成本创新动机对成本领先战略的直接影响,劳动制度、环境资源制度对低成本创新动机与成本领先战略关系的调节作用;比较低成本创新动机对差异化战略的直接影响,劳动制度、环境资源制度对低成本创新动机与差异化战略关系的调节作用。根据理论分析提出具体的研究假设,得到细化的研究模型。根据理论模型及研究假设,基于中国制造企业质性研究数据,结合国内外研究文献采用的测量量表,设计调查问卷的测量题项,选取一定数量的调查样本,进行样本数据的收集;对调查数据进行信度和效度检验,对研究假设进行验证与分析;结合中国制造企业现实情境,讨论研究发现。

再次,通过一个纵向历史数据的案例研究,探讨企业家认知能力对技术创新与竞争战略关系的调节作用。综合运用以例据为导向的案例研究和以诠释为导向的案例研究,选取制造业单项冠军福耀玻璃的创始人曹德旺为研究样本,收集访谈视频、公司年报、媒体报道、知网文献和维普文献,以及自传《心若菩提》[71-72]、数据分析选择扎根理论与质性数据分析软件 NVivo 12 Plus(简称 NVivo 12),按照开放式编码、轴心式编码、选择式编码的顺序展开,归纳总结研究发现,并结合案例企业现实情境展开讨论。

最后,梳理、总结、比较、凝练两个阶段的研究发现,形成本书的研究结论;结合中国制造业单项冠军培育,分析研究发现对于中国制造企业成本领先战略转型升级的实践指导意义,提出创新驱动的企业内部动力机制、外部制度环境的对策建议。

本书研究内容共分四篇九章,章节安排如图 1.1 所示。

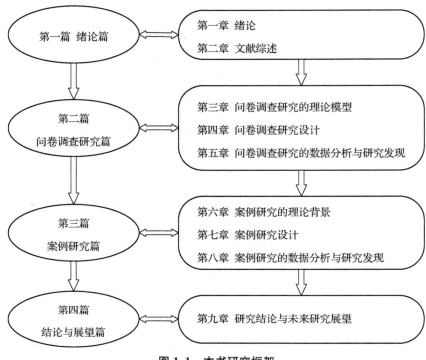

图 1.1　本书研究框架

1.3　研究方法与技术路线

1.3.1　研究方法

本书在研究方法上，注重理论分析与实证分析相结合、定性分析与定量分析相结合。理论分析为研究模型构建和研究假设的提出奠定基础；实证分析通过获取研究数据并进行统计分析，对理论模型和研究假设进行验证。

1. 理论研究

为探寻技术创新对成本领先战略的影响机理，比较技术创新对差异化战略的影响机理，需要对该领域的相关研究进行详细梳理，厘清研究的脉络，把握最新的研究进展，在此基础上才可能找出研究的不足，据此提出本书的研究问题。在研究的整个过程中，为尽可能全面地掌握该领域相关研究的最新进展，笔者对国内外几个主要的网络数据库进行了长时间的跟踪检索,包括中国知网(CNKI)、坎尔顿·B.斯蒂芬斯公司(EBSCO)、爱思唯尔(Elsevier)和约翰威立国际出版集团(Wiley)等。

笔者通过数据库检索和期刊跟踪,研读大量有关成本领先战略及差异化战略、技术创新、企业家、高管团队、制度基础观,以及它们之间关系的文献,在详细梳理这些文献的基础上,初步形成了研究构思;然后按照国家社科基金重点资助项目"我国制造企业创新型成本领先战略研究"(编号:11AGL001)内容和目的要求,最终确定研究框架。

2. 问卷调查研究

本书采用问卷调查法获取研究数据。问卷调查法是管理学定量研究中最为普及的方法,其实用性体现在四个方面:① 如果实施得当,问卷调查法是最快速有效的收集数据的方法;② 如果量表的信度和效度高,样本量大,研究者可用问卷调查法收集到高质量的研究数据;③ 问卷调查法对被调查者的干扰较小,因而容易得到被调查者的支持,可行性高;④ 问卷调查法成本低廉,是实证研究中最经济的收集数据的方法。实证研究中问卷调查法基于如下假设条件:① 大多数的参与者将会认真地阅读和回答问卷中的所有问题;② 大多数的参与者有足够的能力理解问卷中的问题;③ 大多数的参与者将会提供真实而坦诚的答案[73]。

本书基于前期研究成果[47-48],结合已有的研究文献,对概念模型进行量化,设计问卷调查表。在人力、财力可行范围内,确定调研样本,进行实地调研,获取研究数据。采用适当的统计方法进行实证分析,主要方法有描述性统计分析、信度和效度检验、结构方程模型、多元线性回归模型等。

3. 案例研究

考虑到问卷调查研究时点数据的局限性,本书还增加了一个纵向历史数据的案例研究。案例研究有两大流派:① 以例据为导向的案例研究,偏重案例数据的客观性,以功能主义范式为其哲学本体论基础,以及数据产生概念或理论的严谨性,以感性上升为理性为其哲学认识论基础,以 Eisenhardt 为典型代表。② 以诠释主义范式为导向的案例研究,强调案例数据的主观性,以建构论为其哲学本体论基础,以及数据启发概念或理论的适用性,以感性与理性融合为其哲学认识论基础,以 Weick 为典型代表[74]。

本书综合运用两种案例研究方法,基于企业家的企业理论[39],从企业发展历史的视角考察企业家认知能力对技术创新与成本领先战略关系的调节作用,比较企业家认知能力对技术创新与差异化战略关系的调节作用。

4. 规范研究

管理研究按照研究目的分为三类:描述型研究、解释型研究和规范型(方案型)研究[75]。描述型研究是使用文字和数据对事物和现象的状况做出描述,回答 who、what、where 和 how much 之类的问题,也就是要解决"知其然"的问题。解释型研究是在描述清楚事物和现象状况基础上寻求它们之间的关系,回答 why 的问题,也就是解决"知其所以然"的问题。规范型(方案型)研究是为所研究的问题提出解决方案,回答"应该怎样"的问题。三类研究具有递进关系,描述型、解释型研究是做出"诊断",规范型研究则是做出决策,旨在对所诊断和研究的问题给出一个解决方案。本书在归纳总结问卷调查研究和案例研究的研究发现基础上,结合当下中国制造企业面临的现实情境,从企业内部动力机制、外部制度环境两个方面提出推进中国制造业转型升级的制度与政策建议。

1.3.2 技术路线

本书研究技术路线沿着"提出问题—分析问题—解决问题"的思路展开,具体过程如图 1.2 所示。

首先是提出问题,对中国制造企业的现实背景做详尽的了解,同时掌握国内外有关成本领先战略及差异化战略、技术创新与成本领先战略及差异化战略的关系、企业家、高管团队、制度基础观、低成本创新等方面的研究成果,明确本书的研究目的和研究内容。

其次是分析问题,通过两个问卷调查研究和一个案例研究,探索技术创新对成本领先战略的直接影响,以及组织内部的企业家、高管团队,组织外部的制度环境对技术创新和成本领先战略关系的调节作用。在问卷调查研究阶段,提出技术创新对成本领先战略的影响机理、技术创新对差异化战略影响机理的概念模型和理论假设;对概念模型进行量化,形成调查问卷;确定调查样本,进行大样本数据收集;进行调查数据整理并对理论模型进行实证检验;总结问卷调查研究发现。在案例研究阶段,提出案例研究的理论背景,阐述案例研究设计,进行质性数据分析,总结案例研究发现。

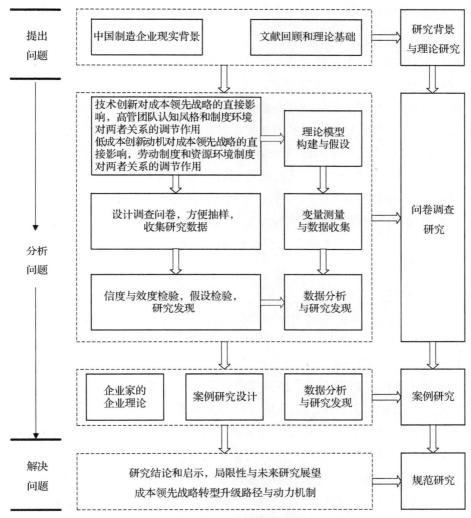

图 1.2　本书技术路线图

最后是解决问题,整合问卷调查研究和案例研究的研究发现,形成本书的研究结论,提出中国制造业成本领先战略转型升级路径与动力机制的政策建议。

1.4　本书的创新点

本书的创新点主要集中在以下三个方面:

1. 在研究视角上的创新

在研究视角上的创新表现为:从技术创新形式、低成本创新动机两个视角出发,探讨了技术创新对成本领先战略的影响机理。一是技术创新形式视角,探讨了技术创新两种形式——工艺创新和产品创新对成本领先战略的直接影响,分析了制度环境、高管团队认知风格、低成本创新方式对二者关系的调节作用;比较了工艺创新和产品创新对差异化战略的直接影响,制度环境、高管团队认知风格、低成本创新方式对二者关系的调节作用。二是低成本创新动机视角,探讨了低成本创新动机对成本领先战略的直接影响,分析了劳动制度、环境资源制度对二者关系的调节作用;比较了低成本创新动机对差异化战略的直接影响,以及劳动制度、环境资源制度对二者关系的调节作用。上述研究丰富完善了技术创新与成本领先战略及差异化战略的关系研究。

2. 在理论上的创新

在理论上的创新可以概括为四个方面:第一是发展了战略管理定位学派的成本领先战略研究。将成本领先战略区分为两种类型——资源驱动的传统型、技术创新特别是产品创新驱动的创新型。第二是将战略管理定位学派竞争战略研究和认知学派高管团队研究整合了起来,创新性地提出并验证了高管团队的两种认知风格——分析型和创造型,揭示了高管团队两种认知风格对技术创新形式与成本领先战略及差异化战略关系的调节作用;首次将动机心理学引入低成本创新研究,提出了低成本创新动机概念并进行了实证检验;分析了低成本创新动机对成本领先战略的直接影响,比较了低成本创新与差异化战略的关系。第三是将战略管理定位学派竞争战略研究和制度学派制度环境研究整合了起来,分析了制度环境对技术创新形式与成本领先战略及差异化战略关系的调节作用;揭示了劳动制度、环境资源制度对低成本创新动机与成本领先战略关系的调节作用。第四是将战略管理的企业家学派研究和认知学派企业家研究整合了起来,提出了企业家认知能力的概念,分析了企业家认知能力对技术创新与成本领先战略关系的调节作用,比较了企业家认知能力对技术创新与差异化战略关系的调节作用。

3. 在管理实践上的创新

在管理实践上的创新表现为:提出了成本领先战略转型升级路径和动

力机制。在转型升级路径上,提升技术创新,重点是产品创新强度,从"传统型成本领先战略"向"创新型成本领先战略"转变,实现"在新的产业市场中继续实施成本领先战略"。在转型动力内部机制上,提升企业家自身认知能力,提升高管团队创造型认知风格强度,提升主动创新动机强度。在转型动力外部机制上,加强对企业家认知能力的提升、企业高管团队创造型认知风格的形成和促进主动创新的正式制度建设落实和非正式制度培育,增强有利于企业主动创新的劳动制度、环境资源制度的建设和实施力度。

参考文献

[1] 黄鑫.【壮丽70年·奋斗新时代——匠心中国】从制造大国迈向制造强国[EB/OL].(2019-09-26)[2023-02-24]. http://www.ce.cn/xwzx/gn-sz/gdxw/201909/26/t20190926_33229105.shtml.

[2] 石盛林,陈圻.江苏民营制造企业竞争战略演化中组织资源的影响[J].华东经济管理,2010,24(11):14-20.

[3] 余东华.制造业高质量发展的内涵、路径与动力机制[J].产业经济评论,2020(1):13-32.

[4] 曾鸣,威廉姆斯.龙行天下:中国制造未来十年新格局[M].北京:机械工业出版社,2008.

[5] Allen R S, Helms M, Takeda M B, et al. A comparison of competitive strategies in Japan and the United States[J]. SAM Advanced Management Journal,2006,71:24.

[6] 刘刚,李峰.跨国公司在华竞争战略演变驱动力及实现路径:基于供应链管理的视角[J].中国工业经济,2008(6):99-107.

[7] 陈圻,任娟.创新型低成本战略的科学研究纲领方法论基础[J].科学学研究,2011,29(3):349-358.

[8] 许庆瑞,王方瑞.基于能力的企业经营战略和技术创新战略整合模式研究[J].科学学与科学技术管理,2003,24(4):42-45.

[9] 汪涛,汪樟发.技术战略与经营战略关联机制探析[J].科学学与科学技术管理,2005,26(1):90-94.

[10] Eddleston K A, Kellermanns F W, Sarathy R. Resource configuration

in family firms: Linking resources, strategic planning and technological opportunities to performance[J]. Journal of Management Studies, 2008, 45(1): 26-50.

[11] 波特. 竞争战略: 分析产业和竞争者的技巧[M]. 陈小悦, 译. 北京: 华夏出版社, 1997.

[12] Dvorak J, Tripes S, Sokolova M, et al. Trends in business strategy research, bibliometric analysis and text mining[J]. Journal of Business Economics and Management, 2022, 23(6): 1377-1397.

[13] 陈圻. 一般竞争战略的逻辑基础重构[J]. 管理学报, 2011, 8(8): 1146-1155.

[14] Buzzell R D, Gale B T, Sultan R G M. Market share: A key to profitability[J]. Harvard Business Review, 1975, 53(1): 97-106.

[15] Miles R E, Snow C C, Meyer A D, et al. Organizational strategy, structure, and process[J]. Academy of Management Review, 1978, 3(3): 546-562.

[16] Galbraith C, Schendel D. An empirical analysis of strategy types[J]. Strategic Management Journal, 1983, 4(2): 153-173.

[17] Campbell-Hunt C. What have we learned about generic competitive strategy? A meta-analysis[J]. Strategic Management Journal, 2000, 21(2): 127-154.

[18] Schumpeter J A. The Theory of Economic Development[M]. Cambridge, MA: Harvard University Press, 1912.

[19] Shane S A, Ulrich K T. 50th anniversary article: Technological innovation, product development, and entrepreneurship in management science[J]. Management Science, 2004, 50(2): 133-144.

[20] Wolfe R A. Organizational innovation: Review, critique and suggested research directions[J]. Journal of Management Studies, 1994, 31(3): 405-431.

[21] Lumpkin G T, Dess G G. Clarifying the entrepreneurial orientation construct and linking it to performance[J]. Academy of Management Review, 1996, 21(1): 135-172.

[22] Damanpour F. Organizational innovation:A meta-analysis of effects of determinants and moderators[J]. Academy of Management Journal,1991,34(3):555-590.

[23] 谢洪明. 社会资本对组织创新的影响:中国珠三角地区企业的实证研究及其启示[J]. 科学学研究,2006,24(1):150-158.

[24] 王雁飞,朱瑜. 组织创新、组织学习与绩效:一个调节效应模型的实证分析[J]. 管理学报,2009,6(9):1257-1265.

[25] 苏中锋,孙燕. 不良竞争环境中管理创新和技术创新对企业绩效的影响研究[J]. 科学学与科学技术管理,2014,35(6):110-118.

[26] 石秀,侯光明,王俊鹏. 管理创新与技术创新的动态协同:系统耦合视角[J]. 中国科技论坛,2022(5):40-48.

[27] 皮特里. 动机心理学[M]. 郭本禹,王志琳,王金奎,等译. 5版. 西安:陕西师范大学出版社,2005:10.

[28] 李垣,汪应洛. 企业技术创新动力机制构成要素的探讨[J]. 科学管理研究,1994(4):43-45.

[29] 穆天,杨建君. 我国本土企业自主创新诱发机制:一个探索性的研究框架[J]. 科技管理研究,2016,36(9):6-12.

[30] Cantillon R. Essai sur la nature du commerce en gereral[M]. London:Fletcher Gyles,1755.

[31] Cantillon R. Essai sur la nature du commerce en general[M]. London:Macmillan,1931.

[32] Say J B. A Treatise on Political Economy,or the Production,Distribution and Consumption of Wealth[M/OL]. https://www.loc.gov/item/44052916/.

[33] Schumpeter J A. The Theory of Economic Development[M]. Oxford:Oxford University Press,1961.

[34] Knight F H. Risk,uncertainty and profit[M]. Boston:Houghton Mifflin Company,1921.

[35] Kirzner I M. Competition and entrepreneurship[M]. Chicago:University of Chicago Press,1973.

[36] 张维迎,盛斌. 企业家:经济增长的国王[M]. 上海:上海人民出版社,

2014.

[37] 张序.企业家概念及其相关问题辨析[J].社会科学研究,2005(1):122-127.

[38] Alvarez S A,Barney J B. The entrepreneurial theory of the firm[J]. Journalof Management Studies,2007,44(7):1057-1063.

[39] 福斯,克莱因.企业家的企业理论:研究企业的新视角[M].朱海就,王敬敬,屠禹潇,译.北京:中国社会科学出版社,2020.

[40] 石盛林,贾创雄,王娟.战略管理:实践、理论与方法[M].北京:北京邮电大学出版社,2019.

[41] Li J,Xin K R,Tsui A,et al. Building effective international joint venture leadership teams in China[J]. Journal of World Business,1999,34(1):52-68.

[42] Iaquinto A L,Fredrickson J W. Top management team agreement about the strategic decision process:A test of some of its determinants and consequences[J]. Strategic Management Journal,1997,18(1):63-75.

[43] 孙海法,伍晓奕.企业高层管理团队研究的进展[J].管理科学学报,2003(4):82-89.

[44] 鲁倩,贾良定.高管团队人口统计学特征、权力与企业多元化战略[J].科学学与科学技术管理,2009,30(5):181-187.

[45] Hambrick D C,Mason P A. Upper echelons:The organization as a reflection of its top managers[J]. Academy of Management Review,1984,9(2):193-206.

[46] Certo S T,Lester R H,Dalton C M,et al. Top management teams,strategy and financial performance:A meta-analytic examination[J]. Journal of Management Studies,2006,43(4):813-839.

[47] 石盛林,陈圻.高管团队认知风格与竞争战略关系的实证研究[J].科学学与科学技术管理,2010,31(12):147-153.

[48] 石盛林,陈圻,张静.高管团队认知风格对技术创新的影响:基于中国制造企业的实证研究[J].科学学研究,2011,29(8):1251-1257.

[49] Meyer J W,Rowan B. Institutionalized organizations:Formal structure

as myth and ceremony[J]. American Journal of Sociology,1977,83(2):340-363.

[50] Oliver C. Sustainable competitive advantage:Combining institutional and resource-based views[J]. Strategic Management Journal,1997,18(9):697-713.

[51] Peng M W. Towards an institution-based view of business strategy [J]. Asia Pacific Journal of Management,2002,19(2):251-267.

[52] North D C. Institutions,institutional change,and economic performance[M]. New York:Cambridge University Press,1990.

[53] 吕源,徐二明. 制度理论与企业战略管理研究[J]. 战略管理,2009,1(1):14-22.

[54] Hoffman A J. Institutional evolution and change:Environmentalism and the U. S. chemical industry[J]. Academy of Management Journal,1999,42(4):351-371.

[55] Deephouse D L. Does isomorphism legitimate? [J]. Academy of Management Journal,1996,39(4):1024-1039.

[56] Suchman M C. Managing legitimacy:Strategic and institutional approaches[J]. Academy of Management Review,1995,20(3):571-610.

[57] DiMaggio P J,Powell W W. The iron cage revisited:Institutional isomorphism and collective rationality in organizational fields[J]. American Sociological Review,1983,48(2):147-160.

[58] Hoskisson R E,Eden L,Lau C M,et al. Strategy in emerging economies[J]. Academy of Management Journal,2000,43(3):249-267.

[59] Kostova T,Zaheer S. Organizational legitimacy under conditions of complexity:The case of the multinational enterprise[J]. Academy of Management Review,1999,24(1):64-81.

[60] 武常岐. 中国战略管理学研究的发展述评[J]. 南开管理评论,2010,13(6):25-40.

[61] Peng M W,Heath P S. The growth of the firm in planned economies in transition:Institutions,organizations,and strategic choice[J]. Acad-

emy of Management Review,1996,21(2):492-528.

[62] Peng M W. Institutional transitions and strategic choices[J]. Academy of Management Review,2003,28(2):275-296.

[63] Peng M W,Sun S L,Pinkham B,et al. The institution-based view as a third leg for a strategy tripod[J]. Academy of Management Perspectives,2009,23(3):63-81.

[64] 周建,方刚,刘小元. 外部制度环境、内部治理结构与企业竞争优势:基于中国上市公司的经验证据[J]. 管理学报,2010,7(7):963-971.

[65] 彭维刚. 全球企业战略[M]. 孙卫,刘新梅,等译. 北京:人民邮电出版社,2007:85.

[66] Hitt M A,Holmes R M,Miller T,et al. Modeling country institutional profiles:The dimensions and dynamics of institutional environments[J]. Strategic Management Society,Vienna,2006.

[67] 朱虹. 国家制度和企业战略[J]. 战略管理,2009,1(1):60-65.

[68] Hofstede G. Culture's Consequence:International Differences in Work Related Values[M]. Beverly Hills,CA:Sage,1980:25.

[69] 杨鲲鹏,梁磊. 企业创新的文化影响模式分析[J]. 南开管理评论,2004,7(4):94-98.

[70] 崔万田,周晔馨. 正式制度与非正式制度的关系探析[J]. 教学与研究,2006(8):42-48.

[71] 曹德旺. 心若菩提[M]. 北京:人民出版社,2015.

[72] 曹德旺. 心若菩提:增订本[M]. 北京:人民出版社,2017.

[73] 陈晓萍,徐淑英,樊景立. 组织与管理研究的实证方法[M]. 北京:北京大学出版社,2008:161-162.

[74] 李平,杨政银,曹仰锋. 再论案例研究方法:理论与范例[M]. 北京:北京大学出版社,2019.

[75] 贾怀勤. 管理研究方法[M]. 北京:机械工业出版社,2006:35-40.

第二章
文献综述

围绕第一章提出的问题,本章对研究的理论基础及相关研究进行回顾和评述,厘清本书对现有研究成果的继承、完善与创新的关系。由于本书的研究分两个阶段进行(第一阶段是 2011 年和 2012 年的两次问卷调查研究,第二阶段是基于福耀玻璃创始人曹德旺纵向历史数据的案例研究),因此,文献综述同样分为两个阶段展开。第一阶段主要梳理 1980—2012 年问卷调查研究相关文献,内容主要包括竞争战略实证研究,竞争战略与技术创新关系的研究,高管团队与竞争战略、技术创新关系的研究;第二阶段主要回顾截至 2022 年的案例研究相关文献,内容主要是企业家与竞争战略、技术创新关系的研究,同时增补截至 2022 年的问卷调查研究相关文献。最后,本章对成本领先战略及差异化战略和技术创新关系的文献进行评述,为探寻技术创新对成本领先战略的影响机理奠定理论基础。

2.1 竞争战略实证研究

成本领先战略是波特提出的三种基本竞争战略中的一种类型[1]。在实证研究文献中,学者们往往会同时比较研究差异化战略。以波特竞争战略为理论背景的实证研究按照论证方法可以概括为两大类:第一类是基于问卷调查、访谈的统计调查研究。按照研究主题可以划分为三个方面:一是研究企业实施的竞争战略能否用波特竞争战略表示,识别成本领先战略和差异化战略;二是研究实施纯战略、混合战略和"夹在中间"的绩效比较;三是研究竞争战略选择与实施的影响因素。第二类是基于现有统计数据、文本分析、历史/比较分析的无干扰研究,以及以无干扰研究为主的案例研究。按照研究主题可以归纳为两个方面:一是验证企业实施的主要竞争战略是否可以使用波特的三种基本竞争战略表示出来,识别成本领先战略和差异化战略,明确竞争战略对企业绩效的影响,比较各种竞争战略实施绩效,以及验证波特竞争战略的精度、通用性等；二是研究波特竞争战略选择实施的相关影响因素。在文献检索中以"竞争战略"为"题名"，在 CNKI、EBSCO、Elsevier 和 John Wiley 数据库中精确检索 1980—2022 年的文献，从中筛选出以波特竞争战略为理论背景的基于问卷调查数据的实证研究文献 49 篇，无干扰研究和案例研究文献 37 篇。

本章从数据来源、分析方法和结果、战略识别、绩效指标及分析方法、主要研究结论等方面对上述两类文献进行回顾。

2.1.1 数据来源

1. 问卷调查

统计调查研究样本选择只涉足一种事业领域的企业，或者是多元化企业中的战略经营单位(事业部)。例如：Dess 和 Davis 问卷调查了 22 家美国非多元化公司[2]；Kim 和 Lim 问卷调查了 54 家韩国电子企业[3]；Robinson 和 Pearce 问卷调查了 97 家美国制造企业[4]；Wright 等问卷调查了 56 家美国自动车床企业[5]；Nayyar 以美国一家大型多产品公司为例，通过问卷调查收集该公司 496 种产品和 64 个事业部的数据[6]；Bowman 和 Ambrosini 的问卷调查数据来自 32 个业务单元(高管团队成员)中的 426 名管理者[7]；Beal 和 Yasai-Ardekani 使用了 101 家小型制造业企业的问卷调查数据[8]；Campbell-Hunt 使用了 17 篇关于竞争战略与企业绩效关系实证研究文献的问卷调查数据[9]；Koo 等使用了 123 家韩国企业的问卷调查数据(邮寄问卷的方式)[10]；Allen 和 Helms 使用了美国 226 家样本企业的问卷调查数据[11]；Shinkle 等使用了 658 家转型经济企业的问卷调查数据[12]，其中白俄罗斯 243 家、乌克兰 241 家、保加利亚 79 家和立陶宛 95 家；Danso 等使用了加纳 269 家企业的问卷调查数据[13]；Apraiz 等使用了 200 家德国制药企业的问卷调查数据[14]；Samiee 等使用了在中国大陆的 249 家企业(其中包含 149 家中国企业、100 家外资企业)的问卷调查数据[15]；田立法和苏中兴的问卷调查数据来自天津市各大工业园区 154 家中小制造业企业[16]。

通常选择企业高管团队成员作为问卷填答者，如 Lee 和 Miller 的问卷填答者是总经理[17]、Apraiz 等的问卷填答者是首席执行官[14]、Kim 和 Lim 的问卷填答者是高级副总裁[3]、Govindarajan 和 Fisher 的问卷填答者是事业部总经理[18]、Desyllas 等的问卷填答者是高管团队成员[19];又如 Govindarajan 选择 MBA 学员填答问卷[20];部分研究样本中还有职能部门经理,如 Schuler 和 Jackson 的问卷由人力资源经理填答[21],Liao 和 Greenfield 的问卷由研发部门经理填答[22],又如田立法和苏中兴的问卷由事业部经理和职能部门经理同时填答[16];又如 Celikyay 和 Adiguzel 直接让白领员工填答[23]。为保证问卷调查的信度和效度,学者们还对问卷填答者做了筛选,如在企业的工作时间、任职时间,以及对竞争战略的了解程度等。

统计调查研究文献中竞争战略测量题项数量、表述方式、题项选择的逻辑依据都略有差别。本书首先梳理了已有研究量表的题项,然后按照 5 种职能战略进行整理,结果如表 2.1 所示。总体来看,测量题项主要源自波特[1]、Dess 和 Davis[2],后续研究做了增减,或者语言表述上的调整。

表 2.1 竞争战略测量题项示例

职能战略	测量题项及文献来源
财务战略	最小化使用外部资金[2] 持续的高于一切的对低成本的关心[4] 严格追求低成本[6] 严格控制管理费用[24]
人力资源战略	获得高素质的劳动力[3-4] 训练/培训员工[2] 广泛训练营销人员/广泛培训一线人员/严密监督一线人员[24] 改进销售人员的表现[8]
研发战略	新产品开发/发展完善现有产品[2] 制造过程创新[2] 改进产品[9] 改进现有产品/获得专利或版权[8]
制造战略	维持高存货水平/原材料获得[2] 严格控制产品质量[2]/高产品质量[3] 制造特殊产品的能力[2,6] 运营效率[2]/提高操作有效性[24] 现代设备[9]

续表

职能战略	测量题项及文献来源
营销战略	产品差异化/强调特殊市场[2,4] 聚焦一个特定市场/放弃非盈利顾客[24] 竞争力的价格[2]/高价格[9] 分销渠道控制[2,8] 低成本的分销系统/对顾客订单的快速反应[25] 广告[2]/促销广告高于产业平均水平[4] 顾客服务[2]/售后服务[3] 品牌形象/在产业内的声誉[2,4]

2. 公开财务数据

无干扰研究使用各种数据库的公开财务数据。无干扰研究文献涉及的数据来源主要包括：① Hambrick[26]、Miller 和 Friesen[27]、Miller 和 Dess[28]等使用的 PIMS（市场战略的绩效分析）数据库，数据主要是 2000 年之前的；② 章细贞[29]、任娟和陈圻[30]、冯勇杰和张静娴[31]等使用的 WIND（万德）和 CSMAR（国泰安）数据库；③ 其他数据来源，如 Spanos 等使用了希腊制造业 1995—1996 年的普查数据[32]，刘睿智和胥朝阳使用了中国经济研究服务中心的一般上市公司财务数据库[33]，Little 等使用了 2007—2008 财政年度 129 家零售企业数据[34]，冯美丽和董银果使用了中国工业企业数据库、中国海关企业数据库与全球反倾销数据库中的数据[35]。

3. 案例研究数据来源

案例研究的数据来源包括电话访谈、面谈、档案/文本分析、问卷调查等各种方式，如 Ngowi 等的数据来源是 10 家建筑企业 CEO 的电话访谈或面谈[36]；David 等的数据源自 194 家企业档案/文本分析[37]；Malone 等使用的是通过访谈 19 家企业的 CEO 获得的数据[38]；Liang 和 James 使用的是 3 家采用成本领先战略的中国航空公司——奥凯、春秋、深圳的档案/文本分析[39]；Lin 和 Chou 的台湾集成电路制造业案例研究数据包括公开数据、访谈数据、学术研究成果等[40]；Baroto 等的数据来源是文献分析、苹果 iTunes 和沃尔玛的案例分析、一家马来西亚大型家电公司访谈记录[41]；胡楠等[42-43]、武常岐等[44]、宋海涛和周航[45]、高翀和石昕[46]采用的是 WINGO 财经文本数据库中的数据。

2.1.2 分析方法和结果

1. 问卷调查数据分析方法和结果

通过因子分析或者聚类分析进行竞争战略识别和命名。多数研究采取因子分析的方法,在选取的17篇竞争战略识别文献中,14篇使用因子分析识别(82.35%),3篇使用聚类分析识别(17.65%)。识别的结果有差异:① 一些结果是2种,如Guthrie等命名为差异化、成本领先[47];② 一些结果是3种,如Dess和Davis分析的是差异化、成本领先、集中化[2],Wright等命名为差异化、成本领先、集中化[5];③ 一些结果是4种,如Kim和Lim分析的是产品差异化、营销差异化、集中化、成本领先[3],Robinson和Pearce命名为效率、服务、产品创新和开发、品牌/渠道的影响力[4],Campbell-Hunt命名为成本领先、差异化、混合战略、没有明显强调[9],Hansen等命名为成本领先、顾客差异化、产品差异化、渠道差异化[25];④ 一些结果是5种,如Beal和Yasai-Ardekani命名为创新差异化、营销差异化、成本领先、质量差异化、服务差异化[8];Kim等命名为市场领导者、基于因特网的差异化、集中化、成本领先、产品扩散[48]。

2. 无干扰研究分析方法和结果

第一种方法是直接根据文献归纳推理,或者若干相对变量提出。例如,Phillips等根据文献归纳推理认为产品质量高的企业为差异化战略;直接成本低的企业为成本领先战略[49]。White按照企业的相对成本和相对价格位置识别四种竞争战略[50]:纯成本领先、纯差异化、混合战略、无战略。Miller和Dess将相对产品质量、相对直接成本、相对市场范围、样本规模这4个指标分成高、中、低三个等级,得到7个竞争战略群组[28]:差异化+成本+宽市场范围、差异化+成本+窄市场范围、差异化+宽市场范围、成本+宽市场范围、差异化+窄市场范围、成本+窄市场范围、夹在中间。Spanos等考察3种竞争战略维度[32]:成本领先、市场差异化、技术差异化。成本领先使用雇员生产率测量,市场差异化使用广告密度测量,技术差异化使用技术密度测量。Cheah等根据案例数据确认企业实施的5种竞争战略[51]:成本领先战略、差异化战略、市场/产品差异化、地理差异化、功能垂直整合。Malone等运用访谈调查法,直接询问CEO企业竞争战略类型[38]。刘睿智和胥朝阳采用毛利率、营业费用收入率、研发费用占营业收入的比例衡量上市公司的差异化程度,采用总资产周转率、固定资产周转率、员工效率衡量上市公司成本领先战略[33]。章细贞选取无形资产占总资产的比率来替代研发支出比率测量差异化战略;用同行业中主营业务成本率最低的竞争对手的数据与公司的主营业务成本率相比较测量成本领先战略[29]。Little等推理认为低边际利润和高资产周转率的企业是成本领先战略;高边际利润和低资产周转率的企业是差异化战略[34]。张宏和罗兰英以销售成本与总销售额的比率、总资产与总销售额的比率、工厂和设备总支出与总销售额的比率衡量成本领先战略;以研发费用与总销售额的比率、销售费用和管理费用与总销售额的比率衡量差异化战略[52]。冯勇杰和张静娴采用营业成本占营业收入的比重来度量成本领先战略,采用销售费用与管理费用之和与营业收入的比值来度量差异化战略[31]。王双进等采用不同细化指标相加的方式衡量竞争战略[53],成本领先战略指标是由三个比率组合而成的反向指标,包括成本效率(主营业务成本/主营业务销售额)、资本强度(总资产/主营业务销售额)和资产支出率(资产净支出/主营业务销售额),差异化战略指标是两个比率之和,包括公司的一般销售和管理费用占总销售额的比率、研发费用占总销售额的比率。李至圆等的差异化战略选取三个维度指标[54]:销售、行政及一般费用与营业收入的比值,研发费用与营业收入的比值,营业收入与营业成本的比值;成本领先战略选取三个维度指标:营业收入与资产、厂房和设备的资本支出的比值,营业收入与厂房和设备的账面价值的比值,员工总数与资产总计的比值。王超发和杨德林将"(毛利率+营业费用收入率)/2"作为差异化战略的代理变量,利用"(总资产周转率+销售收入成本比率)/2"对成本领先战略进行测度[55]。

第二种方法是首先分析具体战略选择变量(测量题项),然后根据数据做因子分析或聚类分析。例如,Hambrick使用17个因子进行聚类分析,识别出四种竞争战略类型[26]:差异化、轻资产、成本效率、规模/范围。Miller和Friesen使用30个战略选择变量进行聚类分析,出现了5个集群[27]:差异化、成本领先、集中化、非差异化集中、没有竞争力。David等选择6个题项的因子分析显示两个维度[37]:产品独特性和资本密集。路曼利用聚类分析法[56],选取营业毛利率、管理费用比率、总资产周转率三个具有代表性的财务指标,将营业毛利率与管理费用比率较高的一组企业认定为采用差异化战略,总资产周转率较高的一组企业认定为采用成本领先战略。

第三种方法是任娟和陈圻提出的基于数据包络分析(Data Envelopment Analysis,DEA)的竞争战略识别方法[30]。任娟和陈圻针对有效决策单元评价和区分的问题,在充分提取决策单元之间相似性和相异性信息的基础上,定义了多指标区间交叉效率,进而提出了一种基于投入(包括总资产、研发投入、广告支出、员工人数)、产出(包括主营业务收入和申请专利数)权重的聚类分析方法,使用上市公司数据识别出了成本领先战略和差异化战略。实证结果显示,该方法能够区分有效决策单元,具有统一性和合理性;与同类战略识别方法相比,更具客观性和解释能力,分类效果更好。

2.1.3 战略识别

问卷调查研究识别一家企业实施的是何种基本竞争战略的判定方法有3种:① 通过聚类分析得到战略集群,属于某个集群的企业实施的是该集群的战略。如 Dess 和 Davis[2]、Kim 和 Lim[3]、Robinson 和 Pearce[4]、Kim 等[48]使用的就是聚类分析方法。② 以各种竞争战略的总体均值为标准,如果一个样本的各竞争战略均值都大于总体均值,则判定该样本企业实施的是混合竞争战略;如果该样本企业的某种竞争战略均值大于总体均值,而其余竞争战略均值小于均值,则判定该样本企业实施的是该种竞争战略;如果一个样本的各竞争战略均值都小于总体均值,则判定该样本企业无明确的竞争战略,即波特认为的"夹在中间"。如张正堂等[57]、Acquaah 和 Yasai-Ardekani[58]使用的就是上述方法。③ 以测量尺度的中间值为标准,如果一个样本的各竞争战略均值都大于中间值,则判定该样本企业实施的是混合竞争战略;反之,则判定为无明确竞争战略;如果其中一种竞争战略均值大于中间值,而其余竞争战略均值小于中间值,则判定该样本企业实施的是该种竞争战略。如 Allen 等把得分均值在 5 分以上的竞争战略类型认定为该企业实施的竞争战略[59]。

无干扰研究识别一家企业实施的是何种基本竞争战略的判定方法主要有4种:第一种方法是直接根据文献归纳推理,或者若干相对变量提出;第二种方法是首先分析具体战略选择变量(测量题项),然后根据数据做因子分析或聚类分析;第三种方法是任娟和陈圻提出的基于数据包络分析的竞争战略识别方法[30];第四种法方是胡楠等提出的采用 WINGO 财经文本数据库数据的文本分析方法[42]。

2.1.4 绩效指标及分析方法

绩效指标总体上两类：一类是财务指标，一类是市场指标。例如，Dess 和 Davis 使用 1976—1980 年企业年销售增长率和资产回报率，方差分析不同战略集群的绩效差异[2]。Kim 和 Lim 使用 1980—1982 年资产报酬率、股权回报率、销售增长率的平均值测量绩效，方差分析不同战略集群的绩效差异[3]。Robinson 和 Pearce 使用 5 年研究期间的销售收入增长率、资产回报率、销售收入回报率、总体绩效，方差分析不同战略集群的绩效差异[4]。Wright 等使用 1984—1988 年投资回报率、相对市场增长率的均值，聚类分析后直接比较不同战略集群的绩效差异[5]。Bowman 和 Ambrosini 使用 5 点量表主观测量相对利润、相对销售增长率，大于或等于 4 就是高绩效，在所有样本中混合战略绩效最好[60]。Beal 和 Yasai-Ardekani 使用 5 点量表主观测量销售收入回报率、投资回报率、资产回报率、收入增长率、利润增长率、总利润[8]，多元回归分析（包括职能经验与竞争战略交互影响）验证职能经验与特定竞争战略或混合竞争战略的结合对绩效的影响。Koo 等使用 5 点量表主观测量利润总额、总收入、雇员增长率、资产回报率、股本回报率、销售增长率[10]，然后回归分析判断两种类型企业的四种竞争战略对绩效的影响。Acquaah 和 Yasai-Ardekani 使用 7 点量表主观测量收入回报率、资产回报率，控制变量是企业规模、企业所有权、业务单元、市场竞争强度，回归分析战略对绩效的影响[58]。刘睿智和胥朝阳使用的绩效指标是 2000—2006 年企业资产收益率（总、净）、主营业务销售收入增长率，控制变量是市场竞争、年份、财务杠杆、公司规模，回归分析战略对绩效的影响[33]。

问卷调查研究在确定了样本企业实施的具体竞争战略后，对各种竞争战略实施企业的绩效进行比较，使用的方法通常有 3 种：① Dess 和 Davis[2]、Kim 和 Lim[3]通过方差分析比较实施不同竞争战略企业（战略集群）的绩效差异；② Campbell-Hunt[9]、Acquaah 和 Yasai-Ardekani[58]通过回归分析检验各种竞争战略对绩效影响的差异；③ Wright 等[5]、Kim 等[48]通过聚类分析后直接比较实施不同竞争战略企业（战略集群）的绩效差异。

2.1.5 主要研究结论

1. 尽管识别的竞争战略命名不同,但是均支持波特竞争战略类型[2,5,8,25]

正如"2.1.2 分析方法和结果""2.1.3 战略识别"所述,学者们使用了因子分析、聚类分析、财务指标等识别了企业采取的竞争战略类型,识别结果有两种至五种不等,但都是对波特基本竞争战略类型的进一步细化,即均支持波特竞争战略类型。

2. 实证研究表明各种竞争战略类型的绩效之间存在差异,但学者们的实证研究结果不同

例如,Hambrick 验证了成本领先、差异化和集中化战略在调查样本企业中的实施情况,发现实施单一竞争战略的企业绩效优于实施混合竞争战略[26]。Dess 和 Davis 研究发现三种基本竞争战略绩效显著优于"夹在中间"[2]。Miller 和 Friesen 研究发现[27]差异化、成本领先、集中化是高绩效组;非差异化集中、没有竞争力是低绩效组;没有一个集群反映的是波特的纯战略,成本领先集群运用差异化战略,差异化集群运用成本领先战略,集中化集群运用成本领先战略。Robinson 和 Pearce 发现企业实施单一竞争战略绩效优于混合竞争战略[4]。Wright 等发现成本领先绩效最低,差异化其次,混合战略绩效最高,实施混合竞争战略企业绩效优于实施单一竞争战略[5]。Kim 等研究发现实施混合竞争战略企业绩效优于实施单一竞争战略,成本领先战略绩效最低[48]。Spanos 等分析表明[32],企业实施混合战略明显优于实施纯战略,如果实施混合战略的企业在实施成本领先战略的同时还实施了更多的其他战略,那么企业的利润率就越高。Cheah 等发现 5 种竞争战略中差异化、市场/产品差异化对绩效影响显著[51]。Acquaah 和 Yasai-Ardekani 研究发现[58]实施差异化战略、成本领先战略和混合竞争战略的绩效要优于那些"夹在中间"的企业,实施混合竞争战略企业的持续盈利能力超过那些仅仅实施成本领先战略的企业,但与实施差异化战略的绩效没有显著不同。刘睿智和胥朝阳发现成本领先战略和差异化战略均能给上市公司带来短期竞争优势,但采用差异化战略的企业其短期获利能力显著高于采用成本领先战略的企业;成本领先战略创造的竞争优势难以持续,而差异化战略建立起来的竞争优势则具有可持续性[33]。Little 等研究发现

零售业中差异化战略企业的绩效显著高于成本领先战略企业[34]。

3. 研究竞争战略选择与实施的相关影响因素

(1) 环境因素。例如,Miller 研究表明战略必须与环境和结构匹配才能取得成功。差异化战略是与不确定环境和技术专家、便于组织单位间交流的合作结构相关的;成本领先战略是与稳定的和可预测环境、规范的控制结构相关的[61]。Lee 和 Miller 研究发现在不确定环境下运用创新差异化和营销差异化,在稳定环境下运用成本领先战略[17]。Ward 和 Duray 研究发现竞争战略作为组织环境和制造战略的中介[62],通过制造战略对绩效产生影响。Liang 和 James 分析发现中国航空公司采用的成本领先模式受到中国情境因素(立法系统、制度环境、社会文化模式、经济因素、工业网络)的影响较大[39],这些情境因素导致中国航空公司的非可控成本过高,从而给中国航空公司采用成本领先模式制造了一系列的运营障碍。王铁男的研究表明[63],不同国家、不同产业的企业都可以通过控制成本驱动因素、重构价值链、寻求一切成本领先来源在竞争中取胜,他认为成本领先战略是中国企业家竞争取胜的捷径。Shinkle 等实证研究发现在一个市场导向程度低的制度环境下[12],纯战略(成本领先战略或差异化战略占主导地位)的收益是减少的;而在一个市场导向程度高的制度环境下,纯战略的收益是增加的。田立法和苏中兴的研究表明,外部环境竞争性对成本领先战略有显著影响,而对差异化战略的影响不显著,进而发现外部环境竞争性变激烈时企业做出的反应是实施成本领先战略而非差异化战略[16]。Denisa 等使用波特模型分析了罗马尼亚照明产品市场的竞争战略[64],发现没有一个公司采取普遍有效的竞争战略;需要的是对环境因素进行持续地分析,并不断适应市场条件。

(2) 高层管理者特性。例如,Govindarajan 研究发现管理者适应战略[20]、研发经验和内部控制有利于差异化,而阻碍成本领先;制造经验有利于成本领先,而阻碍差异化;总经理经历和产业熟悉程度是普遍受益的;财务经验对绩效产生负面影响。Beal 和 Yasai-Ardekani 的研究表明超常绩效的结果源自管理的职能经验与特定竞争战略或混合竞争战略的适合性[8],即只有当 CEO 的职能经验与基本竞争战略有密切的联系才能够对绩效有显著影响。Bowman 和 Ambrosini 研究发现管理者的战略偏好具有一致性的企业绩效高于那些管理者的战略偏好不一致的企业[60]。

(3) 管理机制。例如，White 发现成本领先战略与事业部内责任共担匹配导致投资回报率提高，差异化战略与事业部内职能独立匹配将带来更高的销售增长率[50]。Barth 研究表明[65]，成本领先战略与集中化结构，混合战略与混合结构，差异化战略与非集中化结构有明显的相关性；竞争战略和管理机制匹配企业的绩效与竞争战略和管理机制不匹配企业的绩效相比，二者没有显著差异。Auzair 和 Amir 发现机械型管理控制系统在成本领先战略与绩效之间的关系中中介作用不显著，而在差异化战略与绩效之间的关系中发挥着显著的中介作用；灵活型管理控制系统没有在差异化战略与绩效之间的关系中起中介作用[66]。

(4) 企业所处产业价值链位置。例如，Nicovich 等研究发现处于价值链上游的企业倾向于采取成本领先战略，下游的企业更多地采取差异化战略，但是下游企业也能采取成本领先战略[67]。

(5) 职能战略。① 研发战略。Liao 和 Greenfield 研究表明，企业已经意识到了研发决策与公司战略管理整合的重要性[22]，即研发和竞争战略的一致性。② 制造战略。Phillips 等研究表明，产品质量（差异化战略）会增加直接成本的假设不能通过，在某些类别企业群中甚至有可能降低直接成本，即差异化可能是成本领先的一种途径；产品质量与价格呈正相关，与市场份额呈正相关[49]。David 等研究发现当企业致力于成本领先战略时应集中采购，差异化战略则宜分散采购[37]。Malone 等发现垄断政策驱动成本领先战略而不是基于创新的差异化战略[38]。③ 人力资源管理。Schuler 和 Jackson 研究表明，实施差异化战略企业的人力资源管理创新和改进偏好显著高于实施成本领先战略企业的人力资源管理创新和改进偏好[21]；Guthrie 等研究发现，高参与度工作实践与实施差异化战略的绩效呈正相关（交互影响显著），而与实施成本领先战略没有关联[47]；张正堂等研究表明，实施差异化战略和成本领先战略的企业在 HRM 活动的选择上没有显著差异，HRM 系统与竞争战略匹配（差异化-内部型、成本领先-市场型）企业的绩效高于没有匹配企业[57]的绩效。④ 财务管理。章细贞发现负债比率与差异化战略和成本领先战略存在显著的正相关关系[29]。

(6) 战略领导。Agyapong 和 Boamah 以加纳家庭旅馆经营企业为研究对象[68]，通过问卷调查数据分析，发现成本领先战略和差异化战略对企业绩效有显著影响，而且战略领导对成本领先战略和差异化战略对企业绩效的

（7）对并购影响。高翀和石昕研究发现[46]，相对于成本领先战略，差异化战略更可能进行并购扩张；同时还发现，当实施差异化战略的企业处于生命周期的成长期和衰退期时，其并购动机更强且并购频率更高。

（8）与企业盈余的关系。胡楠等研究发现实施差异化战略的企业盈余持续性较高、盈余波动性较小；从企业生命周期的不同阶段来看，这种现象在处于成熟期和震荡期的企业中更明显[42]。

（9）与CEO薪酬的关系。胡楠等研究发现实施成本领先战略的公司其CEO货币薪酬总额、内外部薪酬差距和权益薪酬都显著低于实施差异化战略的公司；成本领先战略下CEO超额货币薪酬、差异化战略下CEO超额权益薪酬显著提升了业绩[43]。

（10）业绩期望差距的关系。李至圆等研究发现，业绩期望落差对企业差异化战略具有正向影响，业绩期望顺差对企业成本领先战略具有正向影响[54]。

（11）竞争战略的调节作用。冯勇杰和张静娴研究发现成本领先战略负向调节企业绿色治理表现对竞争地位的促进作用，发挥替代效应；差异化竞争战略正向调节企业绿色治理表现对竞争地位的促进作用，发挥互补效应[31]。张宏和罗兰英研究发现差异化战略强化了企业社会责任与市场绩效之间的倒U形关系[52]。王双进等研究发现，竞争战略强化了工业企业绿色治理责任履行对财务绩效影响的U形关系，差异化战略比成本领先战略的U形调节作用更强[53]。武常岐等研究发现，成本领先战略会抑制数字化转型带来的全要素生产率的提升，而差异化战略对数字化转型的积极作用没有影响[44]。Nguyen和Adomako[69]收集了223家中小企业的问卷调查数据，研究发现对于采用差异化战略的企业而言，环境声誉与市场绩效之间的关系更好；但对于采用成本领先战略和综合战略的企业而言，这一关系并不显著。Islami和Latkovikj[70]利用收集的157家在科索沃运营的制造业组织的问卷调查数据进行研究，发现成本领先战略并不能加强供应链管理与组织绩效之间的积极关系，而差异化战略加强了供应链管理与组织绩效之间的积极关系。

（12）竞争战略的中介作用。Chelliah等[71]利用马来西亚三个州283家中小型服务企业的问卷调查数据进行研究，发现通过成本领先战略的中介作用，风险承担和开放创新与绩效有着显著的关联。

2.2 竞争战略与技术创新的关系

2.2.1 工艺创新和产品创新的概念

早在1912年,熊彼特在《经济发展理论》一书中提出了产品创新和工艺创新的概念:产品创新,即引入新的产品或提供产品新的性能;工艺创新,即采用新的生产技术方法[72]。经济合作与发展组织(Organization for Economic Cooperation and Development,OECD)对产品创新的界定:为了给产品用户提供新的或更好的服务而发生的产品技术变化;对工艺创新定义:是指采用技术上新的或有重大改进的生产方法,这些方法可以涉及设备、生产组织的变化,或者这两方面的组合,也可以来源于新知识的应用[73]。

Utterback和Abernathy认为产品创新是指为了顾客和用户的利益而引进的新产品或服务。新产品或服务与旧的产品或服务具有显著的差异。工艺创新是居于输入与输出之间的新工具、设备和生产的技术知识。工艺创新的直接目的是提高生产产品或提供服务的效率,也可以增加顾客的价值,如提高质量和可靠性[74]。

Gopalakrishnan等在Utterback和Abernathy定义的基础上,进一步区分了产品创新与工艺创新。他们认为,产品创新是一种用来满足外部用户或市场需求的新产品或服务。工艺创新是一种引进到组织生产或服务实施(输入原材料、任务划分、工作和信息流的机制以及设备)中的要素,以生产产品或提供服务。产品创新以市场为焦点,且主要由客户驱动;而工艺创新的焦点在组织内部,且主要由效率驱动[75]。

王伟强和许庆瑞把工艺创新分为3个层次。① 源于企业发展战略的工艺预创新包括3个方面:一是未来型号发展所必需的关键工艺;二是从技术发展趋势看必然要发展的技术等;三是为提高产品技术水平而需要解决的一些关键工艺。其创新源于企业的发展战略,目的在于增强企业创新能力,主要为未来产品提供创新服务。② 源于产品创新的工艺实时创新即产品研制阶段的工艺创新,其创新源于产品。创新是当前产品设计投入生产的技术瓶颈,主要为正在研制的产品服务。这一阶段的工艺创新更多地利用现有技术进行二次开发。③ 源于规模经济的工艺后创新即批量生产阶段的工艺创新，其创新源于规模经济，目的是使试制的产品批量生产，目前的技术改造大多属于此类创新，其实质是科技成果的工程化[76]。

吴贵生认为产品创新是指在产品技术变化基础上进行的技术创新。产品创新包括在技术发生较大变化的基础上所推出的新产品，也包括对现有产品进行局部改进而推出的改进型产品。广义的产品包括服务（无形产品），因此，产品创新也包括服务创新。工艺创新又称过程创新，是指在生产（服务）技术变革基础上进行的技术创新。工艺创新包括在技术发生较大变化的基础上采用全新工艺的创新，也包括对原有工艺的改进所形成的创新[77]。

傅家骥将产品创新定位为得到新的或有某种改进、改善的产品，包括工业设备，即技术上有变化的产品的商业化。按照技术变化量的大小，产品创新可分成重大的产品创新和渐进的产品创新。工艺创新是指产品生产技术的变革，它包括新工艺、新设备和新的组织管理方式。工艺创新与提高产品质量、降低原材料和能源的消耗、提高生产效率有着密切的关系[78]。

安同良等把技术创新定义为在商业上引进新的产品和工艺。产品创新是指将新的产品投入商业运作，而该产品在设计或功能特征上的更改为该产品的消费者带来了新的或更好的服务。单纯从美观角度出发的改变不在此概念范围内。工艺创新是指采用新的或显著改进的生产方法。这些方法可能涉及设备或生产组织的变更，或两者兼备。其目的可能是生产原有设备或生产方法下无法得到的新产品或更先进的产品，以及提高现有产品的生产效率[79]。

华锦阳认为产品创新的结果是向市场推出新的有独特性能的产品，目的是提高产品设计与性能的独特性；工艺创新的结果是改进产品的加工过程、工艺路线或设备，目的是提高产品质量、降低生产成本、降低消耗、改善工作环境[80]。

毕克新等认为产品创新和工艺创新是企业（特别是制造业企业）创新过程中的两个重要方面，企业通过产品创新可以不断改善和更新产品、增加产品种类以及改善产品组合；工艺创新可以改善生产工艺、优化生产过程，进而得到高质量和低开发成本的产品。产品创新和工艺创新的协调互动是影响一个企业创新成功的重要因素[81]。

在国家统计局工业企业创新调查主要指标解释中，创新指一个创新设想从产生到实现的过程,它包括研究开发、设计、试生产、市场调查、试销等。"过程"完成了,就是实现了创新,否则就是未实现创新。产品创新指企业将新的产品或者有重大改进的产品成功推向市场。新的产品指对企业而言必须是新的,但对于企业所在的行业或市场而言不要求必须是新的。"重大改进"是指产品在技术规范、成分、材料、集成软件、用户友好性或其他功能特征等方面发生了显著的变化。新的(重大改进的)产品不包括较小的改变或改进、常规升级、定期的季节变化(如衣服生产的季节性调整)、为单个客户特制、从其他企业购买后直接销售或仅在外观上改变的产品等。新产品是指采用新技术原理、新设计构思研制及生产的全新产品,或在结构、材质、工艺等某一方面比原有产品有明显改进,从而显著提高了产品性能或扩大了使用功能的产品。新产品既包括经政府有关部门认定并在有效期内的新产品,也包括企业自行研制开发,未经政府有关部门认定,从投产之日起一年之内的新产品。新产品按照新颖度分为国际市场新、国内市场新和本企业新三类。国际市场新和国内市场新统称为市场新。工艺创新指企业为生产新的(有重大改进的)产品或提高生产效率,采用在技术上是新的(有重大改进的)工艺设备或生产方法。工艺创新还包括与工艺有关的新的(有重大改进的)辅助性活动,但不包括工艺上较小的改变。新的(有重大改进的)工艺对企业而言必须是新的,但不要求本企业先于其他企业采用该工艺,也不论该工艺是本企业还是其他企业研发的。工艺创新可以提高生产的灵活性、提高生产效率、降低人力成本、节约原材料、降低能源消耗、减少环境污染、改善工作条件、提高安全性等[①]。

结合中国制造企业的技术创新实践,本书的研究主要采用国家统计局工业企业创新调查主要指标解释中工艺创新和产品创新的概念界定。

2.2.2 工艺创新和产品创新的互动关系

Utterback 和 Abernathy 具有开创性的研究揭示了技术创新的动态演变规律[74]。随后的大量研究证明,有效的产品和工艺协调创新对技术创新的成败起着关键的作用。在 *A dynamic model of process and product in-*

---

① 2006 年全国工业企业创新调查统计数据[EB/OL]. http://www.stats.gov.cn/tjsj/qtsj/index.htm

novation 一文[74]中,Utterback 和 Abernathy 分析了企业创新类型和创新程度随技术生命周期变化的规律。在技术发展初期即不稳定阶段,产品创新率高于工艺创新率;在过渡阶段,产品创新率降低,工艺创新率上升并超过产品创新率;在稳定阶段,产品创新率和工艺创新率都降低,两者之间比率趋于平衡(图 2.1)。

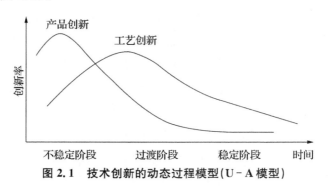

图 2.1　技术创新的动态过程模型(U-A 模型)

U-A 模型反映了产品创新和工艺创新二者之间的互动过程,二者互动始于主导设计的出现[82]113。主导设计是一种赢得了市场忠诚的产品设计,是一种竞争者和创新者要想赢得较大的市场份额必须遵从的设计。主导设计通常表现为一种新产品或各种较早产品设计中表现出的若干技术创新综合而成的一组特征。主导设计有四个主要功能:① 主导设计提供产品的标准化,减少产品的差别和不确定性;② 它们使企业能够实现设计标准化和零部件互换性,优化了组织结构,从而能够实现规模化和提高效率;③ 它们使供应商、零售商和顾客之间建立更稳定和可靠的关系;④ 从消费者来看,主导设计减少了产品的混乱现象,降低了生产成本[82]113-116。一旦产业中出现了主导设计,进一步的技术进步就来自许多渐进性的创新。这些改进不断完善主导设计,但没有改变行业的标准。竞争的焦点从更高的性能转移到了更低的成本、差异化和战略定位策略。主导设计出现以后,大量产品创新时期一旦开始,过程创新就将起着更加重要的作用。随着产品创新速度的不断减缓,过程创新的速度相应增加[82]119。

Kraft 研究发现产品创新能够引起工艺创新,反之则不行,即工艺创新不能引起产品创新[83]。Martinez-Ros 认为产品创新致力于满足顾客对新产品或新服务的欲望,开拓或占领新市场;而工艺创新则致力于缩短交货时间和降低运营成本[84]。Fritsch 和 Meschede 研究发现小企业相对于大企业更愿意投资研发,而且随着企业规模扩大,工艺创新投入的增长要高于产品创新投入的增长[85]。Shi 和 Meng 发现直接面向顾客的、提高生产技术的工艺创新有助于促进产品创新[86]。Wong 等的实证研究表明组织成员更容易从产品创新中获得知识,有利于个人创业;而工艺创新是整合在组织的多个部门中才有价值[87]。Damanpour 以"产品创新"和"工艺创新"为主题和关键词选出了 1983—2003 年间的 20 篇实证研究文献,分析了企业规模和市场竞争强度对产品创新和工艺创新的影响,发现企业规模、市场竞争强度与工艺创新、产品创新的关系强度都没有显著差异[88]。

根据发展中国家的特点,吴晓波提出了二次创新的概念,他认为:一次创新是指主导了技术范式和技术轨迹的形成、发展和变革的技术创新;二次创新是指在技术引进基础上进行的,受囿于已有技术范式,并沿既定技术轨迹而发展的技术创新[89]。吴晓波认为,发展中国家从发达国家引进技术后进行二次创新[89],在二次创新中,引进的技术需要根据当地的条件进行改良与变革,所以工艺创新的频率更高。这样可以解决原来的产品在新生产地生产的问题,其次才发生根据新的生产与市场需要改进产品设计。也就是说,在二次创新中,技术创新的动态刚好与 U-A 模型所描述的相反。

纵观世界上各发达国家的技术发展历程可以发现,其经济增长过程中几乎没有一个国家不重视产品和工艺的协调发展。美国与日本和德国就是两个不同的典型例子,美国曾一度只重视产品创新而忽视工艺创新,使其在很多工业领域中失去竞争优势,导致经济发展缓慢,而日本和德国之所以能形成今天的经济竞争优势,与它们注重产品创新和工艺创新的协同发展是密不可分的[90]。对美国 1 119 家大型制造企业的研究表明,大约 81% 的创新投资都直接投向新产品开发;只有 19% 的资金投向过程创新。因此,这项研究表明,美国企业偏好产品创新。相比之下,对日本企业所做的相似研究发现,26% 的企业将创新资金主要投入制造过程创新,只有 17% 的企业主要投入新产品开发(此项研究中的企业大部分将其创新资金主要投入和其他企业的合作技术开发)。很明显,这些企业与其美国竞争对手的侧重点不同。研究也表明,在国际贸易中日本投入研发的资金效率比美国高 3 倍。其原因可能在于前面提到的研发侧重不同[82]76。

2006 年全国工业企业创新调查统计数据显示,2004—2006 年间,在开展创新活动的83 290家制造业企业中,有96.8%的企业进行了产品创新或者工艺创新,83.5%的企业进行了产品创新,84.1%的企业进行了工艺创新,而其中仅有12.7%和13.3%的企业单独进行了产品创新和工艺创新[①]。也就是说,在开展创新活动的制造业企业中,多数企业是产品创新与工艺创新并举,产品创新与工艺创新是相互协同配套和支撑的。

综上所述,在技术创新中,产品创新与工艺创新是两个无法割裂、相互关联、相互影响的要素。产品创新与工艺创新的组合构成了企业组合创新效益实现的基础[76]。产品创新可以提高产品的差异化,工艺创新可以降低产品的生产成本,工艺创新为产品创新目标的顺利实现提供了生产工艺保证。工艺创新具有生产率效应,产品创新具有市场效应,只有在一定的生产条件和市场条件下,技术创新才能产生经济效应。产品创新与工艺创新是制造业企业技术创新的两个重要方面,二者体现了制造企业的两个基本内涵,即"制造什么"和"怎么制造"。产品创新可以使制造企业开拓新市场、提高产品市场占有率,工艺创新可以提高企业劳动生产率、降低生产成本[91]。

2.2.3 竞争战略和技术创新的关系

竞争战略和技术创新二者之间是相互影响、相互促进的关系。一方面,成功的竞争战略的实施依赖包括技术创新在内的诸多因素,企业实施的竞争战略会影响到技术创新的偏好[92];另一方面,企业的技术创新在某种程度上决定和制约着企业的竞争战略[93-94]。纵观现有文献,竞争战略与技术创新关系的研究主要存在三种观点:层级观、资源观和互动观。

层级观认为确定企业竞争战略的先决条件是外部环境和内部资源,竞争战略提出了企业的技术发展方向,从而影响技术创新战略[92]。技术创新战略是在竞争战略基础上制定的,它从属于竞争战略,二者的关联是一个从竞争战略到技术创新战略的等级式顺序过程。

资源观认为企业技术资源是企业资源和能力的组成部分,是企业竞争战略形成的基础,企业制定竞争战略的起点是识别企业所拥有和掌控的资源和能力[95]。依据该观点,企业的技术创新战略在某种程度上决定和制约着企业的竞争战略[93-94]。

---

① 此处是国家统计局公布的统计数据,网址是:http://www.stats.gov.cn/tjsj/qtsj/2006cxdc/。

互动观认为竞争战略与技术创新战略绝非简单的决定和被决定的关系。竞争战略和技术创新战略都不能单独创造竞争优势,两者之间是一种动态的、双向的、既相互依赖又相对独立的关系,随着时间的变化两者共同进化[96-97]。

现有的对竞争战略与技术创新关系的研究主要是理论研究,实证研究较少。事实上,在竞争战略实证研究文献中多有涉及技术创新,如在竞争战略测量题项中就有"制造过程创新""新产品开发",还有学者在竞争战略类别中就有"产品创新和研发"[4]、创新差异化[8]等。在两者关系的研究中,学者们使用了不同的技术创新类型研究其与竞争战略之间的关系。例如,李浩和戴大双使用的是领先创新、跟随创新、模仿创新[98];严新忠使用的是工艺创新、产品创新[99];谢伟采用的是系统创新、核心创新和外围创新[100];施蕾采用的是模仿创新、自主创新[101]等;郑兵云等采用的是渐进创新和突破创新[102];任娟和陈圻使用的是技术创新效率[103]等。李浩和戴大双认为领先创新战略不适合与成本领先战略整合,采用领先创新战略的企业较易于实现差异化;成本领先战略适合与跟随创新战略整合,采用跟随创新战略的企业也可以很好地实施差异化战略;模仿创新也非常适合采用差异化战略[98]。严新忠发现与成本领先战略相适应的产品创新是降低产品价值链成本,工艺创新是工艺柔性与成本;与产品差异化战略相适应的产品创新是产品质量特色与顾客化,工艺创新是产品的精度、质量和交货期[99]。谢伟发现本土企业成功地利用了价值链的可分性、独立技术供应商的出现和增长迅速且需求结构多层次的市场机会,有效地发挥了低劳动力成本和当地市场知识掌握的优势,在外围创新领域和制造产品的装配环节,取得了较好的竞争绩效[100]。施蕾认为成本领先战略适合与模仿创新战略整合,而采用自主创新战略的企业较易于实现差异化[101]。郑兵云等基于239家企业问卷调研数据的实证检验研究发现,差异化战略对企业绩效有显著的正向直接影响,同时通过渐进创新和突破创新对企业绩效产生间接影响,且间接影响比直接影响大,创新部分中介了差异化战略对企业绩效的影响[102]。任娟和陈圻基于283家中国制造业上市公司1999—2006年的面板数据研究发现[103],成本领先战略与技术效率、公司绩效之间呈显著正相关关系;差异化战略与公司绩效呈显著正相关且短期内与技术效率呈显著负相关关系;成本领先战略通过技术效率作用于公司绩效的传导机制作用显著,而差异化战略是否通过提升技术效率改进公司绩效的机制未得到证实。

还有学者探讨了不同情境条件下,竞争战略和技术创新的关系。例如,宋海涛和周航以中国上市公司数量排名前三十的城市为基础,增加哈尔滨、长春、兰州、咸阳、乌鲁木齐、拉萨等东北、中部、西部37个城市,作为研究环境规制的聚类层级,同时选取2007—2019年间深沪两市A股2 049家上市公司作为微观研究对象,研究发现环境规制与技术创新之间的关系呈倒U形,成本领先战略正向调节环境规制与技术创新之间的关系,其对技术创新的影响显著高于产品差异化战略对企业技术创新的影响[45]。王超发和杨德林以2010—2018年间在沪深两市上市的A股高科技企业为样本,以股权激励行权条件为中介变量和调节变量,研究发现高科技企业采用差异化战略和成本领先战略对其技术创新产出质量的提高均有促进作用;股权激励行权条件在差异化战略与技术创新产出质量之间具有显著的中介作用和正向调节效应;股权激励行权条件在成本领先战略与技术创新产出质量之间无中介作用,但有负向调节效应。现有文献鲜见技术创新对竞争战略的影响机理研究[55]。路曼研究发现实施差异化战略时,高管团队激励对于研发创新投入促进的力度相比成本领先战略更强[56]。

2.2.4　低成本创新概念及其与竞争战略的关系

曾鸣是较早关注中国低成本制造的学者之一,他在《龙行天下》一书中对中国低成本制造的未来抱乐观态度[104]。曾鸣认为,由于金融资本和人力资本在全球的流动性,任何技术创新所能带来的模仿壁垒和垄断利润都在快速降低。相对同质化的竞争,让低成本创新成为任何企业参与竞争的必要条件——以低成本的方式进行技术创新,以技术创新的方式降低成本,这种低成本创新将成为企业未来全球竞争的核心。

低成本创新有两个层面的含义:① 企业通过创新进一步降低成本,而不是简单的低要素成本;② 企业创造性地应用种种以降低成本的方式实现(主要是应用型)创新,从而带来性价比的大幅度上升,创造全球竞争优势[104]。目前,许多中国企业已经开始确立创新带来的成本优势,即"低成本创新"。

陈圻和任娟认为低创新成本包含低财务成本、低时间成本和低风险三个特征;同时又造就新的低成本产品[105]。陈圻和任娟同时指出低成本创新有多种层次和形式,它可以是功能创新、技术创新;可以是自主创新、领先创新、跟随创新和模仿创新;它可以通过专利授权、委托创新、联合创新、敏捷产品开发等形式来实现。

陈圻在《低成本创新的 Stackelberg 模型研究》一文[106]中指出,低成本创新既包含成本节约型创新,又不能忽视需求创造型创新。企业不仅要重视传统的成本领先,而且要通过适度的产品功能差异定位创新来低成本地推出新设计,迅速适应甚至创造国际市场需求,避免过于激烈的价格竞争,因此价格竞争和非价格竞争往往并存。

曾鸣和威廉姆斯认为中国制造的发展路径:一是整合创新,创造性地满足客户需求,冲破跨国公司的垄断;二是流程创新和创造性地利用成熟的技术,先去满足低端市场的需求,再反过来让技术不断地升级换代,最终形成对原来所谓高端的替代;三是一开始就站在技术的最前沿,跟上技术发展断裂性的机会,一步到位[104]98。曾鸣和威廉姆斯同时也指出了成本创新面临的障碍,即在寡头竞争产业,由于还没有形成规模化的结构,进入壁垒很高,成本创新战略面临天然局限,无法发挥应有的作用[104]105。

李西和胡冰洁对比亚迪低成本创新的案例研究验证了曾鸣的观点。比亚迪集团依靠低成本制造,结合流程的创新、应用型的研发,严格而灵活的质量控制、垂直整合,逐渐形成规模,逐步突破技术壁垒,然后不断产业升级、技术换代,循环利用低成本和研发能力,最后在国际竞争中胜出[107]。

田冰等利用灰色聚类分析方法,分析了具备低成本创新特征的国内 A 股制造类上市企业,实证结果证明低成本创新战略可以通过功能创新、技术创新、价值创新等途径来实现[108]。

何颖和黄林莉认为,区别于传统技术创新的高投入、高风险、高回报,低成本创新以恰到好处地满足客户需求以及客户对价格的承受能力为追求目标,突出了低投入、低风险和低价位。从本质上来讲,低成本创新实现了对产品的整个生产过程和商业模式的重新思考与设计,是围绕新产品的设计、生产、商业化等一系列系统性的活动[109]。

王宇婷基于中国制造企业的实证研究发现:中国成本领先企业已经超越原有的以资源驱动、效率驱动为主的成本领先战略模式,将技术创新作为成本领先战略的主要驱动力量;中国成本领先企业在创新驱动的同时兼顾提高运营效率,注重技术创新与运营效率有效结合,推进成本领先战略演化升级[110]。王宇婷的研究同时发现[110],中国成本领先企业的技术创新具有陈圻和任娟[105]提出的低成本创新特征。

陈国栋和陈圻[111]以民营制造企业为研究对象,从企业发展方面分析了"资源与发展"问题,以及大多数民营企业低技术特征需要进行低成本创新等问题;从理论体系方面分析了基于专业化学习的内生比较优势支持传统成本领先战略演化为创新型低成本战略;并从设计创新的低成本属性和低成本设计创新的手段两方面证明了加强设计创新环节是实现低成本创新的重要途径。

总体来看,"低成本创新"思想的提出,打破了传统思维模式下成本领先战略与创新战略泾渭分明的界限,实现了二者的相互融合。低成本创新以技术创新的方式降低成本,有利于成本领先战略的实施及升级。

2.3 高管团队与竞争战略、技术创新的关系

高管团队如何影响企业战略、技术创新,不同的理论从不同的角度做出了解释。在这些理论中,影响最大的是1984年Hambrick和Mason提出的高层梯队理论[112],该理论建立了高层管理者的心理和人口统计方面的特征、战略选择和组织绩效三者的联系,强调高层管理者的背景特征对战略选择的影响。此后的研究主要围绕高管团队的人口统计特征、异质性、内部运作过程对战略选择、组织绩效的影响展开[113]。石盛林和陈圻识别了高管团队认知风格,探讨了高管团队认知风格与竞争战略的关系[114]。石盛林等探讨了高管团队认知风格对技术创新的影响[115]。本书的研究关注高管团队认知风格对技术创新形式与成本领先战略关系的调节作用,比较高管团队认知风格对技术创新形式与差异化战略关系的调节作用。

2.3.1 高管团队与竞争战略的关系

Hambrick和Mason提出的高层梯队理论建立了高层管理者的心理和可观察的人口统计方面的特征、战略选择和组织绩效三者的联系[112],强调高层管理者的背景特征对战略选择和组织绩效的影响。此后的研究主要围绕以下三个方面展开:

1. 特定的高管团队人口特质,如年龄、教育水平、专业背景、任期等对组织绩效、战略选择等组织结果的影响

(1) 年龄。通常高管团队平均年龄越大,越倾向于回避冒险,执行的企业战略较少发生变化,而年轻的经理们更容易改变战略,更愿意尝试创新的冒险行动[116]。

(2) 教育水平。美国学者对美国制造业、银行业的高管团队分别进行了调查,发现高学历的高管团队在执行变革中更为成功[116-117]。李贤辉[118]以2008—2019年中国沪深A股上市公司为样本,选取CEO高管作为研究对象,研究发现差异化战略在高管学历背景和企业风险承担的关系中起到部分中介作用,即高学历的CEO更愿意采取差异化战略,高管的学历层次越高,企业的风险承担水平越高。

(3) 专业背景。Hambrick和D'Aveni把高管团队成员的专业技能分为两类:一类是会计、金融、法律等技能,这些技能和背景并不能提供持续竞争力;另一类包括设计、生产、营销与管理等技能,这才是关键能力,能提供核心竞争力。与成功的公司相比,破产的公司往往缺乏具有各种核心技能的专家[119]。

(4) 任期。高管团队成员的任期会对组织绩效产生影响。人们一起工作很长时间,一些相关的思想、行为开始影响团队行为,特别是沟通行为[120]。Katz通过研究团队任期与绩效的关系,认为任期与绩效大致呈倒U形关系[121]。他认为团队发展需要经历三个阶段:融合期、革新期与稳定期。处在融合期即创建初期的团队通常很难高效运作,因为成员之间融合度很低。随着合作时间的推移,团队进入革新期,他们会分享新的见解,逐渐找到角色定位,从而发挥出团队专长。但经过2~5年后,这种全面交流的趋势就会变弱,团队进入稳定期,会更多地依赖于惯例,变得缺乏适应性与创新性,这时团队绩效会下降。

2. 高管团队的异质性对组织绩效、战略选择等组织结果的影响

高管团队的异质性是指团队成员间人口背景特征以及重要的认知观念、价值观、经验的差异化;相对的,同质性就是指团队成员之间以上特征的相似性[122]。高管团队异质性的研究主要是关注团队的年龄、任期、教育、职业经验等异质性与组织绩效、战略选择之间的关系。已有很多研究表明,团

队异质性与公司战略和企业绩效之间存在显著的相关关系,而这种关系同时受到企业、团队所在社会背景、行业环境的影响[123],异质性研究没有得出一致性的结论。

(1) 年龄异质性。基于社会同一性理论的研究认为,高管团队内年龄异质性越大,越会造成沟通和交流的困难,从而使成员间冲突增加,造成团队内成员交流和合作的减少,团队凝聚力下降,导致企业绩效下降[124-125]。基于信息—决策理论的研究认为,年龄异质性团队包含了具有不同观点的成员,即高管团队年龄异质性提高了决策质量,对企业绩效有促进作用[126-127]。

(2) 任期的异质性。由于高层管理者进入高管团队的时间不同,经历的企业发展阶段和事件各异,造成他们对组织及其战略的解读不同[121],因此由不同团队任期成员组成的高管团队具有多样的信息收集途径和对信息的多层次解释,能够产生多种战略方案并对其进行全方位的评估,从而保证了决策质量,促进了组织的发展[128]。古家军和胡蓓发现高管团队成员的任期差异性对战略决策的速度有负影响,对决策的成本有正影响,对决策的准确性没有显著影响[125]。

(3) 教育的异质性。高管团队教育的异质性可以分为两类:教育水平的异质性和教育专业的异质性。高管团队教育水平的异质性表现出两个相互矛盾的作用:一方面,团队成员的教育水平相差越大,越容易产生冲突,团队对于战略制订程序、战略目标、战略计划的分歧就越大[129];另一方面,教育水平的异质性为团队提供了多元的信息、对现象有更深层次的理解,从而提高了战略决策质量以及企业绩效[120]。高管团队教育专业的异质性越大,就越能获得一系列多元的信息、技能和观念,拥有广泛的关于战略制订、战略方案的设想。因此,高管团队的教育专业异质性越大,企业战略的改变就越大[116]。教育水平异质性虽然可以使团队成员从不同的视角看待各种问题,但是这种差异越大,决策的准确性就越低,造成的决策成本就越高,决策的速度也就越慢[125]。

(4) 职业经验的异质性。管理者在不同行业、不同企业以及同一企业的不同职能部门的工作经验影响了他们的知识构成、观念形成和工作取向[112]。Hambrick等发现高管团队的职业经验异质性对企业绩效有积极的影响[130]。Carpenter发现高管团队的职业经验异质性与企业绩效在国际化程度低的企业中呈负相关关系,这种关系在团队任期短的企业中表现得更加明显;而在国际化程度高的企业中,高管团队的职业经验异质性与企业绩效是正相关的[131]。张平发现高管团队职业经验异质性越高的企业绩效越差[124]。古家军和胡蓓发现职业背景的异质性虽然可以使团队成员从不同的视角看待各种问题[125],但是这种差异越大,决策的准确性就越低,造成的决策成本就越高,决策的速度也就越慢。

3. 高管团队内部运作过程,如团队领导、团队冲突、团队沟通对组织绩效、战略选择等组织结果的影响

(1)团队领导。团队的领导效能与团队内聚力、绩效呈正相关[132]关系。如果一个团队领导者设立了较高的绩效目标,鼓励团队成员达到目标,并提出可行的行动战略且付诸实践,会比其他一般团队获得更高的团队效能和内聚力[133]。

(2)团队冲突。Amason 把高管团队中的冲突分为认知冲突与情绪冲突[134]。认知冲突起因于人们对任务的目标及完成方法的认识不一致,情绪冲突起因于个体与个体之间的怀疑或不适应。由于认知冲突有助于集思广益和协调一致,因此与高管团队决策的质量、理解程度和接受程度呈正相关关系。而情绪冲突不仅削弱了决策质量和成员间的理解,而且降低了成员的满意度,伤害了成员间的感情,导致团队效能低下。由此可见,为了使团队更为有效,应该营造一种鼓励认知冲突、抵制情绪冲突的团队氛围。团队冲突可能会增加抵触与不满情绪,但同样也可能增强理解与创造力,善于利用冲突的管理团队应该具有更好的绩效[135-136]。

(3)团队沟通。团队中冲突不可避免,而沟通在成功解决冲突、使冲突富有意义方面具有举足轻重的作用。团队成员之间的交流与沟通,使他们在相互熟悉、相互了解的过程中建立起友谊、信任和依赖,从而使他们对工作的责任感增强,此时不同的见解更多的是基于共同目标而对某一问题的各种不同意见的发表。在团队中创造鼓励性的沟通氛围,能促进团队有效运作[120,131]。

2.3.2 高管团队与技术创新的关系

企业技术创新受外部环境因素和内部组织因素两个方面的影响和制约,其中组织因素中高管团队如何影响技术创新,研究主要基于 Hambrick

和 Mason 提出的高层梯队理论[112]展开，集中在以下三个方面：

1. 高管团队人口统计学构成，如年龄、教育水平、专业背景、任期等对技术创新的影响

(1) 年龄。Wiersema 和 Bantel[116]、吴家喜和吴贵生等研究表明平均年龄较低的高管团队更愿意尝试创新的冒险行动，更能够接受变革，而平均年龄较高的高管团队则更倾向于回避风险[137]。

(2) 教育水平。多数研究表明，高管团队接受的教育水平越高，对环境的洞察力、处理复杂信息的能力越强，他们更倾向于采取创新策略或接受变革[116-117]。杨红娟和程敬媛以 2008—2019 年中国重污染制造业上市公司为样本，研究发现高管团队学术背景有利于提高企业低碳创新，而低碳创新主要是工艺创新的投入[138]。

(3) 专业背景。学者们将高管团队成员的专业背景划分为技术型和非技术型，发现技术型高层管理者在高管团队中的人数比例对技术创新承诺或技术创新投入有显著正向影响[139-140]。刘丽和杨丽琴[141]运用 2019 年中国制造业的 1 642 个有效样本进行研究，发现高管专业技术背景与研发投入呈显著正相关关系，而高管专业市场背景与研发投入呈显著负相关关系；高管专业技术背景能够增强研发投入对企业价值的正效应，而高管专业市场背景则抑制研发投入对企业价值的正效应；高管专业管理背景对研发投入、企业价值的影响不显著。

(4) 任期。Bantel 和 Jackson 研究发现高管团队成员的组织平均任期对技术创新有负向影响[117]。Wiersema 和 Bantel 发现较短组织中任期、较长团队任期的高管团队更愿意接受变革[116]。祖明等[142]以 2011—2020 年间 A 股上市公司为研究对象，发现高管团队特征对企业绿色技术创新起正向促进作用，即高管团队规模越大、任期时间越长、受教育程度越高，越能够提升企业绿色技术创新水平。

(5) 研发经历。卫平和马文丽[143]以 2008—2020 年间 A 股战略性新兴企业高管团队的研发经历数据为研究对象，发现高管团队中有发明家高管以及发明家高管的人数占比对战略性新兴企业的实质性创新和创新效率提升具有显著促进作用。马俏俏和李刚[144]选取 2013—2020 年煤炭企业沪深 A 股上市公司数据为研究样本，发现高管研发背景与企业的技术创新呈显著

正相关关系,并正向调节环境不确定性对企业技术创新的负面影响。

2. 高管团队非工作性,如年龄、教育水平和工作性(如任期、职能管理经验、行业经历)等异质性对技术创新的影响

虽然异质性可以提供更广泛的认知资源[145],但也可能产生高管团队成员之间的隔阂,造成信息交换的困难[146],从而降低高管团队认知的一致性[147],在某些情况下,还可能产生高管团队成员之间的不信任和不尊重[130],因此高管团队异质性对技术创新影响的研究结论存在矛盾。

一些研究发现异质性正向影响创造性,产生较高的创新成果。例如,Eisenhardt 和 Schoonhoven 发现半导体公司增长率与高管团队行业经历异质性呈正相关[145]关系,谢凤华等发现团队成员教育水平异质性、团队任期异质性对研发绩效有显著影响[148],Hoegl 和 Proserpio 发现团队成员职能管理经验异质性正向影响创新结果[149],Talke 等实证研究表明高管团队成员的多样性对产品创新选择有显著影响[150]。郭军和麻环宇[151]选取 2012—2020 年我国 A 股制造业上市公司数据,研究发现高管团队年龄异质性、学历异质性和社会资本异质性都显著促进企业技术创新。张亚萍和张丽琨[152]选取农业类上市公司 2015—2019 年的数据作为研究样本,发现高管团队任期异质性和教育水平异质性与技术创新投入呈显著正相关关系。

一些研究发现异质性的影响是不显著的或者负相关的,例如,李华晶和张玉利发现科技型中小企业高管团队职能管理经验异质性与企业创新之间存在负相关关系[140],谢凤华等发现年龄异质性对研发绩效没有显著影响[148]。

3. 高管团队行为过程,如自适应性、冲突管理、知识分享等对技术创新的影响

(1) 自适应性。自适应性指高管团队成员适时对组织目标、过程和成果进行检查,并根据环境变化做出新的计划来适应的程度[153]。自适应性程度较高的团队通常注重细节、考虑潜在问题等,自适应性影响团队创新和效率,对产品创新有显著影响[154]。

(2) 冲突管理。Rahim 从关心自己和关心他人两个维度将冲突管理分为五类:整合、强迫、义务、逃避、妥协[155]。Chen 等基于对中国企业高管团队的研究,发现合作型冲突管理有助于形成建设性冲突并提高团队效能,进

而对组织创新和绩效产生推动作用[156]。Li 等研究发现认知性冲突与组织创新呈正相关关系[136]。

（3）知识分享。知识分享是指高管团队成员在组织内部交换并利用信息和知识以做出更加科学的决策的程度[154]，包含知识分享能力和知识分享动机两个维度[157]。知识分享影响组织创新[158]，对产品创新有显著影响[154]。

（4）权力水平、权力制衡。李晶晶[159]以 2011—2020 年医药行业的上市企业为研究样本，发现高管权力水平对研发价值链环节医药企业技术创新存在正效应，对制造和营运价值链环节医药企业技术创新存在 U 形效应。高权力集中、低权力制衡的高管权力结构更有利于处于价值链研发环节医药企业的技术创新，而低权力集中、高权力制衡的高管权力结构更有利于处于价值链营运环节的医药企业的技术创新。

（5）人际关系技能。姜红等[160]收集来自北京、广东和浙江等 11 个省市的电子与通信设备、汽车及轨道交通设备和生物制药等制造企业的 366 份有效问卷，研究发现高管团队人际关系技能在企业创新网络与技术标准联盟行为之间起正向的调节作用，企业创新网络与高管团队人际关系技能的交互作用通过技术标准联盟行为间接影响技术创新绩效。

（6）薪酬差距。张霞和杨阳[161]以沪深两市的 A 股上市公司 2010—2019 年的非平衡面板数据为基础，研究发现高管外部薪酬差距对企业技术创新水平具有显著的正向影响，且呈现出倒 U 形关系。王嘉歆[162]以 2014—2020 年 A 股高新技术企业上市公司为样本，研究发现高管外部薪酬差距会促进创新能力的提升。范宋伟[163]以 2010—2020 年中国沪深 A 股上市企业为研究样本，考察了高管薪酬差距对企业技术创新的影响及作用机制，研究发现高管薪酬差距的扩大有助于提高企业技术创新绩效。

（7）团队激励。路曼研究发现[56]，实施差异化战略时，高管团队激励对于研发创新投入促进的力度相比成本领先战略更强。王超发和杨德林以 2010—2018 年间在沪深两市上市的 A 股高科技企业为样本，研究发现高科技企业股权激励行权条件在差异化战略与技术创新产出质量之间有显著的中介作用和正向调节效应；股权激励行权条件在成本领先战略与技术创新产出质量之间无中介作用，但有负向调节效应[55]。孙丽璐等[164]以 2012—2019 年沪深两市 A 股 56 家军工上市企业的面板数据为样本，研究发现军工企业高管薪酬激励与企业创新能力呈显著正相关关系,且受到高管创新意愿的部分中介作用的影响。

(8) 认知。余芬和樊霞[165]将高管认知拓展为高管认知水平和高管认知独特性,并分别通过文本分析法和文本向量法进行捕捉,利用中国制造业上市公司面板数据进行研究,发现高管对技术创新的认知度越高,越可能提升企业创新持续性;高管对技术创新的认知视角越独特,企业创新持续性越强,且二者具有互为增强的效果。

2.4 企业家与竞争战略、技术创新的关系

已有关于"企业家"的研究文献主要关注企业家的"创业者"(entrepreneur)角色,搜集以"企业家"与"竞争战略"、"企业家"与"技术创新"为主题的研究文献,学者们在使用问卷调查数据或者上市公司财报数据的实证研究中,根据数据的可获得性,通常选取如董事长[166-167]、首席执行官或总经理[168]、企业高层、中层管理者[169-170]等指代企业家,相应地以"董事长""总经理"或"高层管理者"的人口统计特征、社会关系特征或人格特征来指代"企业家"的相应特征,探讨企业家与竞争战略、企业家与技术创新的关系。本节从企业家人口统计学特征如年龄、学历、专业、任期,社会关系特征如政治关联、社会资本,人格特征如精神、能力、认知等三个方面,梳理企业家与竞争战略、企业家与技术创新的研究文献。在文献综述之前,首先简要介绍政治关联和社会资本的概念。

1. 政治关联

政治关联(political connection)也称政治资本(political capital),是企业与政府间形成的一种正式或非正式的特殊关系[171]。Fisman[172]最早提出"政治关联"这一理论概念,将政治关联定义为"公司所有人或高管与政府官员之间建立的紧密私人关系"。

国外学者主要从以下两个方面定义了政治关联:① 从私人关系的视角出发,Ferguson 和 Voth 考察企业高层与政府官员之间建立的私人关系[173];② 从个人政治身份的视角出发,Faccio 考察企业家或高层自身拥有的政治身份或头衔[174]。

我国民营企业的政治关联方式大致可以分为两类：第一类是显性政治关联，一般指民营企业家参政议政以及拥有较高级别的政治身份或在公司所有权安排中引入一定比例的国有股权，从而与政府部门建立关联。显性政治关联通常是建立在国家正式的法律和制度之上，因而企业与各级政府间能够形成较为稳定的制度性联系。通常情况下，我国民营企业参政的方式主要有：① 当选为不同级别的人大代表、党代表或政协委员[175]；② 在工商联、青联、妇联等社团组织任职[176]；③ 加入中国共产党或其他民主党派[177]；④ 将民营控股公司中含有的部分国有股权视为政治关联的重要途径[178]。第二类是隐性政治关联，此类政治关联不是建立在国家正式制度基础上的，通常是以私人关系为纽带形成的企业与政府间的非正式利益关系。学者们通过民营企业聘请有一定政治地位的前任政府官员到企业任职[179]、政府官员对公司的视察[180]、公司的慈善捐赠[181]等途径来衡量企业的隐性政治关联。

2. 社会资本

"社会资本"（social capital）最早是由 Bourdieu[182]提出的，Coleman[183]在美国社会学界第一次明确使用了社会资本这一概念。目前比较有代表性的社会资本概念指的是个人通过社会联系获取稀缺资源并由此获益的能力，这里的稀缺资源包括权力、地位、财富、资金、学识、机会、信息等[184]。余汉认为[171]，中国企业家的社会资本是一系列可以利用的社会关系的总和，企业家能够利用社会关系帮助企业获取发展所需的资源。Peng 等总结了在当前中国经济转型的背景下，企业家利用社会资本获取资源的渠道具有两个层级[185]：第一层级是以公务关系为基础，即不同组织之间的渠道关系；第二层级则是以私人关系为基础，即企业家与资源提供组织的负责人之间的渠道关系。

企业家社会资本维度的划分主要有三种类型：第一类是基于国外市场经济与文化背景条件下的划分。Granovetter 将其划分为结构维度、关系维度和认知维度[186]。其中，结构维度体现了行动主体间联系的整体模式；关系维度集中在人们之间拥有的特殊关系，如信任、友谊、尊敬等；认知维度集中于主体间共同理解、解释和意义系统的一系列资源，如共同愿景、共同语言、文化习惯等。第二类是基于中国文化背景的划分。边燕杰和邱海雄将其划分为纵向关系、横向关系和社会关系[184]。纵向关系是指企业与上级领导机关、当地政府部门以及下属企业、部门的联系;横向关系是指企业与其他企业的联系;社会关系是指企业经营者的社会交往和联系。第三类是从企业家社会网络成员构成和企业家社会网络结构两个方面对企业家社会资本进行的测量。耿新和张体勤将其划分为商业社会资本、制度社会资本和技术社会资本[187]。商业社会资本主要是指企业家与外部组织高层管理者之间由关系网络所形成的社会资本;制度社会资本是指企业家个人与政府官员、银行或其他行政管理机构管理人员所建立起的关系网络;技术社会资本是企业家与外部技术利益相关者所建立起的社会关系网络。

2.4.1 企业家与竞争战略的关系

1. 企业家人口统计特征,如年龄、学历与专业背景、任期等对竞争战略的影响

(1)年龄。Davis 和 Olson 认为初创期企业家与成熟期企业家在思考竞争战略时存在着 11 个方面的差异[188];开拓市场实力、市场规模、资源关系、约束条件、是否被竞争对手关注、投资者期望、投资者风险承受能力、流程、投资组合管理、分类、结果的时间范围。王洪生和刘德胜发现 41~50 岁组的企业家选择差异化战略的意愿比 41 岁以下、50 岁以上组的意愿要强,即企业家年龄与差异化战略选择呈现倒 U 形关系[189]。

(2)学历与专业背景。王洪生和刘德胜使用中国制造业中小上市公司年报或招股说明书中数据进行研究[189],发现高学历企业家更倾向于选择差异化战略,而低学历企业家不选择差异化战略的意愿更高;与生产型职能背景(重视成本控制、过程改进和提高营运效率)企业家相比,市场型职能背景(强调成长、发现新机会和开发市场)企业家更愿意选择差异化战略;拥有生产型职能背景的企业家比拥有市场型职能背景的企业家更愿意选择成本领先战略。

(3)任期。Arthur 和 Hracs[190]对丹麦三个农村社区的食品行业企业家根据自身经验制定和实施的新的竞争战略做了案例研究,提出了"基于经验的竞争战略"(experience-based strategies),发现当地企业家开发和使用特定的经验提高了当地食品的独特性和价值,如"听和学":讲故事和被动体

验;"做农民":沉浸式和参与式体验;"我们还能做什么?"。

(4) 移民。Nkongolo-Bakenda 和 Chrysostome[191]基于对 59 名加拿大跨国企业家的问卷调查数据,探讨了居住在加拿大的跨国企业家的机会识别和战略选择,研究发现跨国企业家更倾向于选择差异化战略而不是成本领先战略,即一国的产品或服务需要进行调整使其适应跨国环境。

2. 企业家的社会关系特征,如政治关联、社会资本对竞争战略的影响

(1) 政治关联。李健等[192]利用 2001—2008 年中国制造业 A 股上市公司面板数据,采用对公开发布的董事长信息进行政治关联编码,研究发现差异化战略在企业家中央政治关联与企业价值关系中的中介效应显著,以呼应中央政府对经济转型、企业创新的期望而受到政策"嘉奖";成本领先战略在企业家地方政治关联与企业价值关系中的中介效应显著,以通过并购重组提高当地 GDP、雇佣更多员工解决当地政府就业压力而得到地方政府全力支持。苏屹等[193]利用中国深圳证券交易所创业板中有高新技术企业认定的 484 家样本企业数据,对公开发布的董事长以及高管信息进行编码,包括有中央或地方政府部门工作经验(含军队等)、在中央或地方政府部门担任过处级以上领导岗位(军队为团职干部以上)、担任过中央或地方两会代表、政协委员、获得过中央或地方政府颁发的奖项(全国劳模或省市县级劳模、先进个人、优秀企业家等),研究发现企业家政治关联对差异化战略发挥负向作用。

(2) 社会资本。学者们从不同视角给出了企业家社会资本的不同维度界定,例如涂莉[194]将企业家社会资本界定为企业家嵌入在其中并能从中获得现实和潜在资源的社会关系网络,包含政府社会资本、市场社会资本、金融社会资本、技术社会资本、声誉社会资本和内部社会资本六个维度,构建了"企业家社会资本、竞争战略、企业财务绩效"的理论模型,以我国 2009—2011 年沪市 A 股制造业上市公司作为样本的实证研究发现,企业家社会资本中的市场社会资本、金融社会资本、技术社会资本、声誉社会资本、内部社会资本对成本领先战略具有正向促进作用,而政府社会资本对成本领先战略的作用不明显;企业家社会资本中的政府社会资本、市场社会资本、技术社会资本、声誉社会资本、内部社会资本对差异化战略具有正向促进作用,而金融社会资本对差异化战略的作用不明显。

邓健等[195]把企业家社会资本分为制度性社会资本和市场性社会资本两个维度,探讨了企业家社会资本、差异化战略和成本领先战略、企业绩效的关系。研究发现差异化战略在企业家制度性社会资本与企业绩效之间发挥中介作用,即拥有制度性社会资本的企业家更容易从政府、科研机构获取知识、信息等优势资源而选择差异化战略;市场性社会资本则通过成本领先战略的中介作用提升企业绩效,即拥有更多市场性社会资本的企业家可通过与客户供应商等建立的良好关系来降低产品成本,从而选择成本领先战略。

杨雪德[196]以2014年之前在创业板上市的企业及其企业家为研究对象,将企业家社会资本划分为纵向关系、横向关系和社会关系三个维度,研究发现纵向关系弱化了竞争战略与企业成长的关系;社会关系对成本领先战略与企业成长的关系不具有调节作用,但能强化差异化战略与企业成长的关系。

3. 企业家人格特征,如企业家精神、创业导向、价值链定位等对竞争战略的影响

(1) 企业家精神。宋玉禄和陈欣[197]以2010—2017年主板A股上市公司数据为样本,研究发现企业家精神呈现为经营精神、创新精神和战略决策精神三种形态,促进了企业价值的提升;经营精神强的企业家通过实施成本领先战略和差异化战略提升企业价值。刘兴国和张航燕[198]利用2 321家中国上市公司面板数据,测算了企业家精神水平,发现企业家的冒险精神与创新精神互为因果,企业家冒险精神对企业成长具有显著的负向影响,而企业家创新精神对企业成长的影响不显著。

(2) 创业导向。Linton和Kask[199]基于企业家创业导向和波特竞争战略理论,利用瑞典67家小企业的问卷调查数据,研究发现聚焦于差异化战略的企业家创业导向倾向于主动性和创新性,聚焦于混合战略的企业家创业导向倾向于风险厌恶、反应性和低创新性。Collis[200]指出创业企业家往往专注于寻找一个千载难逢的机会,而没有充分考虑如何将其货币化(变现、赚钱、盈利),企业家应对追求的机会做出谨慎协调的选择,确立能够创造最大化价值的商业模式。

(3) 价值链定位。Roffe[201]分析了九个来自印刷、农产品和媒体行业的

中小企业案例，发现企业家对企业在价值链中的定位——在价值链中如何获取价值，对价值链投资（如基于电子学习的人力资源开发）具有重大影响。企业家必须有明确的价值主张，将其呈现给客户，并借助有效的沟通、信息网络进行人力资源开发，与员工分享，为企业创造价值。

（4）认知。何旭[202]将企业家认知分为认知柔性、认知复杂性两个维度，构建"企业家认知—动态能力—中小企业持续竞争优势"的理论框架，利用问卷调查数据的实证研究发现，企业家认知柔性和认知复杂性对中小企业持续竞争优势、动态能力均有显著影响。Zane 和 Kline[203]认为在外部显著不确定性和先行者优势的市场中，企业家进行竞争行动的速度和强度取决于他们对外部环境和先行者优势的看法和认知偏差的程度。通过问卷调查数据的实证分析表明，随着企业家风险倾向水平的提高，外部环境不确定性与企业竞争行动速度之间的关系显著减弱；随着企业家控制错觉水平的提高，外部环境不确定性与企业竞争行动速度之间的关系显著减弱。Hernández-Carrión 等[204]利用951家中小企业的问卷调查数据，研究发现企业家在事业领域的经验加强了专业和制度资源对企业绩效的影响，即随着企业家在事业领域的经验增加，利用专业和制度资源所提供的优势的能力也在增加。Baron[205]回顾了认知因素在企业家创业活动中的作用，认为企业家在创业中发挥着核心作用，指出了自我调节和元认知机制在创业中的作用、创业机敏性的认知基础等研究方向。王艳子等[206]以柯达公司为例，采用案例研究法探究企业家认知风格对企业成长的影响。研究发现企业家认知风格在企业生命周期中呈现出不同侧重，在初创期、成长期和转型期，企业家创新型认知风格占据主导地位，而在成熟期和衰退期，企业家认知风格以适应型为主。

2.4.2 企业家与技术创新的关系

1. 企业家人口统计学特征，如年龄、学历、专业等对技术创新的影响

（1）年龄。企业家的年龄越小，对于产品创新的态度越积极，采用创新的程度也越高。年龄较大的企业家虽然在技术创新机会把握、决策和实施整个过程中，全面和深刻理解问题的能力更强，但是随着年龄的增长，企业家"善始善终"的思想越来越强烈，从而导致他们在决策上越来越保守[207]。

黄燕和凌慧[208]以2009—2011年广东省所有上市公司为研究对象,选取董事长的年龄、教育背景、职称、薪酬等指标作为企业家人口统计学特征的衡量指标,研发支出作为企业创新活动的衡量指标,回归分析结果显示,企业家人口统计学特征对企业创新活动没有显著的影响。万菲[209]在问卷中选取董事长、总经理、党委书记或董事会成员指代企业家,解释变量为企业家受教育程度、性别、年龄、职能背景多样性;被解释变量为企业创新投入能力、技术创新管理能力、研究开发能力。基于2014—2016年江苏省企业集群内共162家中小企业的调查问卷数据,研究发现企业家年龄对技术创新资源投入能力、技术创新管理能力和研究开发能力的影响是负向的,且企业家年龄对技术创新管理能力的负向影响最大;企业技术创新资源投入能力随着企业家年龄的减小而增大,企业家年龄越小,越会投入更多的创新资源,而年长的企业家则倾向于维持现状,避免风险性的决定。

（2）学历。高学历的企业家更能意识到企业变化与创新需要,能较好地理解信息、透彻地分析复杂的问题,进而对企业创新产生积极影响[207]。岳晋选取2007—2011年沪深两市393家制造业上市公司的879个样本数据[168],选取总经理的性别、受教育程度、任职时间、薪酬水平和持股比例五个指标指代企业家异质性特征,研究发现企业家的受教育程度与研发投入呈显著正相关关系。万菲的实证研究结果表明[209],企业家受教育程度越高,企业技术创新资源投入能力越强。郭韬等[210]构建了企业家背景特征、创新关注、创业企业技术能力关系的理论模型,以创业板上市的201家制造业企业为样本的实证研究表明,企业家学历对创业企业技术能力、创新关注均有正向影响;创新关注在企业家学历与创业企业技术能力之间起部分中介作用。

（3）专业或职能背景。李四海和陈旋以中国2007—2010年间高新技术企业916个样本数据[166],选取董事长性别、年龄、学历指代企业家背景特征,以企业董事长在接受大专及以上学历教育时的专业是否为机械、电子、计算机等技术类专业为划分标准,从受教育的专业背景角度出发,研究发现具有技术背景的企业家相比于其他背景企业家有更多的研发投入,更有利于提高企业未来的绩效。万菲的实证研究发现[209],企业家职能背景的多样性对创新资源投入能力产生正向影响,企业家曾担任过的职位越多,越有利于其投入更多资源进行创新。郭韬等[211]构建了企业家背景特征与技术创业企业绩效之间关系的理论模型,基于中小板和创业板125家上市公司数据的多元回归分析结果表明,企业家背景特征中的教育水平、专业背景、职能背景均对技术创业企业绩效产生正向影响;商业模式创新在企业家教育水平、专业背景和职能背景与技术创业企业绩效之间具有部分中介作用。丁绒和罗军[212]使用2002—2014年间的7次"中国私营企业调查"混合截面数据,研究创业者的技术经历如何影响其创新决策的作用机制,结果发现由技术型创业者所淬炼出的创新能力、所熏染出的创新思维,以及所铸就出的创新精神,使得其倾向于进行企业创新。李亚飞等创新性地将董事长的研究与开发工作经历作为技术型企业家的表征[167],基于我国2008—2017年A股上市公司的数据,研究发现技术型企业家通过提高企业的创新补贴强度和研发投入强度促进了创新产出。

(4)任职时间。企业家的任职时间越短,研发投入的积极性越低,这是因为研发投入具有明显的滞后性[207]。岳晋选取2007—2011年沪深两市393家制造业上市公司的879个样本数据,实证分析结果表明,企业家的任职时间与研发投入显著正相关[168]。

(5)性别。万菲的实证研究结果显示[209],企业家性别与技术创新资源投入能力、技术创新管理能力和研究开发能力都呈正相关关系,且性别对技术创新资源投入能力的影响力最强,男性企业家比女性企业家更易投入更多资源进行企业创新。岳晋的实证研究结果则显示,企业家的性别与研发投入关系不显著[168]。

2. 企业家的社会关系特征,如政治关联、社会资本对技术创新的影响

(1)政治关联。学者们使用不同的测量维度衡量企业家政治关联,对技术创新影响的研究发现其具有不确定性。

第一种情况是倒U形作用,如陈爽英等[213]将企业家政治身份(人大代表或政协委员)作为其政治关联代理变量,利用2004年、2006年、2008年三年全国私营企业调查形成的混合截面数据,研究发现企业家政治关联对企业研发投资影响的倒U形作用。企业家政治关联在一定临界值范围内,创新投资随着企业家政治关联的增强而增加,超过该临界值,则创新投资随着企业家政治关联的增强而减少。

第二种情况是负向影响,如李诗田和邱伟年[214]使用企业董事长或总经

理现任或曾任政府官员、人大代表、政协委员、党代表衡量政治关联,研发支出衡量企业自主创新活动,以 2009—2010 年披露了研发支出的制造业和信息技术业上市公司为研究样本,研究发现具有政治关联的企业的研发支出水平更低,企业所在省份的制度环境越好,其研发支出水平越高。苏屹和陈凤妍[215]使用上市公司董事长有地方政府部门工作经历、担任过地方两会代表、获得过地方政府颁发的奖项衡量企业家地方政治关联,以中国深圳证券交易所创业板上市公司的数据为样本,研究发现企业家地方政治关联不利于企业技术创新,研发投资在二者之间起到了中介作用,而成本领先战略作为调节变量弱化了研发投资对技术创新绩效的影响作用。

第三种情况是正向影响,如杨进和张攀[216]从制度理论和交易成本理论视角考察了加入行业协会对民营企业技术创新的影响,以 2004—2012 年五次全国民营企业抽样调查数据的实证研究发现,加入行业协会对民营企业技术创新投入强度和创新产出绩效均存在显著正向影响;行业协会影响民营企业技术创新的机制主要是通过增加民营企业外部融资,扩大企业市场活动空间范围以及增强对企业产权的法律保护三条路径实现;行业协会对民营企业技术创新的促进作用与制度环境密切相关,行业协会的推动作用在市场化程度较低的地区更大;相对于有政治关联的企业,行业协会的正向影响对没有政治关联的企业更为显著;企业家主导型行业协会和政府主导型行业协会都能够有效促进民营企业创新,且现阶段后者的作用更大。朱益宏等[217]使用 CEO 任现职前是否在政府或与政府相关部门中有就职经历来衡量 CEO 的政治关联,以 2012 年全国工商联第十次私营企业调查数据为样本的实证结果表明,企业家政治关联对企业选择短期投机行为和长期技术创新都具有正向促进作用,且企业家人力资本和地区市场化程度这两个变量在其中有重要调节作用,即当企业家人力资本和地区市场化程度越高时,政治关联程度高的企业越倾向于选择长期技术创新投入。

(2) 社会资本。企业家社会资本对企业技术创新绩效的作用效果具有不确定性。

第一种情况,多数学者的研究发现是积极影响,如吴俊杰和戴勇[218]的问卷调查研究结果表明,企业家技术社会资本和商业社会资本对技术创新绩效的影响显著,而企业家制度社会资本的影响并不显著。郑胜楠[219]的问卷调查研究发现,企业家社会资本的结构维度对技术创新绩效有显著的正向影响,但企业家社会资本的关系维度和认知维度对技术创新绩效的影响并不显著。房建奇[220]的问卷调查研究表明,企业家社会资本的结构维度、关系维度、认知维度均能显著地促进科技型中小企业技术创新绩效的提升。崔世娟等[221]将企业家社会资本划分为纵向联系、横向联系和社会联系,以制造行业A股上市453家公司为研究对象的实证研究结果显示,企业家社会资本的三个维度中,社会联系与纵向联系均对企业绩效产生显著的正向影响,而横向联系对企业绩效的影响并不显著。王妍文[222]从企业家的商业社会资本、制度社会资本、技术社会资本三个维度,利用信息技术企业上市公司的面板数据,实证研究发现企业家社会资本的三个维度都能够促进技术创新。赵雁楠[223]使用问卷调查数据的实证研究发现,企业家的商业社会资本、制度社会资本和技术社会资本对开发式创新、探索式创新均有着积极的影响。

第二种情况,部分学者的研究发现是影响不显著或是消极影响,如陈爽英等[224]基于全国民营企业的抽样调查数据的实证研究发现,民营企业家的银行关系资本、协会关系资本均对民营企业研发投资倾向有显著的积极影响,且协会关系资本对研发投资强度有显著促进作用,但民营企业家的政治关系资本对民营企业的研发投资倾向、研发投资强度有显著的消极影响。乔朋华[225]以2007—2012年我国中小板上市公司数据为样本的实证研究发现,企业家社会资本的三个维度中,政治关联对研发投入强度影响不显著,对科技人员投入强度和研究开发能力有正向影响;商业协会关系对科技人员投入强度和研发投入影响均不显著,对研究开发能力有正向显著影响;技术协会关系对创新投入和研究开发能力都有显著的正向影响。

第三种情况,也有个别研究指出,企业家与技术创新绩效之间的关系不是线性关系,而是呈曲线关系,例如吴俊杰[226]研究结果表明,企业家社会网络的广泛性、关系强度与创新绩效之间具有倒U形关系,即企业家社会资本积累超过一个度之后,反而会降低技术创新绩效水平,产生不利影响。

3. 企业家的人格特征,如精神、能力、认知等对技术创新的影响

人格是源于个体自身的稳定行为方式和内部过程。内部过程和发生在人与人之间的人际关系不同,它是在人内心发生的、影响着人怎样行动、怎样感觉的所有情绪、动机和认知过程[227]。

（1）精神。刘晓扬和范炜烽[228]借助VOSviewer软件和文本分析技术，分析了截至2021年5月的CSSCI来源期刊上以"企业家精神"为主题的1 493篇文献，发现"企业家精神"相关研究的学术关注度逐年上升，其中2019年发文量达到228篇，学者们主要关注企业家精神的创新推动、技术创新、企业家成长、社会企业家、产业发展、企业家精神培育等六个方面。学者们从不同的角度对"企业家精神"予以解释，例如创新精神、风险承担精神、强烈的使命感和事业心等。伍刚的问卷调查研究发现，企业家的创新精神、风险承担精神、使命感与事业心对技术创新均有显著的影响[229]。王柏杰等[230]选用每百万人专利申请数来衡量一个地区企业家的创新精神，以2011—2017年75家军工上市企业的面板数据为样本，通过建立面板Tobit模型和门槛回归模型探讨了企业家精神、政府支持与技术创新效率之间的关系。研究发现地区企业家精神越丰富，军工上市企业的技术创新效率就越高；政府支持不仅没有提高企业的技术创新效率，反而起到了负面作用；但在企业家精神富有的地区，该负面作用有所减弱；企业自主研发投入越多，技术创新效率就越高，该促进效果在企业家精神微弱的地区有所减弱。吴翌琳[231]基于北京市海淀区563家样本企业的创新调查与企业财务数据的研究发现，企业家创新精神对产品创新强度和过程创新选择均有显著影响。李元旭和曾铖[232]选取私营企业投资者人数占就业人口比重和私营企业从业人员数占就业人口比重作为企业家精神的两个观察变量，运用省级面板数据和结构方程模型的研究发现，在晋升锦标赛模式下，地方政府利益和当地企业发展趋于一致，因而大力支持和传播企业家精神。这使得政府规模对高质量发展的影响具有两面性，既有负向的直接影响，又有经企业家精神的中介作用而产生间接的促进作用；研发并不能直接促进高质量发展，而是同样有赖于企业家精神的中介作用。这揭示了企业家精神在高质量发展进程中扮演着不可或缺的"中枢"角色。

夏晗采取问卷调查法收集数据[233]，研究发现技术创新在企业家契约精神与制造企业高质量发展之间具有重要的中介作用。孙冰和田胜男面向技术创新活动相对活跃的高新技术产业的中高层管理者进行问卷调研[170]。企业家精神的测度设计了"企业管理者积极开拓新市场的意愿强烈程度""企业管理者对前沿新兴事物的感知能力强弱""企业管理者的风险偏好与风险承担能力强弱"和"企业管理者投资技术创新的意愿强烈程度"4个题项,基于 279 份问卷调查数据的研究发现,企业家精神在直接促进技术创新扩散的同时,也通过加强知识共享间接地促进技术创新的扩散。

张培和赵世豪[234]以沪深两市 A 股上市公司为研究对象,基于 2010—2016 年的面板数据,研究发现企业家创新精神能显著地降低企业的信用风险水平,且两者之间可能存在倒 U 形的非线性关系。

韩书成等[235]采用私营企业户数反映区域创业企业家精神,市场化指数来自王小鲁等的《中国分省份市场化指数报告》,金融发展数据来源于《中国工业统计年鉴》和《中国金融年鉴》,营商环境与政务环境数据来源于《中国分省企业经营环境指数 2020 年报告》,私营企业户数来源于中国宏观经济数据库,专利申请数、技术市场成交额及私营企业数量等数据均来自国家统计局,研究发现企业家精神在营商环境与技术创新间起显著中介作用。

(2)能力。从心理学的角度看,能力是指一个人顺利完成某一活动所必需的、能直接影响活动效率的个性心理特征。段晓红[236]把企业家能力界定为企业家在创建或经营企业的过程中所拥有的具有复杂结构的心理特征的总和。实证研究发现企业家能力对企业创新能力影响的显著程度由强到弱依次为:战略管理能力、创新能力、风险承担能力、关系能力、学习能力、机会和预见能力,企业家的竞争意识和知人善任能力对企业创新能力的影响不显著。同时揭示了企业家能力不仅直接影响企业创新能力,而且还通过培育组织能力间接影响企业创新能力。曾可昕[237]用万人中拥有的私营企业数测度企业家才能,研究发现逆向溢出效应和企业家"干中学"密切相关,企业家才能的丰度对我国对外直接投资及技术创新起着关键作用。此外,各地区的技术吸收能力存在显著差异,企业家资源越丰裕,吸收能力就越强。彭花等选取企业家创新能力、把握机遇能力及掌控风险能力等 3 个维度 6 个题项测量企业家精神[169],采用问卷调查研究。问卷填答者包括公司高层、中层管理者、具有一定工作经验的基层管理者和基层员工。基于 396 家有效企业样本的调查数据,研究发现企业家精神和工匠精神对创新绩效具有显著的正向影响;而知识管理能力是企业家精神影响企业创新绩效的中介变量。

(3)认知。研究涉及的企业家认知因素主要有敏锐度、不确定容忍度及风险偏好。王素莲和苑琳发现具有风险寻求倾向的企业家思维比较发散,往往主动改变已有的思维模式,更喜欢思考创新。而具有风险厌恶倾向的企业家由于担心技术创新的不确定性和风险性,因此对企业研发投入积极性较低[207]。张根明和徐婧[238]的问卷调查研究发现,企业家敏锐度与技术创新行为、技术创新绩效均呈显著正相关关系;企业家不确定容忍度及风险偏好与技术创新行为呈显著正相关关系;企业家私人关系网络与企业技术创新绩效呈显著正相关关系;企业家私人关系网络与技术创新行为、不确定容忍度及风险偏好与技术创新绩效之间不存在显著正相关关系。吉云等[239]用与风险容忍度高度相关的财务指标来间接衡量企业家风险容忍度,利用中国A股上市公司的面板数据的实证研究结果显示,企业家风险容忍度可在一定程度上缓解不确定性对企业创新的不利影响,且在一定条件下,不确定性甚至会促进企业创新。陈庆磊[240]选取2015—2017年我国沪深两市A股非金融类上市公司的数据作为研究样本,实证研究发现企业创新活动实际上是通过企业研发投入,形成专利产出,并通过商品化、服务化等市场化手段,最终体现在企业绩效上。企业家风险偏好分别在创新投入直接或间接影响企业绩效表现路径方面起到了正向的调节作用。

2.5 本章小结

本章首先对竞争战略实证研究做了全面回顾,现有研究在竞争战略识别、成本领先战略、差异化战略、混合竞争战略的实施绩效比较,竞争战略选择与实施的相关影响因素等方面都取得了非常多的研究成果。学者们使用问卷调查数据、上市公司财务数据、案例研究数据等识别了成本领先战略、差异化战略和混合战略,比较了不同竞争战略在财务绩效、市场绩效方面的差异,得出了由不同样本、不同研究方法甚至是同一研究方法但不同样本得到的结论没有一致性。

纵观现有实证研究成果,既有研究还存在不足之处,主要表现在:

(1)既有研究的理论基础是波特提出的基本竞争战略,波特秉承了产业组织经济学哈佛学派的结构—行为—绩效研究范式,致力于在经济理论与企业实践之间架设桥梁,因此可以认为其竞争战略是基于产业组织经济学及其对企业本质的认识。从产业组织经济学哈佛学派的发展渊源来看,隐含的是新古典经济学的经济人、完全理性、最优化决策的假设。然而,在战略管理认知学派看来,管理者作为"信息工作者",他们的信息处理能力是有限的,面对一个极其复杂和不明确的环境,他们有限的信息处理能力阻碍了他们准确感知环境和完美解释信息的能力。

(2) 现有研究结论主要是基于成熟市场经济体的问卷调查、案例研究数据得出的,源自新兴经济体,特别是基于中国本土的问卷调查研究文献缺乏。中国正在由计划经济向市场经济转型,政府对资源配置发挥着重要作用,市场公平竞争、知识产权保护等方面还存在很多问题,在这样的制度环境中,中国制造企业的竞争战略选择具有特殊性。

(3) 现有的竞争战略与技术创新关系的研究主要是理论研究,实证研究较少。在国内研究文献中,仅检索到了工艺创新、产品创新与竞争战略关系的非实证文献;在国外研究文献中,学者们主要关注技术创新与竞争战略的理论研究,实证研究文献中虽然涉及技术创新,但往往把工艺创新和产品创新放在竞争战略测量题项中,鲜见技术创新对竞争战略影响的实证研究。

针对上述三个方面的不足,本书选择了企业家、高管团队、制度环境、低成本创新动机等概念,以中国制造企业为研究对象,通过问卷调查研究和案例研究探寻技术创新对成本领先战略的影响机理,比较分析技术创新对差异化战略的影响机理。

首先运用问卷调查研究,从技术创新视角出发,探寻技术创新对成本领先战略的影响机理,比较分析技术创新对差异化战略的影响机理。从技术创新形式视角出发,识别传统型成本领先战略和创新型成本领先战略,探讨工艺创新和产品创新对成本领先战略的直接影响,分析企业外部制度环境、企业内部高管团队认知风格、低成本创新方式对工艺创新和产品创新与成本领先战略关系的调节作用;比较两种技术创新形式对差异化战略的直接影响,分析企业外部制度环境、企业内部高管团队认知风格、低成本创新方式对工艺创新和产品创新与差异化战略关系的调节作用。从低成本创新动机视角出发,探讨低成本创新动机对成本领先战略的直接影响,其中包括外部制度环境中的劳动制度、环境资源制度对低成本创新动机与成本领先战略关系的调节作用;比较低成本创新动机对差异化战略的直接影响,劳动制度、环境资源制度对低成本创新动机与差异化战略关系的调节作用。

然后通过一个纵向历史数据的案例研究,探讨企业家认知能力对技术创新与成本领先战略关系的调节作用,比较企业家认知能力对技术创新与差异化战略关系的调节作用。

通过上述研究,期望在理论上完善战略管理理论,在实践上为中国制造企业成本领先战略转型升级提供指导。

参考文献

[1] 波特. 竞争战略:分析产业和竞争者的技巧[M]. 陈小悦,译. 北京:华夏出版社,1997.

[2] Dess G G,Davis P S. Porter's (1980) generic strategies as determinants of strategic group membership and organizational performance[J]. Academy of Management Journal,1984,27(3):467-488.

[3] Kim L,Lim Y. Environment generic strategies,and performance in rapidly developing country:A taxonomic[J]. Academy of Management Journal,1988,31(4):802-827.

[4] Robinson R B,Pearce J A. Planned patterns of strategic behavior and their relationship to business-unit performance[J]. Strategic Management Journal,1988,9(1):43-60.

[5] Wright P,Kroll M,Tu H,et al. Generic strategies and business performance:An empirical study of the screw machine products industry[J]. British Journal of Management,1991,2(1):57-65.

[6] Nayyar P R. On the measurement of competitive strategy:Evidence from a large multiproduct U. S. firm[J]. Academy of Management Journal,1993,36(6):1652-1669.

[7] Bowman C,Ambrosini V. Perceptions of strategic priorities,consensus and firm performance[J]. Journal of Management Studies,1997,34(2):241-258.

[8] Beal R M,Yasai-Ardekani M. Performance implications of aligning CEO functional experiences with competitive strategies[J]. Journal of Management,2000,26(4):733-762.

[9] Campbell-Hunt C. What have we learned about generic competitive strategy? A meta-analysis[J]. Strategic Management Journal,2000,21(2):127-154.

[10] Koo C M, Koh C E, Nam K. An examination of Porter's competitive strategies in electronic virtual markets: A comparison of two on-line business models[J]. International Journal of Electronic Commerce, 2004, 9(1): 163-180.

[11] Allen R S, Helms M M. Linking strategic practices and organizational performance to Porter's generic strategies[J]. Business Process Management Journal, 2006, 12(4): 433-454.

[12] Shinkle G A, Kriauciunas A P, Hundley G. Why pure strategies may be wrong for transition economy firms[J]. Strategic Management Journal, 2013, 34(10): 1244-1254.

[13] Danso A, Adomako S, Amankwah-Amoah J, et al. Environmental sustainability orientation, competitive strategy and financial performance[J]. Business Strategy and the Environment, 2019, 28(5): 885-895.

[14] Apraiz J C, Richter N F, Antonio J M D, et al. The role of competitive strategy in the performance impact of exploitation and exploration quality management practices[J]. European Business Review, 2021, 33(1): 1-27.

[15] Samiee S, Sääksjärvi M, Harmancioglu N, et al. Intentional cannibalization, radical innovation, and performance: A comparison of Chinese and Western enterprises in China[J]. Journal of International Marketing, 2020, 28(2): 40-58.

[16] 田立法,苏中兴. 竞争驱动战略转型的人力资本视线研究:以天津中小制造业企业为例[J]. 中国管理科学, 2020, 28(5): 200-211.

[17] Lee J, Miller D. Strategy, environment and performance in two technological contexts: Contingency theory in Korea[J]. Organization Studies, 1996, 17(5): 729-750.

[18] Govindarajan V, Fisher J. Strategy, control systems, and resource sharing: Effects on business-unit performance[J]. Academy of Management Journal, 1990, 33(2): 259-285.

[19] Desyllas P, Miozzo M, Lee H, et al. Capturing value from innovation in knowledge-intensive business service firms: The role of competitive

strategy[J]. British Journal of Management,2018,29(4):769-795.

[20] Govindarajan V. Implementing competitive strategies at the business unit level:Implications of matching managers to strategies[J]. Strategic Management Journal,1989,10(3):251-269.

[21] Schuler R S,Jackson S E. Determinants of human resource management priorities and implications for industrial relations[J]. Journal of Management,1989,15(1):89-99.

[22] Liao Z,Greenfield P F. The synergy of corporate R&D and competitive strategies:An exploratory study in Australian high-technology companies[J]. The Journal of High Technology Management Research,2000,11(1):93-107.

[23] Celikyay M,Adiguzel Z. Analysis of product innovation performances in terms of competitive strategies of companies in production sector under the influence of technology orientation[J]. International Journal of Organizational Leadership,2019,8(3):43-59.

[24] Allen R S,Helms M M,Takeda M B,et al. A comparison of competitive strategies in Japan and the United States[J]. SAM Advanced Management Journal,2006,71(1):24-35.

[25] Hansen E,Dibrell C,Down J. Market orientation,strategy,and performance in the primary forest industry[J]. Forest Science,2006,52(3):209-220.

[26] Hambrick D C. High profit strategies in mature capital goods industries:A contingency approach[J]. Academy of Management Journal,1983,26(4):687-707.

[27] Miller D,Friesen P H. Porter's (1980) generic strategies and performance:An empirical examination with American data[J]. Organization Studies,1986,7(1):37-55.

[28] Miller A,Dess G G. AssessingPorter's (1980) model in terms of its generalizability,accuracy and simplicity[J]. Journal of Management Studies,1993,30(4):553-585.

[29] 章细贞.竞争战略对资本结构影响的实证研究[J].中南财经政法大学

学报,2008(1):56-60.

[30] 任娟,陈圻.基于 DEA 的竞争战略识别[J].运筹与管理,2013,22(1):194-200.

[31] 冯勇杰,张静娴.上市公司绿色治理(ESG)与企业竞争地位:基于竞争战略调节效应的实证研究[J].商业会计,2022(18):19-24.

[32] Spanos Y E, Zaralis G, Lioukas S. Strategy and industry effects on profitability:Evidence from Greece[J]. Strategic Management Journal,2004,25(2):139-165.

[33] 刘睿智,胥朝阳.竞争战略、企业绩效与持续竞争优势:来自中国上市公司的经验证据[J].科研管理,2008,29(6):36-43.

[34] Little P L, Little B L, Coffee D. The Du Pont model:Evaluating alternative strategies in the retail industry[J]. Academy of Strategic Management Journal,2009,8:71-80.

[35] 冯美丽,董银果.中国对外反倾销的企业救济效应评估:基于竞争战略的中介效应分析[J].国际经贸探索,2022,38(6):41-57.

[36] Ngowi A B, Iwisi D S, Mushi R J. Competitive strategy of low financial in a context resources[J]. Building Research & Information,2002,30(3):205-211.

[37] David J S, Hwang Y, Pei B K W, et al. The performance effects of congruence between product competitive strategies and purchasing management design[J]. Management Science,2002,48(7):866-885.

[38] Malone K, Hales B, Chan J, et al. Cloning an industry:Strategy typologies of Shanghai biotechnology companies[J]. Journal of Commercial Biotechnology,2008,14(1):31-42.

[39] Liang L, James A D. The low-cost carrier model in China:The adoption of a strategic innovation[J]. Technology Analysis & Strategic Management,2009,21(1):129-148.

[40] Lin G T R, Chou J. Model-based process strategies for IC foundries[J]. Journal of Global Business and Technology,2009,5(1):56.

[41] Baroto M B, Abdullah M M B, Wan H L. Hybrid strategy:A new strategy for competitive advantage[J]. International Journal of Busi-

ness and Management,2012,7(20):120-133.

[42] 胡楠,邱芳娟,梁鹏.竞争战略与盈余质量:基于文本分析的实证研究[J].当代财经,2020(9):138-148.

[43] 胡楠,王昊楠,邱芳娟.CEO超额薪酬与竞争战略的匹配研究[J].经济管理,2021,43(10):62-82.

[44] 武常岐,张昆贤,周欣雨,等.数字化转型、竞争战略选择与企业高质量发展:基于机器学习与文本分析的证据[J].经济管理,2022,44(4):5-22.

[45] 宋海涛,周航.环境规制与企业技术创新:基于异质性竞争战略的实证研究[J].企业经济,2022,41(6):46-57.

[46] 高翀,石昕.公司竞争战略下的并购与业绩承诺:基于文本分析的经验证据[J].经济管理,2022,44(12):83-102.

[47] Guthrie J P,Spell C S,Nyamori R O. Correlates and consequences of high involvement work practices:The role of competitive strategy[J]. International Journal of Human Resource Management,2002,13(1):183-197.

[48] Kim E,Nam D,Stimpert J L. Testing the applicability of Porter's generic strategies in the digital age:A study of Korean cyber malls[J]. Journal of Business Strategies,2004,21(1):19-46.

[49] Phillips L W,Chang D R,Buzzell R D. Product quality,cost position and business performance:A test of some key hypotheses[J]. Journal of Marketing,1983,47(2):26-43.

[50] White R E. Generic business strategies,organizational context and performance:An empirical investigation[J]. Strategic Management Journal,1986,7(3):217-231.

[51] Cheah C Y J,Kang J,Chew D A S. Strategic analysis of large local construction firms in China[J]. Construction Management and Economics,2007,25(1):25-38.

[52] 张宏,罗兰英.竞争战略与社会责任对企业市场绩效的协同效应研究[J].管理学报,2021,18(8):1204-1211.

[53] 王双进,田原,党莉莉.工业企业ESG责任履行、竞争战略与财务绩效

[J]. 会计研究,2022(3):77-92.

[54] 李至圆,钟熙,陈伟宏. 业绩期望差距、管理自主权与企业竞争战略[J]. 管理评论,2022,34(9):285-296.

[55] 王超发,杨德林. 高科技企业竞争战略下技术创新产出质量研究:基于股权激励行权条件视角[J]. 系统工程,2022,40(1):69-79.

[56] 路曼. 高管激励对创新投入的影响研究[D]. 长春:吉林财经大学,2022.

[57] 张正堂,张伶,刘宁. HRM系统、竞争战略与企业绩效关系的实证研究[J]. 管理科学学报,2008,11(2):132-144.

[58] Acquaah M,Yasai-Ardekani M. Does the implementation of a combination competitive strategy yield incremental performance benefits? A new perspective from a transition economy in Sub-Saharan Africa[J]. Journal of Business Research,2008,61(4):346-354.

[59] Allen R,Helms M,Takeda M,et al. Porter's generic strategies:An exploratory study of their use in Japan[J]. Journal of Business Strategies,2007,24(1):69-90.

[60] Bowman C,Ambrosini V. Perceptions of strategic priorities,consensus and firm performance[J]. Journal of Management Studies,1997,34(2):241-258.

[61] Miller D. Relating Porter's business strategies to environment and structure:Analysis and performance implications[J]. Academy of Management Journal,1988,31(2):280-308.

[62] Ward P T,Duray R. Manufacturing strategy in context:Environment,competitive strategy and manufacturing strategy[J]. Journal of Operations Management,2000,18(2):123-138.

[63] 王铁男. 竞争优势:低成本领先战略的理性思考:沃尔·马特与邯钢保持竞争优势的比较分析[J]. 管理世界,2000(2):189-196.

[64] Denisa I C,Laura M,Cătălin S B. Competitive strategies on the Romanian market. A possible case study[J]. Valahian Journal of Economic Studies,2022,13(2):83-92.

[65] Barth H. Fit among competitive strategy,administrative mechanisms,

and performance: A comparative study of small firms in mature and new industries[J]. Journal of Small Business Management, 2003, 41(2): 133-147.

[66] Auzair S M, Amir A M. Strategic priorities of Malaysian hotels: The role of management control bureaucracy[J]. Asian Journal of Accounting & Governance, 2017, 8: 1-12.

[67] Nicovich S G, Dibrell C C, Davis P S. Integration of value chain position and Porter's (1980) competitive strategies into the market orientation conversation: An examination of upstream and downstream activities[J]. Journal of Business & Economic Studies, 2007, 13(2): 91-106.

[68] Agyapong A, Boamah R B. Business strategies and competitive advantage of family hotel businesses in Ghana: The role of strategic leadership[J]. Journal of Applied Business Research, 2013, 29(2): 531-544.

[69] Nguyen N P, Adomako S. Environmental proactivity, competitive strategy, and market performance: The mediating role of environmental reputation[J]. Business Strategy and the Environment, 2021, 30(4): 2008-2020.

[70] Islami X, Topuzovska Latkovikj M. There is time to be integrated: The relationship between SCM practices and organizational performance: The moderated role of competitive strategy[J]. Cogent Business & Management, 2022, 9(1).

[71] Chelliah M K, Aravindan K L, Muthaiyah S. Entrepreneurial orientation and open innovation promote the performance of services SMEs: The mediating role of cost leadership[J]. Administrative Sciences, 2022, 13(1): 1.

[72] 熊彼特. 经济发展理论: 对于利润、资本、信贷、利息和经济周期的考察[M]. 何畏, 易家详, 等译. 北京: 商务印书馆, 1990.

[73] 孙德花. 制造业企业产品创新与工艺创新互动关系研究[D]. 哈尔滨: 哈尔滨理工大学, 2007.

[74] Utterback J M, Abernathy W J. A dynamic model of process and

product innovation[J]. Omega,1975,3(6):639-656.

[75] Gopalakrishnan S,Bierly P,Kessler E H. A reexamination of product and process innovations using a knowledge-based view[J]. Journal of High Technology Management Research,1999,10(1):147-166.

[76] 王伟强,许庆瑞. 企业工艺创新的源与模式研究[J]. 科研管理,1993(5):48-54.

[77] 吴贵生. 技术创新管理[M]. 北京:清华大学出版社,2000:13.

[78] 傅家骥. 技术创新学[M]. 北京:清华大学出版社,1998.

[79] 安同良,王文翌,魏巍. 中国制造业企业的技术创新:模式、动力与障碍:基于江苏省制造业企业问卷调查的实证分析[J]. 当代财经,2005(12):69-73.

[80] 华锦阳. 技术创新管理理论与案例[M]. 北京:清华大学出版社,2007:19-21.

[81] 毕克新,艾明晔,李柏洲. 产品创新与工艺创新协同发展分析模型与方法研究[J]. 中国管理科学,2007,15(4):138-148.

[82] 纳雷安安. 技术战略与创新:竞争优势的源泉[M]. 程源,高建,杨湘玉,译. 北京:电子工业出版社,2002.

[83] Kraft K. Are product and process innovations independent of each other? [J]. Applied Economics,1990,22(8):1029-1038.

[84] Martinez-Ros E. Explaining the decisions to carry out product and process innovations:The Spanish case[J]. The Journal of High Technology Management Research,1999,10(2):223-242.

[85] Fritsch M,Meschede M. Product innovation,process innovation,and size[J]. Review of Industrial Organization,2001,19(3):335-350.

[86] Shi C S,Meng D P. Study on new product development:Based on the process innovation of organization[J]. Social Science,2007,3(3):27-34.

[87] Wong P K,Lee L,Foo M D. Occupational choice:The influence of product *vs*. process innovation[J]. Small Business Economics,2008,30(3):267-281.

[88] Damanpour F. An integration of research findings of effects of firm

size and market competition on product and process innovations[J]. British Journal of Management,2010,21(4):996-1010.

[89] 吴晓波. 二次创新的进化过程[J]. 科研管理,1995,16(2):27-35.

[90] 郭斌,许庆瑞,陈劲,等. 企业组合创新研究[J]. 科学学研究,1997,15(1):13-18.

[91] 毕克新,孙德花,李柏洲. 基于系统动力学的制造业企业产品创新与工艺创新互动关系仿真研究[J]. 科学学与科学技术管理,2008,29(12):75-80.

[92] Spital F C,Bickford D J. An empirical study of the relationships between technology strategy and competitive strategy[J]. Academy of Management Proceedings,1988,1988(1):340-344.

[93] Rhyne L C,Teagarden M B,Lamb B L,et al. Technology-based competitive strategy:An empirical test of an integrative model[J]. The Journal of High Technology Management Research,1997,8(2):187-212.

[94] Gerdsri N,Assakul P,Vatananan R S. An activity guideline for technology roadmapping implementation[J]. Technology Analysis & Strategic Management,2010,22(2):229-242.

[95] Teece D J,Pisano G,Shuen A. Dynamic capabilities and strategic management[J]. Strategic Management Journal,1997,18(7):509-533.

[96] 许庆瑞,王方瑞. 基于能力的企业经营战略和技术创新战略整合模式研究[J]. 科学学与科学技术管理,2003(4):42-45.

[97] Eddleston K A,Kellermanns F W,Sarathy R. Resource configuration in family firms:Linking resources,strategic planning and technological opportunities to performance[J]. Journal of Management Studies,2008,45(1):26-50.

[98] 李浩,戴大双. 企业竞争战略与技术创新战略的整合[J]. 科学学与科学技术管理,2002(6):37-40.

[99] 严新忠. 技术创新、管理创新互动与竞争战略融合[J]. 现代管理科学,2003(9):24-25.

[100] 谢伟. 中国企业技术创新的分布和竞争策略:中国激光视盘播放机产

业的案例研究[J].管理世界,2006(2):50-62.

[101] 施蕾.基于企业竞争战略的技术创新选择研究[D].西安:西北大学,2008.

[102] 郑兵云,陈圻,李邃.差异化战略对企业绩效的影响研究:基于创新的中介视角[J].科学学研究,2011,29(9):1406-1414.

[103] 任娟,陈圻.竞争战略、技术效率与公司绩效:来自中国制造业上市公司的经验证据[J].经济经纬,2012(5):73-76.

[104] 曾鸣,威廉姆斯.龙行天下:中国制造未来十年新格局[M].北京:机械工业出版社,2008.

[105] 陈圻,任娟.创新型低成本战略的科学研究纲领方法论基础[J].科学学研究,2011,29(3):349-358.

[106] 陈圻.低成本创新的Stackelberg模型研究[J].科研管理,2011,32(9):44-54.

[107] 李西,胡冰洁.低成本创新战略:以比亚迪股份公司电池产业为例[J].科技管理研究,2012,32(6):7-9.

[108] 田冰,陈圻,王庆丰.低成本创新企业核心战略行为研究:以制造业上市公司为例[J].河南科学,2012,30(4):503-507.

[109] 何颖,黄林莉.低成本创新是我国重塑国际竞争力的重要契机[N].科技日报,2012-09-23002.

[110] 王宇婷.中国成本领先企业的创新及升级路径的实证研究[D].南京:南京航空航天大学,2011.

[111] 陈国栋,陈圻.低成本创新的形成与创新途径选择[J].自然辩证法研究,2013,29(3):36-41.

[112] Hambrick D C, Mason P A. Upper echelons: The organization as a reflection of its top managers[J]. Academy of Management Review, 1984,9(2):193-206.

[113] Certo S T, Lester R H, Dalton C M, et al. Top management teams, strategy and financial performance: A meta-analytic examination[J]. Journal of Management Studies,2006,43(4):813-839.

[114] 石盛林,陈圻.高管团队认知风格与竞争战略关系的实证研究[J].科学学与科学技术管理,2010,31(12):147-153.

[115] 石盛林,陈圻,张静.高管团队认知风格对技术创新的影响:基于中国制造企业的实证研究[J].科学学研究,2011,29(8):1251-1257.

[116] Wiersema M F,Bantel K A. Top management team demography and corporate strategic change[J]. Academy of Management Journal, 1992,35(1):91-121.

[117] Bantel K A,Jackson S E. Top management and innovations in banking:Does the composition of the top team make a difference?[J]. Strategic Management Journal,1989,10(S1):107-124.

[118] 李贤辉.高管学历背景如何影响企业的风险承担?:基于战略差异中介效应和产品市场竞争的调节效应[J].财会通讯,2022(22):57-61.

[119] Hambrick D C,D'Aveni R A. Top team deterioration as part of the downward spiral of large corporate bankruptcies[J]. Management Science,1992,38(10):1445-1466.

[120] Smith K G,Smith K A,Olian J D,et al. Top management team demography and process:The role of social integration and communication[J]. Administrative Science Quarterly,1994,39(3):412-438.

[121] Katz R. The effects of group longevity on project communication and performance[J]. Administrative Science Quarterly,1982,27(1):81-104.

[122] Finkelstein S,Hambrick D C. Top-management-team tenure and organizational outcomes:The moderating role of managerial discretion[J]. Administrative Science Quarterly,1990,35(3):484-503.

[123] 贺远琼,陈昀.不确定环境中高管团队规模与企业绩效关系的实证研究:基于中国制造业上市公司的证据[J].科学学与科学技术管理,2009,30(2):123-128.

[124] 张平.高层管理团队的异质性与企业绩效的实证研究[J].管理学报,2007,4(4):501-508.

[125] 古家军,胡蓓.企业高层管理团队特征异质性对战略决策的影响:基于中国民营企业的实证研究[J].管理工程学报,2008,22(3):30-35.

[126] Jehn K A. A qualitative analysis of conflict types and dimensions in organizational groups[J]. Administrative Science Quarterly,1997,42

(3):530-557.

[127] Milliken F J, Martins L L. Searching for common threads: Understanding the multiple effects of diversity in organizational groups [J]. Academy of Management Review,1996,21(2):402-433.

[128] Dutton J E, Duncan R B. The creation of momentum for change through the process of strategic issue diagnosis[J]. Strategic Management Journal,1987,8(3):279-295.

[129] Knight D, Pearce C L, Smith K G, et al. Top management team diversity, group process, and strategic consensus[J]. Strategic Management Journal,1999,20(5):445-465.

[130] Hambrick D C, Cho T S, Chen M J. The influence of top management team heterogeneity on firms' competitive moves[J]. Administrative Science Quarterly,1996,41(4):659-684.

[131] Carpenter M A. The implications of strategy and social context for the relationship between top management team heterogeneity and firm performance[J]. Strategic Management Journal,2002,23(3):275-284.

[132] Chase M A, Feltz D L, Lirgg C D. Do coaches' efficacy expectations for their teams predict team performance? [J]. The Sport Psychologist,1997,11(1):8-23.

[133] Zaccaro S J, Klimoski R. The interface of leadership and team processes[J]. Group & Organization Management,2002,27(1):4-13.

[134] Amason A C. Distinguishing the effects of functional and dysfunctional conflict on strategic decision making: Resolving a paradox for top management teams[J]. Academy of Management Journal,1996,39(1):123-148.

[135] 雷红生,陈忠卫.高管团队内情感冲突、企业家精神与公司成长性绩效关系的实证研究[J].财贸研究,2008(2):99-105.

[136] Li H Y, Li J. Top management team conflict and entrepreneurial strategy making in China[J]. Asia Pacific Journal of Management,2009,26(2):263-283.

[137] 吴家喜,吴贵生.高层管理者特质与产品创新的关系:基于民营企业的实证研究[J].科学学与科学技术管理,2008(3):178-182.

[138] 杨红娟,程敬媛.高管团队学术背景对企业低碳创新影响的实证研究[J].生态经济,2022,38(11):50-55.

[139] Daellenbach U S, McCarthy A M, Schoenecker T S. Commitment to innovation: The impact of top management team characteristics[J]. R&D Management,1999,29(3):199-208.

[140] 李华晶,张玉利.高管团队特征与企业创新关系的实证研究:以科技型中小企业为例[J].商业经济与管理,2006(5):9-13.

[141] 刘丽,杨丽琴.中国制造业高管专业背景、研发投入与企业价值研究[J].河池学院学报,2022,42(1):90-98.

[142] 祖明,汪世超,李秀伟.高管团队特征、环境责任与企业绿色技术创新[J].吉林工商学院学报,2022,38(5):51-58.

[143] 卫平,马文丽.高管团队研发经历对企业技术创新的异质性影响:基于中国战略性新兴产业的实证研究[J].工业技术经济,2022,41(11):58-65.

[144] 马俏俏,李刚.煤炭企业环境不确定性、高管研发背景与技术创新研究[J].煤炭经济研究,2022,42(2):75-80.

[145] Eisenhardt K M, Schoonhoven C B. Organizational growth: Linking founding team, strategy, environment, and growth among U. S. semiconductor ventures,1978—1988[J]. Administrative Science Quarterly,1990,35(3):504-529.

[146] Ancona D G, Caldwell D F. Bridging the boundary: External activity and performance in organizational teams[J]. Administrative Science Quarterly,1992,37(4):634-665.

[147] Jackson S E, Brett J F, Sessa V I, et al. Some differences make a difference: Individual dissimilarity and group heterogeneity as correlates of recruitment, promotions, and turnover[J]. Journal of Applied Psychology,1991,76(5):675-689.

[148] 谢凤华,姚先国,古家军.高层管理团队异质性与企业技术创新绩效关系的实证研究[J].科研管理,2008,29(6):65-73.

[149] Hoegl M, Proserpio L. Team member proximity and teamwork in innovative projects[J]. Research Policy, 2004, 33(8):1153-1165.

[150] Talke K, Salomo S, Rost K. How top management team diversity affects innovativeness and performance via the strategic choice to focus on innovation fields[J]. Research Policy, 2010, 39(7):907-918.

[151] 郭军,麻环宇.高管团队异质性、内部控制与企业技术创新[J].统计与决策,2022,38(17):174-178.

[152] 张亚萍,张丽琨.农业类上市公司高管团队异质性对技术创新的影响:股权集中度的调节作用[J].农村经济与科技,2022,33(3):177-181.

[153] West M A, Hirst G, Richter A, et al. Twelve steps to heaven: Successfully managing change through developing innovative teams[J]. European Journal of Work and Organizational Psychology, 2004, 13(2):269-299.

[154] MacCurtain S, Flood P C, Ramamoorthy N, et al. The top management team, reflexivity, knowledge sharing and new product performance: A study of the Irish software industry[J]. Creativity and Innovation Management, 2010, 19(3):219-232.

[155] Rahim M A. Toward a theory of managing organizational conflict[J]. International Journal of Conflict Management, 2002, 13(3):206-235.

[156] Chen G, Liu C, Tjosvold D. Conflict management for effective top management teams and innovation in China[J]. Journal of Management Studies, 2005, 42(2):277-300.

[157] Nahapiet J, Ghoshal S. Social capital, intellectual capital, and the organizational advantage[J]. Academy of Management Review, 1998, 23(2):242-266.

[158] Basadur M, Gelade G A. The role of knowledge management in the innovation process[J]. Creativity and Innovation Management, 2006, 15(1):45-62.

[159] 李晶晶.高管权力、价值链环节与企业技术创新[J].财会通讯,2022(16):98-103.

[160] 姜红,高思芃,刘文韬.创新网络与技术创新绩效的关系:基于技术标准联盟行为和人际关系技能[J].管理科学,2022,35(4):69-81.

[161] 张霞,杨阳.高管外部薪酬差距与企业技术创新水平:基于沪深两市的A股上市公司的实证研究[J].新疆农垦经济,2022(1):80-92.

[162] 王嘉歆.制度环境、高管外部薪酬差距与创新能力:基于高新技术企业实证研究[J].中国集体经济,2022(20):115-118.

[163] 范宋伟.高管薪酬差距对企业技术创新绩效的影响[J].技术经济与管理研究,2022(9):51-56.

[164] 孙丽璐,罗威,冯榆.高管薪酬激励、高管创新意愿与企业创新能力:基于我国军工上市公司的实证研究[J].重庆理工大学学报(社会科学),2022,36(12):179-191.

[165] 余芬,樊霞.高管认知、行业管制与企业创新持续性[J].科研管理,2022,43(12):173-181.

[166] 李四海,陈旋.企业家专业背景与研发投入及其绩效研究:来自中国高新技术上市公司的经验证据[J].科学学研究,2014,32(10):1498-1508.

[167] 李亚飞,王凤荣,李安然.技术型企业家促进了企业创新吗?[J].科研管理,2022,43(6):186-193.

[168] 岳晋.企业家异质性特征与研发投入的相关性研究[D].太原:山西大学,2013.

[169] 彭花,贺正楚,张雪琳.企业家精神和工匠精神对企业创新绩效的影响[J].中国软科学,2022(3):112-123.

[170] 孙冰,田胜男.企业家精神如何影响技术创新扩散:一个有调节的中介模型[J].系统管理学报,2022,31(1):134-142.

[171] 余汉.民营企业政治资本、社会资本与公司绩效关系研究[D].重庆:重庆大学,2017.

[172] Fisman R. Estimating the value of political connections[J]. American Economic Review,2001,91(4):1095-1102.

[173] Ferguson T,Voth H J. Betting on Hitler—The value of political connections in Nazi Germany[J]. The Quarterly Journal of Economics,2008,123(1):101-137.

[174] Faccio M. Politically connected firms[J]. American Economic Review,2006,96(1):369-386.

[175] 谢琳,李孔岳,周影辉. 政治资本、人力资本与行政垄断行业进入:基于中国私营企业调查的实证研究[J]. 中国工业经济,2012(9):122-134.

[176] 张祥建,郭岚. 政治关联的机理、渠道与策略:基于中国民营企业的研究[J]. 财贸经济,2010(9):99-104.

[177] Li H,Meng L,Wang Q,et al. Political connections,financing and firm performance:Evidence from Chinese private firms[J]. Journal of Development Economics,2008,87(2):283-299.

[178] 宋增基,冯莉茗,谭兴民. 国有股权、民营企业家参政与企业融资便利性:来自中国民营控股上市公司的经验证据[J]. 金融研究,2014(12):133-147.

[179] Chen C J P,Li Z,Su X,et al. Rent-seeking incentives,corporate political connections,and the control structure of private firms:Chinese evidence[J]. Journal of Corporate Finance,2011,17(2):229-243.

[180] 罗党论,应千伟. 政企关系、官员视察与企业绩效:来自中国制造业上市企业的经验证据[J]. 南开管理评论,2012,15(5):74-83.

[181] 薛爽,肖星. 捐赠:民营企业强化政治关联的手段?[J]. 财经研究,2011,37(11):102-112.

[182] Bourdieu P. Le capital social[J]. Actes de la recherche en sciences sociales,1980,31(1):2-3.

[183] Coleman J S. Social capital in the creation of human capital[J]. American Journal of Sociology,1988,94:S95-S120.

[184] 边燕杰,丘海雄. 企业的社会资本及其功效[J]. 中国社会科学,2000(2):87-99.

[185] Peng H,Duysters G,Sadowski B. The changing role of guanxi in influencing the development of entrepreneurial companies:A case study of the emergence of pharmaceutical companies in China[J]. International Entrepreneurship and Management Journal,2016,12(1):215-258.

[186] Granovetter M. Coase revisited:Business groups in the modern economy[J]. Industrial and Corporate Change,1995,4(1):93-130.

[187] 耿新,张体勤. 企业家社会资本对组织动态能力的影响:以组织宽裕为调节变量[J]. 管理世界,2010(6):109-121.

[188] Davis A,Olson E M. Critical competitive strategy issues every entrepreneur should consider before going into business[J]. Business Horizons,2008,51(3):211-221.

[189] 王洪生,刘德胜. 企业家背景特征、竞争战略与中小企业成长:基于中小制造业上市公司实证[J]. 北京理工大学学报(社会科学版),2014,16(3):75-82.

[190] Arthur I K,Hracs B J. Experience the difference:The competitive strategies of food-related entrepreneurs in rural Denmark[J]. Geografiska Annaler:Series B,Human Geography,2015,97(1):95-112.

[191] Nkongolo-Bakenda J M,Chrysostome E V. Exploring the organizing and strategic factors of diasporic transnational entrepreneurs in Canada:An empirical study[J]. Journal of International Entrepreneurship,2020,18(3):336-372.

[192] 李健,陈传明,孙俊华. 企业家政治关联、竞争战略选择与企业价值:基于上市公司动态面板数据的实证研究[J]. 南开管理评论,2012,15(6):147-157.

[193] 苏屹,王雪,欧忠辉. 企业家政治关联对企业创新意愿的影响研究:基于有调节的双路径中介效应模型分析[J]. 软科学,2021,35(1):68-74.

[194] 涂莉. 基于企业竞争战略视角的企业家社会资本对企业财务绩效的影响研究[D]. 南昌:华东交通大学,2013.

[195] 邓健,马红玲,马琳. 企业家社会资本、竞争战略选择与企业绩效:基于中国制造业上市公司的实证研究[J]. 工业技术经济,2015,34(5):150-160.

[196] 杨雪德. 企业家社会资本、竞争战略与企业成长性[D]. 泉州:华侨大学,2016.

[197] 宋玉禄,陈欣.新时代企业家精神与企业价值:基于战略决策和创新效率提升视角[J].华东经济管理,2020,34(4):108-119.

[198] 刘兴国,张航燕.创新精神、冒险精神与企业成长:基于上市公司数据的企业家精神影响作用实证检验[J].中国经济报告,2020(3):89-105.

[199] Linton G, Kask J. Configurations of entrepreneurial orientation and competitive strategy for high performance[J]. Journal of Business Research, 2017, 70:168-176.

[200] Collis D J. Why Do So Many Strategies Fail? [J]. Harvard Business Review. 2021, 99(4):82-93.

[201] Roffe I. Competitive strategy and influences on e-learning in entrepreneur-led SMEs[J]. Journal of European Industrial Training, 2007, 31(6):416-434.

[202] 何旭.企业家认知对中小企业持续竞争优势影响研究:基于动态能力视角[D].郑州:河南财经政法大学,2020.

[203] Zane L J, Kline W. Competitive moves: The influence of industry context and individual cognitive factors[J]. Entrepreneurship Research Journal, 2017, 7(1).

[204] Hernández-Carrión C, Camarero-Izquierdo C, Gutiérrez-Cillán J. Entrepreneurs' social capital and the economic performance of small businesses: The moderating role of competitive intensity and entrepreneurs' experience[J]. Strategic Entrepreneurship Journal, 2017, 11(1):61-89.

[205] Baron R A. Behavioral and cognitive factors in entrepreneurship: Entrepreneurs as the active element in new venture creation[J]. Strategic Entrepreneurship Journal, 2007, 1(1/2):167-182.

[206] 王艳子,张莉,李倩.企业家认知风格对企业成长的影响:以柯达公司为例[J].首都经济贸易大学学报,2017,19(3):82-89.

[207] 王素莲,苑琳.企业家技术创新与政府行为[J].中国行政管理,2014(11):87-90.

[208] 黄燕,凌慧.创新政策、企业家特征与企业创新的实证研究:以广东省

为例[J].当代经济,2013(11):122-125.

[209] 万菲.企业集群、企业家背景特征与企业技术创新能力关系研究:基于江苏省中小企业调查样本分析[D].苏州:苏州大学,2017.

[210] 郭韬,张亚会,刘洪德.企业家背景特征对创业企业技术能力的影响:创新关注的中介作用[J].科技进步与对策,2018,35(8):143-148.

[211] 郭韬,吴叶,刘洪德.企业家背景特征对技术创业企业绩效影响的实证研究:商业模式创新的中介作用[J].科技进步与对策,2017,34(5):86-91.

[212] 丁绒,罗军.内生的力量:技术型创业者与企业创新[J].云南财经大学学报,2022,38(6):71-91.

[213] 陈爽英,傅锋,井润田.政治关联对研发投资的影响:促进还是抑制[J].科研管理,2020,41(1):184-192.

[214] 李诗田,邱伟年.政治关联、制度环境与企业研发支出[J].科研管理,2015,36(4):56-64.

[215] 苏屹,陈凤妍.企业家地方政治关联对技术创新绩效影响研究[J].系统工程理论与实践,2017,37(2):365-378.

[216] 杨进,张攀.加入行业协会能促进企业技术创新吗?:中国民营企业的微观证据[J].经济管理,2020,42(1):59-75.

[217] 朱益宏,周翔,张全成.私营企业家政治关联:催化了投机行为还是技术创新?[J].科研管理,2016,37(4):77-84.

[218] 吴俊杰,戴勇.企业家社会资本、知识整合能力与技术创新绩效关系研究[J].科技进步与对策,2013,30(11):84-88.

[219] 郑胜楠.企业家社会资本、战略柔性与技术创新绩效间的关系研究[D].西安:西安电子科技大学,2018.

[220] 房建奇.企业家社会资本对科技型中小企业技术创新绩效作用机制研究[D].长春:吉林大学,2020.

[221] 崔世娟,陈丽敏,贾芳.企业家社会资本、技术创新与企业绩效的关系研究[J].商学研究,2019,26(2):58-71.

[222] 王妍文.企业家人力资本与社会资本对企业创新的影响研究:以信息技术上市公司为例[D].大连:东北财经大学,2018.

[223] 赵雁楠.民营企业家社会资本对企业技术创新模式的影响:基于组织

吸收能力的作用[D]. 杭州:浙江工商大学,2016.

[224] 陈爽英,井润田,龙小宁,等. 民营企业家社会关系资本对研发投资决策影响的实证研究[J]. 管理世界,2010(1):88-97.

[225] 乔朋华. 企业家社会资本、技术创新能力对中小企业绩效的影响研究[D]. 哈尔滨:哈尔滨工业大学,2015.

[226] 吴俊杰. 企业家社会网络、双元性创新与技术创新绩效[D]. 杭州:浙江工商大学,2013.

[227] Burger J M. 人格心理学[M]. 陈会昌,等译. 8版. 北京:中国轻工业出版社,2014.

[228] 刘晓扬,范炜烽. 中国企业家精神研究的发展脉络与趋势:基于文本分析的视角[J]. 现代经济探讨,2022(5):106-113.

[229] 伍刚. 企业家创新精神与企业成长[D]. 武汉:华中科技大学,2012.

[230] 王柏杰,孟晓晓,席建成. 企业家精神、政府支持与军工企业技术创新效率[J]. 统计学报,2020,1(6):33-44.

[231] 吴翌琳. 企业家精神对创新影响的均衡性与差异性研究:基于创新调查与财务数据对接的微观证据[J]. 财经问题研究,2019(4):113-121.

[232] 李元旭,曾铖. 政府规模、技术创新与高质量发展:基于企业家精神的中介作用研究[J]. 复旦学报(社会科学版),2019,61(3):155-166.

[233] 夏晗. 企业家契约精神、企业创新对制造企业高质量发展的影响[J]. 企业经济,2022,41(5):59-70.

[234] 张培,赵世豪. 企业家创新精神与信用风险:基于技术创新维度的实证研究[J]. 商业研究,2022(1):95-102.

[235] 韩书成,梅心怡,杨兰品. 营商环境、企业家精神与技术创新关系研究[J]. 科技进步与对策,2022,39(9):12-22.

[236] 段晓红. 企业家能力与企业创新能力的关系研究[D]. 武汉:华中科技大学,2010.

[237] 曾可昕. 对外直接投资与中国技术创新研究:基于企业家才能提升的视角[J]. 杭州电子科技大学学报(社会科学版),2019,15(1):12-20.

[238] 张根明,徐婧. 企业家认知因素对技术创新行为及绩效影响的实证研究[J]. 科技进步与对策,2011,28(15):18-21.

[239] 吉云,于雯,徐正.经济政策不确定性会阻碍企业创新吗?:企业家风险容忍度的调节效应[C]//中国软科学研究会2019年中国软科学文集.2020:49-58.

[240] 陈庆磊.企业家风险偏好对企业创新与绩效的调节效应研究[D].北京:首都经济贸易大学,2019.

第二篇
问卷调查研究篇

本篇按照问卷调查研究的技术路线——"理论模型构建与假设提出—变量测量与数据收集—数据分析与研究发现"展开,完成时间是2011年至2012年,包含三章内容,由于篇幅所限略去了调查问卷。

第三章"问卷调查研究的理论模型"在第二章文献研究成果基础上,首先对技术创新对成本领先战略的影响机理进行理论分析,然后根据理论分析提出具体的研究假设,得到细化的概念模型。

第四章"问卷调查研究设计"根据第三章提出的理论模型和研究假设,首先,明确问卷设计的过程,以及为提高问卷信度和效度采取的措施;其次,根据方便抽样的原则,确定适宜的调研对象;再次,参考国内外文献中的量表,并结合中国制造企业质性研究数据,设计各个变量的测量问卷;最后,选择相应的分析方法和工具。

第五章"问卷调查研究的数据分析与研究发现"主要运用第四章所阐述的方法对收集到的数据进行分析和处理,并就相关分析结果对第三章构建的理论模型和研究假设进行实证检验。主要内容包括测量的信度和效度分析、相关分析,以及在此基础上通过构建结构方程模型、层次回归分析模型对理论模型及研究假设进行验证。

第三章
问卷调查研究的理论模型

Bacharach 指出可以将理论看作"一个概念或者变量系统,通过命题将概念相互联系起来,而通过假设将变量联系起来"[1]。陈昭全和张志学认为一个好的理论必须能够将最相关的概念以符合逻辑的方式组织在一起,清晰地表达出这些概念之间的关系,帮助人们了解现象是怎样发生的,在什么条件下发生以及为什么会发生[2]。本章按照陈昭全和张志学的《管理研究中的理论建构》的逻辑和要求[2],根据第一章提出问题,在第二章文献研究成果基础上,首先从技术创新视角出发,分析了成本领先战略两种类型区分及其绩效比较;厘清了技术创新两种形式——工艺创新和产品创新对成本领先战略的直接影响,企业外部制度环境、企业内部高管团队认知风格、低成本创新方式对二者关系的调节作用;比较了技术创新两种形式对差异化战略的直接影响,以及制度环境、高管团队认知风格、低成本创新方式对二者关系的调节作用。其次根据技术创新形式对成本领先战略影响机理的数据分析结果,进一步深入分析制度环境的调节作用,从低成本创新动机视角出发,探讨了低成本创新动机对成本领先战略的直接影响,与低成本创新密切相关的劳动制度、环境资源制度对二者关系的调节作用;比较了低成本创新动机对差异化战略的直接影响,劳动制度、环境资源制度对二者关系的调节作用。最后根据理论分析提出具体的研究假设,得到细化的研究模型。

3.1 工艺创新和产品创新对成本领先战略影响机理理论模型

3.1.1 成本领先战略两种类型区分及其绩效比较

在《一般竞争战略的逻辑基础重构》一文中,陈圻将成本领先战略定义为:在相关市场中提供与参照产品相同或相近的价值的产品,以较低成本和不明显包含相对溢价的较低价格赢得产量优势的竞争战略类型[3]。实施成本领先战略的企业主要致力于保持低成本竞争位置,以及获得基于低成本控制能力的较低市场价格。

波特认为企业可以采用多种策略建立成本领先优势,如建立起达到有效规模的生产设施,严格成本与管理费用的控制,最大限度地减少各方面成本费用[4]34。Dess 和 Davis 分析总结出了 21 种竞争策略,然后请 7 位战略管理学者参加座谈、19 位企业 CEO 参加问卷调查[5]。战略管理学者认为成本领先战略非常重要的策略有 4 种:运营效率、竞争力的价格、制造过程创新、原材料获得;而企业 CEO 认为成本领先战略非常重要的策略有 8 种:运营效率、产品质量控制、训练/培训员工、改进现有产品、原材料获得、在产业内的声誉、预测市场增长、制造过程创新。White 将基本竞争战略具体竞争策略划分为 4 个方面,其中成本领先战略的具体竞争策略包括:① 输入要素方面:低成本原材料、劳动生产率、持续必需的资本投入;② 过程方面:测量设施有效性、生产员工技能、低消耗高产出、劳动生产率、供应链;③ 产品或服务方面:容易制造、资本密集;④ 分销方面:判断顾客有效性、简单产品线、价格区别[6]。Allen 等人对日本和美国竞争战略进行了比较研究[7]。美国样本分析结果显示:① 集中成本领先的竞争策略有:控制产品/服务质量、提供良好售后服务、提高操作有效性、广泛培训一线员工、严格监督一线员工;② 成本领先的竞争策略有:严格追求成本降低、严格控制管理费用、最小化分销成本。日本样本分析结果表明,日本企业成本领先具体竞争策略主要是:控制产品/服务的质量、提供良好的顾客服务、提高操作的有效性、严格追求成本降低、严格控制管理费用。Akan 等人使用包含 25 种竞争策略的问卷调查研究结果显示,成本领先战略的具体竞争策略有 3 种:致力成本减少、严格控制管理费用、最小化分销成本;集中成本领先战略的具体竞争策略有 5 种:提供良好的顾客服务、改进运营效率、控制产品或服务质量、训练一线员工、严格管理一线员工[8]。

中国企业家调查系统发布的由 5 016 位企业经营者参与的"2009 年中国企业经营者问卷跟踪调查"的调查报告中,从"生产能力利用""强调运营效率""低成本获取原材料和零部件"等方面了解企业经营者对生产效率(低成本)的自我评价,均得到 3.7 以上的评价值。总体来看,企业经营者对于生产效率(低成本)的认同程度在企业竞争战略 6 项指标中是最高的,评价值为3.89(其他5项指标的总体评价值分别为:宽产品线为3.84,产品差异化为3.76,低价格为3.22,营销强度为2.72,政府关系利用为2.54)[9]。

通过上述分析可以看到,成本领先战略中的各种策略如有效规模的生产设施、运营效率、产品质量控制、劳动生产率、容易制造等主要目的是提高运营效率,进而实现低成本,本书称之为效率驱动型成本领先战略,简称为传统型成本领先战略。

事实上,在上述成本领先战略的实施策略中,尽管包含着"制造过程创新"和"改进现有产品"[5]等创新驱动因素,但如陈圻和任娟[10]指出的,创新为一般或次要的驱动因素,不是主要驱动因素,且以工艺、流程、市场等局部的和渐进的创新为主,可能有产品简化创新(如改善可制造性,以降低成本为目标),但缺乏产品升级创新,特别是缺少突破性的技术创新和重大经营模式创新。为此,陈圻和任娟提出了以创新为主要驱动因素的创新型成本领先战略,他们认为与传统型成本领先战略相比,创新型低成本领先战略具有4项特征:创新驱动是关键、具有升级演化特性、以低战略风险实现升级、持续内生优势[10]。

根据上述分析,提出:

假设1-1 成本领先战略可以区分为传统型成本领先战略和创新型成本领先战略。

陈圻和任娟认为创新型成本领先战略模式是在新的多变产业环境下通过创新实现可持续成本领先,避免落入"低成本陷阱"的新型成本领先战略模式[10]。它既要利用全球化提供的新战略机遇,低成本地进入国际分工的低端市场,又要把持续学习和创新作为适应变化迅速的产业环境及时取得和长期保持成本领先地位的战略手段,通过低成本实现渐进或重大创新,不断在新的领域取得和保持成本领先地位。如前文所述,创新型成本领先战略相对于传统型成本领先战略,创新驱动是关键,而且具有升级演化特性。① 创新驱动是关键,通过创新可以使原有产品升级进入新的相关市场,包括中端相关市场和高端相关市场,在新的产业市场中继续实施成本领先战略,在新的产业市场中成本要低于原有市场,但价格可能高于原在市场,实现高于原有市场的绩效。② 具有升级演化特性。创新型成本领先战略可以通过演化而不断升级,使得企业能够由低附加值、低利润区向高附加值、高利润区演化,从而获得比传统型成本领先战略更高的绩效。

根据上述分析,提出:

假设 1-2 创新型成本领先战略的绩效显著优于传统型成本领先战略。

3.1.2 工艺创新和产品创新对成本领先战略的直接影响

通过第 3.1.1 节的分析可以看到,成本领先战略中的各种策略如有效规模的生产设施、运营效率、产品质量控制、劳动生产率、容易制造等主要依靠采用技术上新的或有重大改进的生产方法,这些方法涉及设备或生产组织的变更或两者兼备[11]。在企业技术创新实践中,通常表现为购置新工具或新设备、淘汰落后或高耗能设备、设备技术改造等。如前文所述,产品创新和工艺创新的区分并不是绝对的,有时这两者的边界不是很清晰[12],通过采用新的产品零部件、增加产品技术含量等产品创新方式,同样可以达到降低制造成本进而降低销售价格的目的,有助于成本领先战略的实施。技术创新影响成本领先战略,进而影响企业绩效。

在《一般竞争战略的逻辑基础重构》一文中,陈圻将差异化战略定义为:选择被目标客户所偏好的某些产品特点,通过非价格竞争以减小交叉弹性,以降低顾客对价格的敏感性,通过"相对溢价"(非波特溢价)从而获得价格收益的战略类型[3]。显然,与成本领先战略不同,"目标客户所偏好的某些产品特点"主要集中在品牌形象、技术特点、外观特点、产品功能等方面,通过这些"非价格竞争"策略建立一个独特的、有价值的产品或服务的市场地位[4-5,8,13-14]。

从技术创新形式视角分析,差异化战略的各种策略如根据目标顾客需求设计新产品、与竞争对手产品相比的差异性、增加产品附加值、培育自己品牌的特色等主要依靠企业将新的产品或者有重大改进的产品成功推向市场。新的产品指对企业而言必须是新的,但对于企业所在的行业或市场而言不要求必须是新的。在企业技术创新实践中,通常表现为增加产品技术含量、开发能被市场接受的新产品、采用新的产品零部件等方式实现。由于产品创新与工艺创新是两种无法割裂、相互关联、相互影响的创新形式,通过引进国内外先进设备、设备技术改造等工艺创新方式,同样可以达到产品差异化目的,有助于提升企业产品的差异化市场地位。技术创新影响差异化战略,进而影响企业绩效。

根据上述分析,提出:

假设 2-1 工艺创新和产品创新对成本领先战略有显著正向影响,且工艺创新的影响强度高于产品创新。

假设 2-2 工艺创新和产品创新通过成本领先战略对企业绩效有显著正向影响。

假设 3-1 工艺创新和产品创新对差异化战略有显著正向影响,且产品创新的影响强度高于工艺创新。

假设 3-2 工艺创新和产品创新通过差异化战略对企业绩效有显著正向影响。

3.1.3 正式制度和非正式制度的调节作用

制度理论的一个中心主题就是一个国家的制度环境通过对企业实施制约或者刺激来影响企业战略行为[15]。实际上,制度不仅是一种约束条件,而且可以帮助企业产生收益[15]。根据制度理论,迫于包括同行的组织领域制度的压力,企业彼此遵从并在国家(强制型、规范型和认知型同构)范围内遵守制度环境,以便获得合法性,从而在它们的制度环境中得以生存[16]。遵从合法性要求,企业在同一制度环境下,其战略选择表现出同构倾向[17]。

制度学者也认识到,企业不是被动地顺从或者适应制度。企业如大公司也会非常积极地应对来自制度的压力,甚至通过各种手段影响制度环境以达到维护自身利益的目的[18]。企业从不被动地服从制度压力,但他们可能会部分地接受制度要求、象征性地遵从制度要求、部分地拒绝制度要求或者部分地操纵制度要求[18]。对新兴经济体企业发展的实证研究表明,迈向市场化的制度变迁会提升企业竞争力[19-22]。

制度的功能有很多,关键功能是降低不确定性。具体来讲,制度通过发出声明什么行为是可以接受的、什么行为是不可以接受的信号来影响个人的决定。制度也可以通过限制可接受行为的范围来影响企业决策[23]85。制度基本上界定了合法的边界。赫尔曼等认为在市场经济体制下,政府提供的制度性基础设施对强化市场经济体制良好运行发挥着重要作用[24]。赫尔曼等把政府这一作用称作"治理的质量",主要内容应包括法律和秩序的维持、宏观经济的稳定、基础设施的有效提供,以及公开公平的税收管理体制和规制管理的制度框架[24]。而且,除治理的制度性结构外,政府与企业之间还可以通过许多渠道互相影响。作为在国家层面上对治理情况分析的补充，赫尔曼等研究了政府与企业之间的三种关系[24]。一是政府对企业决策的干预范围，包括价格、投资、用工、工资标准和经营活动；二是政府给予企业直接优惠的范围，如补贴和税收减免等措施；三是企业对政府官员的贿赂程度。研究显示，这些联系的性质和强度依企业的特点而不同。

樊纲等通过编制《中国市场化指数——各地区市场化相对进程2011年报告》，从五个方面测量中国企业经营的制度环境，这五个方面包括：政府与市场的关系、非国有经济的发展、产品市场的发育、要素市场的发育、市场中介组织和法律制度[25]。从1997—2009年期间的30个指标、横向31个省市区的面板数据看，中国各地区市场化的总得分处于稳步上升态势。他们发现由于资源禀赋、地理位置及国家政策等差异，中国各个地区的市场化程度存在较大差异，这种差异的一个重要特征就是政府对市场的干预程度不同，市场化总得分居于前列的是浙江、江苏、上海、广东（2009年总得分分别为11.80、11.54、10.96、10.42）。

世界银行编制的营商环境报告是调查监管规则是能增强还是限制商业活动的系列年度报告，该报告提供有关商业监管和产权保护的量化指标，涵盖了影响企业生命周期11个方面的监管规则，它们是：开办企业、办理施工许可证、获得电力、登记财产、获得信贷、保护投资者、纳税、跨国贸易、执行合同、解决破产（原来称为关闭企业）和雇用员工。该报告可以用来对从阿富汗到津巴布韦的183个经济体进行纵向和横向比较。该报告的一个基本前提是：经济活动需要良好的规则，这些规则是透明的，而且是向所有人开放的。这样的规则应该是有效的，能够在保护营商环境的某些重要方面和避免给企业造成不合理负担的误导之间取得平衡。在商业监管会带来负担且竞争又有限的地方，成功更多地取决于你认识谁，而不是你能做些什么。但在法规相对来说比较易于遵守并向所有需要用到它们的人开放的地方，任何有才能、有好点子的人都能在正式领域开办和发展企业[26]。

已有很多经验证据表明，在制度环境越差、政府干预程度越高的地区，政府对当地经济活动的干预程度就越高，地方政府在开发权、土地审批、税收优惠方面的支配权也越容易被各种"关系"左右，企业与政府部门沟通、协调等成本（交易成本的一种）就越高。另外，在制度环境差的地区，银行信贷资源的市场化配置程度低，再加上很多银行都是国有的，其贷款决策易受政府和官员的控制,在此种情况下政治关系对获得银行信用的作用就更为重要,因此,高管的政府背景就越能发挥其政治资源优势。而在制度环境较好的地区,企业的资源更多的是基于市场配置,政府在直接资源配置中的作用变小,更多的是充当"裁判员"而非"教练员"的角色。政府职能的转化弱化了其对企业投资行为的影响程度,企业通过政治关系为自身争取有利资源变得更加困难,从而降低了政治关系发挥作用的余地[20,27]。

从管理学视角来看,政府对企业的影响力是相当大的。这种巨大的影响力主要体现在政府为企业提供的各种直接或间接的服务上。在市场经济环境下,对企业而言,政府服务既包括通过各类宏观经济政策的制定,为企业发展提供良好的战略发展环境;又包含通过各政府部门微观层面的具体服务项目和服务水平,为企业日常运作提供高效的保障环境。政府服务对企业技术作用主要体现在对企业技术创新的扶持政策,以及为企业外部技术合作提供相应的信息、咨询、培训和中介等服务上。政府一方面可以通过制定和实施相关科技扶持政策,为企业的技术创新提供必要的外部支持;另一方面可以利用其信息优势,通过搭建公共科技基础条件平台、行业专业创新平台和区域创新平台,为企业外部技术合作和技术转让提供急需的信息、咨询、培训和中介服务,从而提高企业的技术创新能力[28]90。

文化是重要的非正式制度之一[23,29]。Hofstede认为文化非个体特征,而是内含为一群人的特征。这种以心理程序为基础的文化相对稳定、变化缓慢,存在于人们心中,由一大批人所共有,反映并影响着各种组织的结构和行为,且在不同的组织、区域或国家之间具有一定差别性[30]。冯之浚认为对技术创新产生正面影响的传统文化有"积极进取,自强不息""重视整体思维,讲究综合创新"和"孜孜不倦,勇于开拓"等;对技术创新产生负面影响的传统文化有"长期农业社会的存在与影响""传统文化中的保守倾向"和"科举制度"等[31]。雷宏振和韩娜娜发现中国传统文化表现出注重伦理约束、强调和谐统一与稳定、以人为本以及刚健有为等明显的官僚性和支撑性文化特征,将有利于中国企业的守成与合作创新活动,有利于渐进式创新,但不利于突变式创新和个体创新能力的激发[32]。高展军等探讨了不同社会文化对企业技术创新方式选择的影响,认为低权力差距、集体主义、女性文化和不确定性规避有利于渐进式创新,而不利于突变式创新;反过来说,高权力差距、个人主义、男性文化和风险偏好则有利于突变式创新,而不利于渐进式创新[33]。

文化有很多层面,如区域文化、伦理和宗教文化,企业内部也有具体的组织文化[23]92。对企业影响最为直接和明显的是企业所处的区域文化环境[28]91。区域文化环境的开放性和创新性对企业创新具有显著的影响和促进作用,Oliver[34]、Rindova和Fombrun[35]、邓泽宏和钟会兵[36]、渠爱雪和孟召宜[37]等的研究均支持了这一论断。以浙江为例,著名经济学家梁小民认为,正是以"勤奋务实的创业精神、勇于开拓的开放精神、敢于自我纠正的包容精神、捕捉市场优势的思变精神和恪守承诺的诚信精神"为特征的精神,使浙商群体获得了蓬勃的发展[28]92。

根据上述分析,提出:

假设4-1 在较好的正式制度环境中,工艺创新和产品创新与成本领先战略的关系将增强。

假设4-2 在较好的正式制度环境中,工艺创新和产品创新与差异化战略的关系将增强。

假设5-1 在较好的非正式制度环境中,工艺创新和产品创新与成本领先战略的关系将增强。

假设5-2 在较好的非正式制度环境中,工艺创新和产品创新与差异化战略的关系将增强。

3.1.4 高管团队认知风格的调节作用

1. 认知心理学和认知

认知心理学是20世纪50年代中期产生于西方的一种现代心理学思潮和研究取向。20世纪60年代取得迅速发展,70年代后成为当代心理学的主流。1980年出版的《美国百科全书》对认知心理学的解释:"认知心理学是研究人的高级心理活动过程的学科,即研究人接受、编码、操作、提取和利用知识的过程,这个过程包括知觉、语言、智能、表象、思维、推理、问题解决、概念形成和创造性。"认知心理学有广义和狭义之分,广义的认知心理学主要探讨人类内部的心理活动过程、个体认知的产生与发展,以及对人的心理事件、心理表征和信念、意向等心理活动的研究。狭义的认知心理学是以信息加工理论观点为核心的心理学,又称为信息加工心理学,代表着当前认知心理学发展的主流,用信息加工的观点和术语说明人的认知过程,主要研究人对知识的接受、编码、操作、存储、提取和利用等过程,包括注意、记忆、表象、思维和言语等[38]1-3。

认知是人类获得和应用知识所依赖的一系列心理活动过程,如知觉、注意、记忆、学习、思维、决策、解决问题、理解和产生语言等。人们通过自己的感官获得从外部输入的信息,经过处理转化为自己内部的观念或概念,即一些能代表外部世界事物的符号或模式,并储存在头脑中,然后再经过一系列的处理,将内部的观念或概念转化为语言或其他行为,成为输出的信息,对外部的刺激做出某种特定的反应[39]3。奈瑟做过一个很好的总结:"认知指的是将感觉输入加以转换、简化、细化、储存、恢复和利用所依赖的所有加工过程。显然,认知会参与到人类可能的每一件事情中去;任何一种心理现象同时也是一种认知现象。"[40]

狭义认知心理学将认知定义为信息加工(information processing)的过程。人的信息加工可以划分为三种类型:① 自下而上的加工与自上而下的加工。人的信息加工既依赖感官直接输入的信息,如刺激的强度及其时间、空间的分布,又依赖人的记忆系统中所保存的信息,即人们已有的、有组织的知识经验。当人脑对信息的加工处理直接依赖刺激的特性或外部输入的信息时,这种加工叫自下而上的加工(bottom-up processing)或数据驱动加工(data-driven processing);而当人脑对信息的加工处理依赖人的已有的知识结构时,这种加工叫自上而下的加工(top-down processing)或概念驱动加工(concept-driven processing)。② 系列加工与平行加工。人对输入的信息依次一个一个地加以处理,即进行系列加工(serial processing),同时对所有输入的信息进行处理,即平行加工(parallel processing)。③ 控制性加工和自动化加工。控制性加工(controlled processing)是指各种要求意识努力的认知加工。一般来说,它是由注意发动,并由注意来维持的。人根据自己的期待来知觉事物,或者从长时记忆中搜索所需要的信息,这主要是一种有控制的认知加工。由于注意的发动和维持,这种加工往往受到人的目的和意图的支配,并且人是能够自觉意识到的。在没有注意的条件下,人也能进行信息加工活动,这种加工叫自动化加工(automatic processing)[39]6-7。

2. 认知风格和高管团队认知风格类型

在心理学研究领域,风格是对个体差异进行的描述,指个体在认知、个性等方面一贯的外在表现方式[41],是一个人习惯的或偏好的做事方式[42]。学界关于风格的研究最早可追溯至古希腊的气质学说。现代心理学意义上的风格研究则与 Galton、James、Jung、Bartlett 等人的工作密不可分[43]。Allport 于 1937 年提出的生活风格,第一次深思熟虑地将认知同风格从理论上联系起来[44]。从 20 世纪 40 年代开始至今,人们围绕着认知风格开展了大量研究,获得了丰富的经验。一般认为,认知风格是人们感知的刺激,以及如何利用这些信息来指导自己的行为(思想、感情、行动)。认知风格指个体信息加工过程中表现出的个性化的和一贯性的偏好方式。认知风格是感知和处理信息时的个人偏好[42,45]。

学者们对认知风格做了大量研究,提出了各种不同的认知风格,如场依存—场独立、冲动型思维—反思型思维、聚合—发散、适应—创新、推理—直觉[41]、整体—分析[46]、直觉—分析[47]等。有四种认知风格维度被广泛地应用于组织环境之中,分别是场依存—场独立、直觉—分析、适应—创新、整体—分析。

(1) 场依存—场独立维度。场依存的人倾向于依赖外在参照或以外部线索为指导,场独立的人倾向于凭借内部感知线索来加工信息。场独立型者不善于人际交往,认知改组技能高,解决新问题时,善于抓住问题的关键,能灵活运用已有知识解决问题。他们更有主见,对抽象的、理论的东西更感兴趣。场依存型者善于交际,倾向于以整体方式看待事物,解决熟悉问题时不会发生困难,但解决新问题时缺乏灵活性,易于接受外界暗示。人们在场独立—场依存连续体上的位置是稳定的。场独立和场依存作为连续体的两极,在价值上是中性的。即认知风格的两端没有高低优劣之分。每一端的特征对环境既适应,又不完全适应[48]。

(2) 直觉—分析维度。大脑两半球的功能差异是认知风格差异的生理基础。20 世纪 60 年代 Sperry 等人所做的裂脑人研究发现,大脑的不同半球功能是不同的,右脑功能主要包括直觉、即刻反应、想象和冲动等[49]。而左脑功能典型地反映在规划和协调不同类型的活动方面。直觉—分析维度中的"直觉"是指"右脑"思维,而"分析"则指"左脑"思维。

(3) 适应—创新维度。具有适应型认知风格的个体的行为特征是准确、可靠、效率高、自我约束、顺从。他们以过去检验过的方式解决问题,不知疲倦,在长期的琐碎工作中保持很高的准确度。具有创新型认知风格的个体的典型特征是思维天马行空,对已接受的解决问题范式不屑一顾。

(4)整体—分析维度。这种认知风格维度描述了个体加工信息的习惯方式:一些个体喜欢把信息加工成各个组成部分(分析型);另一些个体则从整体上对信息进行加工(整体型)。对于整体型认知风格的个体而言,存在的危险是不能清晰地区分问题的各个组成部分。而对于分析型认知风格的个体而言,把整体分解为部分,常常只关注问题的某一方面而忽视了其他方面,结果夸大问题的某一方面在整个问题中的重要性。

Cools和Van den Broeck将各种认知风格归为两类:第一类描述的是分析的、推论的、严格的、拘泥的、收敛的、正式的、鉴定的认知风格;第二类描述的是综合的、诱导的、易扩张的、不受拘束的、分歧的、不正式的、散开的、创造的认知风格[42]。实证结果把第一类认知风格区分为学习型和计划型,把第二类认知风格称为创造型。

高管团队作为企业战略的决策团体,承担着对外部环境和组织自身各种信息进行主动加工、及时有效响应、调整企业行为的责任。高管团队对企业战略问题的认知构成了战略认知,其中包括对外部环境面临的机会、威胁和组织自身的资源、能力及配置、组织的发展目标、方向等观念,并影响高管团队获取外部信息及加工、过滤信息的行为,并最终影响高管团队的战略决策行为。借鉴Cools和Van den Broeck[42]的认知风格类型,石盛林和陈圻[50]、石盛林等[51]研究发现高管团队在感知和处理信息时,会形成两种团队偏好的感知和处理信息方式——分析型认知风格和创造型认知风格。分析型认知风格在感知和处理信息时偏好分析和推论,对信息的加工处理更多依赖人已有的知识结构,是自上而下的信息加工或概念驱动信息加工。与分析型认知风格不同,创造型认知风格在感知和处理信息时往往不受已有知识的拘束,表现出非正式的、发散型的特征,人脑对信息的加工处理直接依赖刺激的特性或外部输入的信息,是自下而上的信息加工或数据驱动信息加工。

3. 高管团队认知风格的调节作用

高管团队是技术创新和竞争战略的决策者,高管团队偏好的认知风格直接影响技术创新和竞争战略的选择及其关系强度。2006年全国工业企业创新调查统计数据显示,在对创新获得成功的影响程度为"高"的影响因素中,"有创新精神的企业家"占产品创新或工艺创新企业数的比重最高,平均达到 66.0%(表 3.1)。

表 3.1　某种因素对创新获得成功的影响程度为"高"的企业分布情况
(2004—2006 年)

企业类型	占产品创新或工艺创新企业数的比重/%								
	有创新精神的企业家	充足的经费支持	高素质的技术人才	员工对企业的认同感	企业内部的激励措施	有效的技术战略或计划	畅通的信息渠道	可靠的创新合作伙伴	优惠政策的扶持
规模以上工业企业	66.0	44.8	57.0	41.8	40.6	44.6	40.0	30.2	30.8
一、按企业规模分组									
大型	81.0	65.4	77.0	53.9	56.4	64.2	50.5	41.0	37.1
中型	71.8	52.8	65.3	46.0	45.6	51.7	42.7	33.0	33.2
小型	64.1	42.1	54.2	40.3	38.8	42.1	38.9	29.1	30.0
二、按行业分组									
采矿业	58.4	38.3	44.5	35.9	38.9	40.9	31.3	23.0	26.6
制造业	66.2	44.8	57.3	41.8	40.7	44.8	40.1	30.4	30.9
电力、燃气和水的生产、供应业	62.9	50.2	52.8	45.6	38.5	38.8	41.8	30.4	27.5
三、按地区分组									
东部地区	66.4	46.3	58.8	42.7	40.7	45.1	41.2	30.6	31.3
中部地区	65.9	42.0	54.0	40.8	41.5	42.0	38.5	29.7	30.4
西部地区	63.8	39.8	50.7	37.5	38.8	45.8	34.9	28.4	27.9

数据来源:http://www.stats.gov.cn/tjsj/qtsj/index.htm

基于文献回顾和对中国制造企业的质性研究数据,本书发现工艺创新主要通过购置新工具或新设备、淘汰落后或高耗能设备、引进国内外先进设备、改进生产流程、设备技术改造等方式实现,工艺创新的结果是改进产品的加工过程、工艺路线或设备,目的是提高产品质量、降低生产成本、降低消耗、改善工作环境。从上述分析可以看出,工艺创新的信息主要来源于设备和工艺,这些信息通常都是确定的或者可以通过分析和推论产生的,因此相关的信息通常是确定的、已知的和易控制的。

与工艺创新不同,产品创新主要通过开发能被市场接受的新产品、采用新的产品零部件、增加产品技术含量等方式实现,产品创新的结果是向市场推出新的有独特性能的产品,目的是提高产品设计与性能的独特性。从认知心理学视角看,产品创新的信息主要源自顾客需求和新技术发明,这些信息具有较多的不确定性、多样性的和易变性。

波特认为实施成本领先战略通常需要持续的资本投资,良好的融资能力、工艺加工技能,严格的工人监督,以及相应的基本组织要求:结构分明的组织和责任、以满足严格的定量目标为基础的激励、严格的成本控制、经常和详细的控制报告等[4]40。显而易见,这些策略需要的信息主要来自企业内部,可以通过确定信息收集方式获得。

与成本领先战略不同,实施差异化战略通常需要强大的生产营销能力、产品加工、对创造性的鉴别能力、很强的基础研究能力、在质量或技术上领先的公司声誉、在产业中有悠久的传统或具有从其他业务中得到的独特技能组合、得到销售渠道的高度合作,以及相应的基本组织要求:在研究与开发、产品开发和市场营销部门之间的紧密协作;重视主观评价和激励,而不是定量指标;有轻松愉快的气氛,以吸引高技能工人、科学家和创造性人才[4]40。从认知心理学视角分析,差异化战略的信息来源是多样化的,具有更多的不确定性和易变性。

在高管团队以分析型认知风格为主导的企业里,高管团队已经形成了一种关注事实、重视细节,能够理性地、精密地,以及按次序地、结构地、依照惯例地、有组织地感知和处理信息的风格。这样的认知风格更有助于工艺创新和成本领先战略的实施,即高管团队对于信息的感知和处理越细致、越有计划,则工艺创新对成本领先战略的影响就越强。

相反,在高管团队以创造型认知风格为主导的企业里,高管团队能够灵活地、开放地、新颖地、主观地、创造性地感知和处理信息,这样的认知风格更有助于产品创新和差异化战略的实施。也就是说,高管团队对于信息的感知和处理越灵活、越有创造性,则产品创新对差异化战略的影响就越强。

但是,我们还注意到,较强的分析型认知风格在一定程度上会抑制高管团队在感知和处理信息时的灵活性和创造性,不利于产品创新;而较强的创造型认知风格虽然在一定程度上也会影响到高管团队在感知和处理信息时的严谨和细致,但是开放地、新颖地感知和处理信息对创新的影响是积极的。

根据上述分析,提出:

假设 6-1 在较强的高管团队分析型认知风格条件下,工艺创新和产品创新与成本领先战略的关系将增强。

假设 6-2 在较强的高管团队分析型认知风格条件下,工艺创新和产品创新与差异化战略的关系将增强。

假设 7-1 在较强的高管团队创造型认知风格条件下,工艺创新和产品创新与成本领先战略的关系将增强。

假设 7-2 在较强的高管团队创造型认知风格条件下,工艺创新和产品创新与差异化战略的关系将增强。

3.1.5 低成本创新方式的调节作用

正如第 2.2.4 节所述,低成本创新方式包含两层含义:一是企业通过创新进一步降低成本;二是以降低成本的方式实现创新[52]。低成本创新方式有三个特征:低财务成本、低时间成本、低风险[10]。

许多中国企业已经开始确立低成本创新带来的成本优势,以低成本的方式进行技术创新,以技术创新的方式降低成本[52]33。以比亚迪为例,比亚迪实施低成本创新战略的驱动因素主要有:一是低成本创新意识。比亚迪通过对价值链各个部分的低成本创新,推动了所在产业的升级,建立了其他企业无法模仿的核心竞争能力,建立了行业进入壁垒,提高了企业盈利水平。二是创新的流程。在资金缺乏、无力引进高价生产线、设备时,对原有设备进行改造、创新,研发出半自动化的设备,用人力代替部分机器工作,关键工序用自动化控制,其他环节采用人工作业,这大大降低了成本。而且半自动化生产线可以通过调整,快速地、低成本地实现柔性化生产。三是应用型研发。比亚迪的研发目的很明确——降低成本应用型研发,通过改变工艺,找替代原材料,制造出成本低、质量上乘的产品,大大节约了成本。四是整合创新。比亚迪不仅垂直整合而且还整合了价值链上各个要素,与供应商联合开发,从根本上降低了成本,而且创造性地满足了顾客需求。五是低成本创新的企业文化。超常的成本、效率、创新意识已经深入比亚迪每位员工、每个部门、每个流程,深深影响着员工的行为模式[53]。田冰等的实证结果证明了低成本创新战略可以通过功能创新、技术创新、价值创新等途径来实现[54]。王宇婷的实证研究发现,中国成本领先企业已经将技术创新纳入成本领先战略的主要驱动力量,并且在创新驱动的同时注重技术创新与运营效率有效结合,推进成本领先战略演化升级[55]。

综上分析可以看到,低成本创新方式有助于企业技术创新的实施,进而强化技术创新与竞争战略的关系。据此提出:

假设8-1 在较强的低成本创新方式条件下,工艺创新和产品创新与成本领先战略的关系将增强。

假设8-2 在较强的低成本创新方式条件下,工艺创新和产品创新与差异化战略的关系将增强。

3.2 低成本创新动机对成本领先战略影响机理理论模型

在技术创新形式对成本领先战略影响机理问卷调查研究基础上,根据国家社科基金重点项目的研究目的和研究内容,在2012年6月至9月间实施了低成本创新动机对成本领先战略影响机理问卷调查,主要目的是探讨低成本创新动机与成本领先战略及差异化战略的关系,并进一步深入分析制度环境中的劳动制度、环境资源制度对低成本创新动机与成本领先战略及差异化战略关系的调节作用。

3.2.1 低成本创新动机对成本领先战略的直接影响

在一些文献中,常将"动机"与"动力"视为可相互替代的概念。事实上,这两者在概念上既有联系又有区别,不能完全相互替代。就创新动机而言,它主要反映企业"为什么要创新"和"创新有什么好处"这样一类问题,它由企业追求的效用诱发,并从企业自身内部产生。企业创新动力则主要涉及"什么力量推动企业技术创新""企业创新目标靠什么力量来实现,实现的程度如何"等问题,它同样受企业追求效用的诱发,但其形成不仅涉及企业内部而且涉及企业外部[56]。本书关注低成本创新动机,即"要不要创新""为什么要创新""其他企业不创新我们是否要创新""是否要低成本创新"等创新动机问题。

皮特里提出动机的分析可以沿四个维度展开：从本能观点看，动机是一般的、机械的、先天的，并对内部和外部线索有所响应；从归因角度看，动机是特殊的、认知的、习得的，也在内部和外部线索上有所响应[57]15-16。

（1）先天动机与习得动机。早期理论家，如麦独孤和詹姆士认为，动机主要受他们称作本能的先天动机的控制。20世纪中期，理论家和研究者研究行为是如何习得的，而且大多数发现也与动机的习得相吻合。

（2）内部动机与外部动机。需要被看作是动机的内部来源，它能激活并指引行为朝向环境中对象，以缓解匮乏状态。与需要理论相反，另一些学者则强调由目标提供的动机的外部来源。这些理论通常考察的是各种目标对象或社会关系的驱动效应。按照这种观点，外部环境的变化可以激活动机。

（3）机械动机与认知动机。机械取向假定具体因素的变化能激活系统中回路，进而推动有机体做出适当的行为。有机体中既不存在有意识的觉知，也不存在意图。用户机械取向的研究者通常对内部需要状态和行为的先天模式感兴趣。与此相反，另一些研究者通常对外部驱动的状态和习得性动机更感兴趣。他们相信，动机过程在本质上是认知的。这种认知取向假定我们解释信息的方式会影响动机状态。

皮特里指出，在对动机的解释上，没有哪种观点比其他观点更合理。有些观点比另外一些观点能够更好地解释特定的动机状态；但是，按照以往的动机研究，最好的解释可能是一般的或者特殊的、先天的或者习得的、内部的或者外部的、机械的或者认知的，或者是这些因素的结合[57]16。

本书关注低成本创新动机，包括：① 企业内部根据自身资源能力要不要低成本创新的本能动机；② 企业在了解外部情况后觉得是否有必要低成本创新的习得动机；③ 企业在综合内外部信息后认为是否需要低成本创新的认知动机；④ 企业低成本创新期望指向目的的诱因动机；⑤ 在必须创新时激活企业低成本创新行为的行为动机。企业创新决策是如何做出的？为什么要选择低成本创新？选择低成本创新时考虑：

（1）企业内部根据自身资源能力要不要低成本创新的本能动机，即企业自身是否有低成本创新的需要。如果"本公司主要按客户要求从事代工，不需要创新"，或者"如果销路好，公司扩大生产规模比创新更有利"，或者认为"创新风险高，多半是赔钱生意"，在上述情况下，低成本创新动机强。

(2) 企业在了解外部情况后觉得是否有必要创新的习得动机,即企业在分析外部环境后是否有创新的需要。如果"同行企业不创新也能盈利,本公司也没有必要创新",或者"政府对企业创新要求很高,也给很多优惠政策",但企业仍然不必要创新,或者"廉价比创新更受客户和消费者重视",在上述情况下,低成本创新动机强。

(3) 企业在综合内外部信息后认为是否需要低成本创新的认知动机,即企业在综合分析外部环境和自身情况后是否有创新的需要。如果"本公司效益一般,没有资金进行技术创新",或者"本公司没有技术人员进行技术创新",或者认为"创新是大企业的事,中小企业没有能力去做",或者认为"社会上有的是好点子、好产品,会学习就行,不必创新",或者认为"现阶段根据国情和公司情况,没必要创新",在上述情况下,低成本创新动机强。

(4) 企业低成本创新期望指向目的的诱因动机,即企业为达到某种目的是否有创新的需要。如果"贵公司技术创新的主要目的是降低产品生产成本",或者"公司技术创新的主要目的是提高产品价值和价格",或者"如果销路好有资金,公司应投入创新,让产品具有持久竞争力",或者认为"创新是企业发展的生命线和唯一出路",在上述情况下,低成本创新动机强。

(5) 在必须创新时激活企业低成本创新行为的行为动机,即企业采取的创新行为在具备某些特征的情况下,是否有创新的需要。如果"我们只有短时间内取得成效的技术创新才会去做",或者"我们只能选择风险较小的技术创新",或者"我们只能选择资金投入少的技术创新",在上述情况下,低成本创新动机强。

概括起来,低成本创新动机可以理解为:企业自身在本能上不想创新,在了解外部情况并考虑自身资源能力后觉得没有必要创新,如果必须创新的话就选择时间短、风险小、投资少的技术创新。根据前述竞争战略和技术创新关系的资源观理论,企业的技术创新战略在某种程度上决定和制约着企业的竞争战略[58-59],企业低成本创新动机直接影响着企业竞争战略的选择。

综合前述分析,提出:

假设9-1 低成本创新动机对成本领先战略有显著正向影响。

假设9-2 低成本创新动机对差异化战略有显著正向影响。

3.2.2　劳动制度的调节作用

制度是要求大家共同遵守的办事规程或行动准则。制度是一个宽泛的概念，一般是指在特定社会范围内统一的、调节人与人之间社会关系的一系列习惯、道德、法律(包括宪法和各种具体法规)、戒律、规章(包括政府制定的条例)等的总和，它由社会认可的非正式约束、国家规定的正式约束和实施机制三个部分构成。

劳动制度是劳动市场制度的简称，它是劳动力市场上的一组行事规则的集合，支配和约束劳动关系双方的行为[60]。劳动制度和其他制度一样，都是通过自发或强制约束劳动关系当事人的行为。劳动制度的概念有广义和狭义之分。从广义上讲，劳动制度是国家对劳动者从参与到退出社会劳动所制定的一整套制度的总称[61]。一般指在劳动方面要求人们共同遵守的、按一定程序办事的规则。具体指劳动就业制度、劳动合同制度、工作时间和休假制度、劳动保护制度、职工福利制度、职工技术培训制度、劳动报酬制度、奖惩制度、社会保险制度、劳动争议制度等。从狭义上讲，劳动制度是指企业的劳动用工制度，包括职工录用、调配、辞退、解除劳动合同、劳动纪律等内容。劳动制度的核心是用人单位和劳动者建立、变更、终止和解除劳动关系的就业招工制度和用工制度。

好的劳动制度在宏观上表现为劳动关系法制化管理，国家通过制定一系列法律、法规规范劳动关系双方的行为，劳动关系双方的合法行为和诉求能够得到国家法律的保护。例如，中国先后出台了《中华人民共和国劳动合同法》《中华人民共和国就业促进法》《中华人民共和国劳动争议调解仲裁法》《职工带薪年休假条例》《集体合同规定》《最低工资规定》等十几部法律法规。《中华人民共和国劳动合同法》在很多方面都向劳动者提供了倾斜保护，做出了加大工会力量等方面的规定。《中华人民共和国就业促进法》在禁止就业歧视、扶助困难群体、规范就业服务和管理等方面也做出了制度规定[62]。这些法规的密集出台表明我国已进入劳动关系法制化管理阶段[63]。

好的劳动制度在微观上表现为企业在员工的选、育、用、留等各个方面自觉遵守国家劳动制度方面的法律法规，尊重和维护员工的合法权益。一方面，劳动合同制度的建立和实施，企业可以根据市场情况与企业发展的需要，选择录用劳动者，并与劳动者签订有限期的劳动合同，灵活地变动职工的数量和结构；另一方面，劳动者也有了选择职业的自主权，可以根据市场需求情况与自身条件选择职业，真正能够从事适合自身个性和能力的工作岗位，有利于劳动力资源的合理配置。建立劳动合同制度，用人单位与劳动者双方择优录用、择业选优都必须通过竞争机制加以实现，这必然会增加劳动者的竞争意识，促进劳动者自身素质的提高。通过签订劳动合同的方式，将用人单位与劳动者双方的劳动权利、劳动义务、劳动收入紧密结合起来，使用人单位与劳动者之间形成共同利益，使劳动者能以主人翁的责任感去关心企业，充分调动劳动者的积极性和创造性。劳动者与用人单位签订劳动合同后，就意味着劳动者自身应该享有的劳动权利和应该履行的劳动义务都被纳入国家法律管理和保护的体系中，使得劳动者在尽职尽责履行义务的前提下，其各项合法权益均得到了切实的保护。

根据上述分析，提出：

假设10-1 劳动制度有助于强化低成本创新动机对成本领先战略的影响。

假设10-2 劳动制度有助于强化低成本创新动机对差异化战略的影响。

3.2.3 环境资源制度的调节作用

环境资源的概念通常有两种解释：一种是将环境与资源并列解释，另一种是将环境作为资源的定语进行解释[64]1。第一，将环境与资源作为两个概念理解，在立法体系上，表现为环境法与资源法并行。"环境法侧重于治理污染，自然资源法的中心内容是资源的合理利用和保护。"[64]1,[65]21-22,[66]5 第二，将环境作为资源的定语进行理解，重在强调环境的资源属性，发挥环境资源的经济价值，在法律手段上，注重经济刺激和经济方法[64]1。

蔡守秋[67]和吕忠梅等[64]认为环境概念涵盖了资源概念，即环境包括资源。《中华人民共和国环境保护法》(1989年)将环境定义为：影响人类社会生存和发展的各种天然的和经过人工改造的自然因素总体，包括大气、水、海洋、土地、矿藏、森林、草原、野生动物、自然古迹、人文遗迹、自然保护区、风景名胜区、城市和乡村等。从这个定义中可以看出，我国的环境立法是将资源包括在环境概念之中的。因此，本书的环境概念等同于环境资源概念。

环境资源制度是保护环境和自然资源、防治污染和公害的制度。环境法律制度按其性质，可以分为事前预防、行为管制和事后救济三大类。一是事前预防类,主要是指为避免经济发展产生环境危害而设置的制度,是预防原则在环境立法中的具体体现和适用,主要有环境规划制度、环境标准制度、环境影响评价制度、"三同时"制度等;二是行为管制类,主要是指监督排污单位和个人环境行为的制度,其目的在于为环境监管提供可操作的执法手段和依据,包括排污申报登记制度、排污收费制度、排污许可制度、总量控制制度等;三是事后救济类,主要是指对污染行为及其后果进行处理处置的制度,其目的是防止损害扩大、分清责任和迅速救济被害方,包括限期治理制度、污染事故应急制度、违法企业挂牌督办制度、法律救济制度等。同时,在生态保护方面,我国还建立了生态功能区划制度、自然保护区评审与监管制度、自然资源有偿使用制度、自然资源许可制度等[68]。

中国环境法律制度框架已经基本形成,各环境要素监管主要领域已得到基本覆盖。在综合立法领域,制定了《中华人民共和国环境保护法》《中华人民共和国环境影响评价法》《中华人民共和国清洁生产促进法》《中华人民共和国循环经济促进法》等;在污染防治领域,制定了《中华人民共和国海洋环境保护法》《中华人民共和国水污染防治法》《中华人民共和国大气污染防治法》《中华人民共和国固体废物污染环境防治法》《中华人民共和国噪声污染防治法》等;在生态保护领域,制定了《中华人民共和国防沙治沙法》《中华人民共和国野生动物保护法》《中华人民共和国水土保持法》《中华人民共和国自然保护区条例》等;在核与辐射安全领域,制定了《中华人民共和国放射性污染防治法》等。

按照命令控制或经济激励,学者们把环境法律制度分为两种类型:命令—控制环境制度和经济激励制度[69-71]。命令—控制环境制度是我国占据主导地位的环境保护制度,其特点是以直接管制与行政命令为主,在宏观政策制定或微观环境监督过程中都由政府直接操作,制度执行采取直接禁止、制定环境标准、限期改进、处以罚款、勒令停工,甚至制裁等行政管制措施,控制经济主体危害环境的行为[69]。我国实行的《中华人民共和国环境保护法》及其他相关单行法、部门法,以及各项规章制度,如环境影响评价制度、"三同时"制度、限期治理制度、排污许可证制度以及企业"关停并转"制度,都属于命令—控制环境制度[70]。

经济激励制度是指政府利用市场机制设计,借助市场信号引导企业排污行为,激励排污者降低排污水平,使得社会整体污染状况处于受控状态和不断优化的约束机制。我国实施的排污收费制度、补贴、交易许可证以及押金—退款政策都属于经济激励制度[70]。经济激励制度使企业环境保护行为有了选择和采取行动的自由,为企业通过技术创新保护环境提供了较强的外在经济激励,使企业能从发明和采用更低环保成本的污染控制技术中获益,有利于实现控制污染和提升效益的"双赢"。

根据上述分析,提出:

假设 11-1 环境资源制度有助于强化低成本创新动机对成本领先战略的影响。

假设 11-2 环境资源制度有助于强化低成本创新动机对差异化战略的影响。

3.3 本章小结

基于上述理论及相关研究,本书共提出了22个研究假设,包括成本领先战略两种类型的识别和绩效比较,技术创新形式对成本领先战略直接影响,制度环境、高管团队认知风格、低成本创新方式对技术创新形式与成本领先战略关系的调节作用;技术创新形式对差异化战略的直接影响,制度环境、高管团队认知风格、低成本创新方式对技术创新形式与差异化战略关系的调节作用。低成本创新动机对成本领先战略的直接影响,劳动制度、环境资源制度对低成本创新动机与成本领先战略关系的调节作用;低成本创新动机对差异化战略的直接影响,劳动制度、环境资源制度对低成本创新动机与差异化战略关系的调节作用。具体如表3.2所示。

表3.2 本书研究假设总结

假设编号	假设描述
假设 1-1	成本领先战略可以区分为传统型成本领先战略和创新型成本领先战略
假设 1-2	创新型成本领先战略的绩效显著优于传统型成本领先战略
假设 2-1	工艺创新和产品创新对成本领先战略有显著正向影响,且工艺创新的影响强度高于产品创新
假设 2-2	工艺创新和产品创新通过成本领先战略对企业绩效有显著正向影响
假设 3-1	工艺创新和产品创新对差异化战略有显著正向影响,且产品创新的影响强度高于工艺创新

续表

假设编号	假设描述
假设 3-2	工艺创新和产品创新通过差异化战略对企业绩效有显著正向影响
假设 4-1	在较好的正式制度环境中,工艺创新和产品创新与成本领先战略的关系将增强
假设 4-2	在较好的正式制度环境中,工艺创新和产品创新与差异化战略的关系将增强
假设 5-1	在较好的非正式制度环境中,工艺创新和产品创新与成本领先战略的关系将增强
假设 5-2	在较好的非正式制度环境中,工艺创新和产品创新与差异化战略的关系将增强
假设 6-1	在较强的高管团队分析型认知风格条件下,工艺创新和产品创新与成本领先战略的关系将增强
假设 6-2	在较强的高管团队分析型认知风格条件下,工艺创新和产品创新与差异化战略的关系将增强
假设 7-1	在较强的高管团队创造型认知风格条件下,工艺创新和产品创新与成本领先战略的关系将增强
假设 7-2	在较强的高管团队创造型认知风格条件下,工艺创新和产品创新与差异化战略的关系将增强
假设 8-1	在较强的低成本创新方式条件下,工艺创新和产品创新与成本领先战略的关系将增强
假设 8-2	在较强的低成本创新方式条件下,工艺创新和产品创新与差异化战略的关系将增强
假设 9-1	低成本创新动机对成本领先战略有显著正向影响
假设 9-2	低成本创新动机对差异化战略有显著正向影响
假设 10-1	劳动制度有助于强化低成本创新动机对成本领先战略的影响
假设 10-2	劳动制度有助于强化低成本创新动机对差异化战略的影响
假设 11-1	环境资源制度有助于强化低成本创新动机对成本领先战略的影响
假设 11-2	环境资源制度有助于强化低成本创新动机对差异化战略的影响

基于上述分析,本书初步构建了技术创新对成本领先战略影响机理概念模型,如图 3.1 和图 3.2 所示。

技术创新形式对成本领先战略影响机理研究的概念模型包含了技术创新形式对成本领先战略(及差异化战略)的直接影响,以及制度环境、高管团队认知风格、低成本创新方式对二者关系的调节作用。低成本创新动机对成本领先战略影响机理研究的概念模型包含了低成本创新动机对成本领先战略及差异化战略的直接影响,以及劳动制度和环境资源制度对二者关系的调节作用。

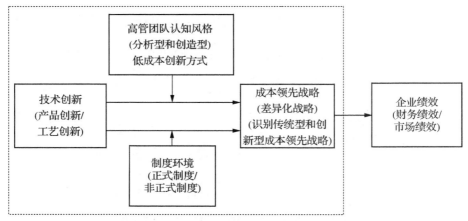

图 3.1 工艺创新和产品创新对成本领先战略影响机理研究概念模型

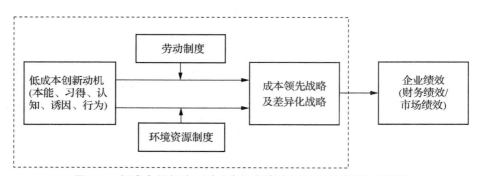

图 3.2 低成本创新动机对成本领先战略影响机理研究概念模型

参考文献

[1] Bacharach S B. Organizational theories: Some criteria for evaluation [J]. Academy of Management Review,1989,14(4):496-515.

[2] 陈昭全,张志学. 管理研究中的理论建构[M]//陈晓萍,徐淑英,樊景立. 组织与管理研究的实证方法. 北京:北京大学出版社,2008:60-84.

[3] 陈圻. 一般竞争战略的逻辑基础重构[J]. 管理学报,2011,8(8):1146-

1155.

[4] 波特. 竞争战略:分析产业和竞争者的技巧[M]. 陈小悦,译. 北京:华夏出版社,1997.

[5] Dess G G,Davis P S. Porter's (1980) generic strategies as determinants of strategic group membership and organizational performance[J]. Academy of Management Journal,1984,27(3):467-488.

[6] White R E. Generic business strategies,organizational context and performance:An empirical investigation[J]. Strategic Management Journal,1986,7(3):217-231.

[7] Allen R S,Helms M,Takeda M B,et al. A comparison of competitive strategies in Japan and the United States[J]. SAM Advanced Management Journal,2006,71:24.

[8] Akan O H,Allen R S,Helms M,et al. Critical tactics for implementing Porter's generic strategies[J]. Journal of Business Strategy,2006,27:43-53.

[9] 武亚军,李兰,彭泗清,等. 中国企业战略:现状、问题及建议:2010年中国企业经营者成长与发展专题调查报告[J]. 管理世界,2010(6):83-97.

[10] 陈圻,任娟. 创新型低成本战略的科学研究纲领方法论基础[J]. 科学学研究,2011,29(3):349-358.

[11] 安同良,王文翌,魏巍. 中国制造业企业的技术创新:模式、动力与障碍:基于江苏省制造业企业问卷调查的实证分析[J]. 当代财经,2005(12):69-73.

[12] 华锦阳. 技术创新管理理论与案例[M]. 北京:清华大学出版社,2007:19-21.

[13] 波特. 竞争优势[M]. 陈小悦,译. 北京:华夏出版社,2005.

[14] Davis P S,Dibrell C C,Janz B D. The impact of time on the strategy-performance relationship[J]. Industrial Marketing Management,2002,31(4):339-347.

[15] North D C. Institutions,institutional change,and economic performance[M]. Cambridge:Cambridge University Press,1990.

[16] DiMaggio P J, Powell W W. The iron cage revisited: Institutional isomorphism and collective rationality in organizational fields[J]. American Sociological Review,1983,48(2):147.

[17] 朱虹. 国家制度和企业战略[J]. 战略管理,2009,1(1):60-65.

[18] Oliver C. Strategic responses to institutional processes[J]. Academy of Management Review,1991,16(1):145-179.

[19] Cuervo-Cazurra A, Dau L A. Structural reform and firm profitability in developing countries[J]. SSRN Electronic Journal,2008.

[20] 余明桂,潘红波. 政治关系、制度环境与民营企业银行贷款[J]. 管理世界,2008(8):9-21.

[21] 罗党论,唐清泉. 政治关系、社会资本与政策资源获取:来自中国民营上市公司的经验证据[J]. 世界经济,2009,32(7):84-96.

[22] 周建,方刚,刘小元. 外部制度环境、内部治理结构与企业竞争优势:基于中国上市公司的经验证据[J]. 管理学报,2010,7(7):963-971.

[23] 彭维刚. 全球企业战略[M]. 孙卫,刘新梅,等译. 北京:人民邮电出版社,2007.

[24] 赫尔曼,施克曼,王新颖. 转轨国家的政府干预、腐败与政府被控:转型国家中企业与政府交易关系研究[J]. 经济社会体制比较,2002(5):26-33.

[25] 樊纲,王小鲁,朱恒鹏. 中国市场化指数:各地区市场化相对进程2011年报告[M]. 北京:经济科学出版社,2011.

[26] 世界银行. 营商环境报告[EB/OL]. (2020-06-23)[2023-02-24]. https://archive.doingbusiness.org/zh/doingbusiness.

[27] 吴文锋,吴冲锋,刘晓薇. 中国民营上市公司高管的政府背景与公司价值[J]. 经济研究,2008,43(7):130-141.

[28] 范钧. 区域软环境与中小企业竞争优势:浙商实证[M]. 北京:经济管理出版社,2007.

[29] Ahlstrom D, Levitas E, Hitt M, et al. The three faces of China: Strategic alliance partner selection in three ethnic Chinese economies[J]. Journal of World Business,2014,49:572-585.

[30] Hofstede G. Culture's Consequence:International Differences in Work

Related Values[M]. Beverly Hills,CA:Sage,1980:25.

[31] 冯之浚. 技术创新与文化传统[J]. 科学学与科学技术管理,2000,21(1):10-13.

[32] 雷宏振,韩娜娜. 中国传统文化特征及其对企业创新影响[J]. 华东经济管理,2005,19(7):47-49.

[33] 高展军,李垣,雷宏振. 不同社会文化对企业技术创新方式选择的影响[J]. 科学学与科学技术管理,2005,26(11):69-73.

[34] Oliver C. Strategic responses to institutional processes[J]. Academy of Management Review,1991,16(1):145-179.

[35] Rindova V P,Fombrun C J. Constructing competitive advantage:The role of firm - constituent interactions[J]. Strategic Management Journal,1999,20(8):691-710.

[36] 邓泽宏,钟会兵. 论软规制建设与中小企业的发展问题:兼论香港、台湾、浙江中小企业发展的软环境建设[J]. 江汉论坛,2004(9):35-38.

[37] 渠爱雪,孟召宜. 区域文化递进创新与区域经济持续发展[J]. 经济地理,2004,24(2):149-153.

[38] 钟毅平,叶茂林. 认知心理学高级教程[M]. 合肥:安徽人民出版社,2010.

[39] 彭聃龄,张必隐. 认知心理学[M]. 杭州:浙江教育出版社,2004.

[40] Neisser U. Cognitive Psychology:Classic Edition[M]. New York:Psychology Press,2014.

[41] 杨治良,郭力平. 认知风格的研究进展[J]. 心理科学,2001,24(3):326-329.

[42] Cools E,Van den Broeck H. Development and validation of the cognitive style indicator[J]. The Journal of Psychology,2007,141(4):359-387.

[43] Riding R J. On the nature of cognitive style[J]. Educational Psychology,1997,17(1/2):29-49.

[44] Grigorenko E L,Sternberg R J. Thinking styles[M]//Saklofske D H,Zeidner M. International handbook of personality and intelligence. New York:Plenum Press,1995:205-229.

[45] Rayner S,Riding R. Towards a categorisation of cognitive styles and learning styles[J]. Educational Psychology,1997,17(1/2):5-27.

[46] Beyler J,Schmeck R R. Assessment of individual differences in preferences for holistic-analytic strategies:Evaluation of some commonly available instruments[J]. Educational and Psychological Measurement,1992,52(3):709-719.

[47] Allinson C W,Hayes J. The cognitive style index:A measure of intuition-analysis for organizational research[J]. Journal of Management Studies,1996,33(1):119-135.

[48] Witkin H A,Moore C A,Oltman P K,et al. Role of the field-dependent and field-independent cognitive styles in academic evolution:A longitudinal study[J]. Journal of Educational Psychology,1977,69(3):197-211.

[49] Sperry R W. Mind-brain interaction:Mentalism,yes;dualism,no[J]. Neuroscience,1980,5(2):195-206.

[50] 石盛林,陈圻.高管团队认知风格与竞争战略关系的实证研究[J].科学学与科学技术管理,2010,31(12):147-153.

[51] 石盛林,陈圻,张静.高管团队认知风格对技术创新的影响:基于中国制造企业的实证研究[J].科学学研究,2011,29(8):1251-1257.

[52] 曾鸣,威廉姆斯.龙行天下:中国制造未来十年新格局[M].北京:机械工业出版社,2008.

[53] 李西,胡冰洁.低成本创新战略:以比亚迪股份公司电池产业为例[J].科技管理研究,2012,32(6):7-9.

[54] 田冰,陈圻,王庆丰.低成本创新企业核心战略行为研究:以制造业上市公司为例[J].河南科学,2012,30(4):503-507.

[55] 王宇婷.中国成本领先企业的创新及升级路径的实证研究[D].南京:南京航空航天大学,2011.

[56] 李垣,汪应洛.企业技术创新动力机制构成要素的探讨[J].科学管理研究,1994,12(4):43-45.

[57] 皮特里.动机心理学[M].郭本禹,王志琳,王金奎,等译.西安:陕西师范大学出版社,2005:10.

[58] Rhyne L C, Teagarden M B, Lamb B L, et al. Technology-based competitive strategy: An empirical test of an integrative model[J]. The Journal of High Technology Management Research, 1997, 8(2): 187 - 212.

[59] Gerdsri N, Assakul P, Vatananan R S. An activity guideline for technology roadmapping implementation[J]. Technology Analysis & Strategic Management, 2010, 22(2): 229 - 242.

[60] 王杰. 劳动制度变迁的收入分配效应研究: 基于《劳动合同法》影响调查数据的检验[D]. 济南: 山东大学, 2010: 8.

[61] 李盛平. 各国公务员制度[M]. 北京: 光明日报出版社, 1989: 270 - 271.

[62] 劳动科学研究所课题组. 制定《促进就业法》若干问题研究[J]. 中国劳动, 2005(3): 10 - 16.

[63] 王继承. 中国企业劳动制度30年改革与变迁的经验启示[J]. 重庆工学院学报(社会科学版), 2009, 23(5): 11 - 14.

[64] 吕忠梅, 高利红, 余耀军. 环境资源法学[M]. 北京: 科学出版社, 2004.

[65] 肖乾刚. 自然资源法[M]. 北京: 法律出版社, 1992.

[66] 金瑞林. 环境与资源保护法学[M]. 北京: 高等教育出版社, 1999.

[67] 蔡守秋. 环境资源法教程[M]. 北京: 高等教育出版社, 2004: 7.

[68] 杨朝飞. 我国环境法律制度和环境保护若干问题[EB/OL]. (2012-11-23)[2023-02-24]. http://www.npc.gov.cn/. 2012.

[69] 吴玲, 李翠霞. 我国环境保护制度的制度变迁与绩效[J]. 商业时代, 2007(21): 56 - 57.

[70] 马富萍, 茶娜. 环境规制对技术创新绩效的影响研究: 制度环境的调节作用[J]. 研究与发展管理, 2012, 24(1): 60 - 66.

[71] 卢现祥, 许晶. 不同环境保护制度的绩效比较研究: 基于省级动态面板数据[J]. 贵州社会科学, 2012(5): 82 - 87.

第四章
问卷调查研究设计

根据第三章提出的理论模型和研究假设,本书的研究设计如下:首先,明确问卷设计的过程,以及为提高问卷信度和效度采取的措施;其次,根据方便抽样的原则,确定适宜的调研对象;再次,参考国内外文献已经发展出来的量表,并结合中国制造企业质性研究数据,设计各个变量的测量问卷;最后,选择相应的分析方法和工具。

4.1 问卷设计

问卷是管理学科调查收集一手数据的最重要的工具之一[1]66。在形式上,问卷是一份精心设计的问题表格,但实质上是由一组问题形成的测量工具,用来测量人们的行为、态度和社会特征[2]。一项以第一手数据为基础的研究项目,其研究深度本质上由问卷设计的深度决定[1]66。

为了提高问卷调查质量,问卷设计应遵循以下原则:① 客观性原则。设计的问卷问题既要根据研究目标设立,又要符合客观实际情况。② 清晰性原则。问卷题目的描述要逻辑清晰、语义明确,使用的术语应是问卷填答者能够准确理解的术语,避免使用晦涩的、过于学术性的术语。③ 必要性原则。围绕理论模型和研究假设设计必要的问题,问题数量过少、过于简略,无法涵盖概念的基本内涵;数量过多、过于繁杂,不利于正确描述概念的基本内涵。④ 完整性原则。问卷调查内容应具有完备性,问卷题目能够覆盖调查研究概念的基本面。⑤ 可能性原则。依据调查对象的特点设置问题,不能设置得不到诚实回答的问题,对于有可能得不到诚实回答而又必须了解的数据可通过其他方法处理,如变换问题的提法。

本书在综合考虑上述设计原则和学者们提出的注意事项[2-3]的基础上,进行问卷设计。两次具体的问卷设计过程如下:

第四章　问卷调查研究设计

　　工艺创新和产品创新对成本领先战略影响机理研究所使用问卷的设计经历了四个主要阶段：首先是阅读大量的文献，从竞争战略实证研究和技术创新两种形式、高管团队认知、制度基础观等文献中提取了学者们使用的变量测量题项，并进行了归纳整理；其次是开展大量的中国制造企业质性研究，战略管理研究团队从2007年到2010年一直关注中国制造企业竞争战略实施的企业报道、新闻报道、上市公司年报等，期间团队成员分别深入太原新华化工、顺德格兰仕、南通通海线业等企业进行了实地调研和访谈，在此基础上提取了企业关键竞争策略；再次，对文献提取、质性研究提取的关键词进行了反复讨论修订，问卷尽量使用以往研究开发并经过检验的成熟量表，同时根据中国制造企业现实情况，考虑问题表述的明确性、客观性、易于理解性；最后，针对上述工作形成的问卷初稿，在2010年底至2011年初的时间，进行预调研，根据预调研反馈信息，再次对问卷进行修订完善，形成最终使用的问卷。

　　低成本创新动机对成本领先战略影响机理研究所使用问卷根据国家社会科学基金重点资助项目"我国制造企业创新型成本领先战略研究"的研究目的，由课题组开发。问卷包含变量有：劳动制度、环境资源制度、低成本创新动机、企业竞争战略选择、企业绩效。量表开发经历了三个阶段：文献阅读、中国制造企业质性研究、课题组研讨。与"技术创新形式对成本领先战略影响机理"问卷设计相比，由于时间关系，缺少了预调研环节，为弥补此项不足，在实施问卷调查时增加了样本量，同时在后续数据分析时，把数据分为两部分，第一部分做探索性分析和验证性分析，第二部分做假设验证。

　　由于调查问卷题项采用李克特五点量表来测量，问卷应答者的回答主要建立在主观评价之上，因此可能会导致问卷测量不准确，出现偏差。Fowler发现主要有4种原因可能会导致问卷应答者对题项做出非准确性的回答，这些原因有[4]：① 应答者不知道所提问题答案的信息；② 应答者不能回忆所提问题答案的信息；③ 应答者虽然知道这些问题答案的信息，但是不想回答这些问题；④ 应答者不能理解所提问题。虽然无法完全消除上述四个因素可能带来的问题，但是通过采取一定的措施可以有效减少这些因素可能带来的负面影响。研究采取的应对措施如下：

　　（1）为消除第一种原因可能带来的负面影响，研究对问卷应答者在该企业的工作年限设置了标准,即问卷应答者应该至少在该企业工作满三年。这也构成了判断问卷是否是有效问卷的一个标准。此外,给予问卷应答者相对较长的时间,这样,对于不清楚的问题,问卷应答者可以向调查员咨询以便做出较为准确的回答。

(2) 为消除第二种原因可能带来的负面影响,结合研究的需要,问卷题项所涉及的问题都是针对企业现实情况且是主观评价,以尽量避免由于记忆问题所引起的偏差。

(3) 为消除第三种原因可能带来的负面影响,研究在问卷的卷首语告知应答者,问卷数据仅用于学术研究,内容不涉及商业机密问题,不会用于任何商业目的,并承诺对应答者提供的一切信息保密。此外,选择的调查员与应答者存在人际联系。

(4) 为消除第四种原因可能带来的负面影响,调查问卷设计过程中:第一,对各变量做了必要的、简明的解释;第二,广泛听取了企业界经理和学术界专家的意见,并对问卷的措辞进行了修改,尽量排除题项难以理解或者意义含糊不清的情况发生;第三,选择的调查员是大三或大四的商科在校生,他们具备基本的管理知识,并在调查前做了培训,以便应答者在不理解问题题意的情况下可以做出解释。

4.2 数据收集

研究收集数据的方法是问卷调查法,以制造企业作为研究对象。问卷的受访者要求具有中高层管理者身份,参与企业战略规划与决策,能够全面准确把握企业的战略行为等信息。根据以往的问卷调查经验,研究采用方便抽样方法,组织了南京两所大学(学院)的商科学生,让学生利用暑假时间,深入制造企业开展问卷调查。为确保调查问卷填答的准确性,研究做了以下几项工作:首先选择参与调查的学生,其有家人在制造企业工作并担任中高层管理者职位;其次培训学生,集中培训参与调查的学生,说明调查的目的、内容、要求和具体操作过程,要求学生本着科学精神完成调研任务;最后发放调研用品,如笔记本、水笔,以及小礼品,要求学生按时完成调查。

对于回收来的问卷,基于以下 4 个原则进行了筛选:① 问卷中"中立"选项过多的予以删除;② 问卷填写呈现出明显规律性的予以删除,如所有选项都呈"S"形排列、大部分或所有选项都选同一判断等;③ 问卷中存在多处缺填、漏填现象的予以删除;④ 问卷中存在明显雷同的予以删除。

4.2.1 工艺创新和产品创新对成本领先战略影响机理研究问卷调查

工艺创新和产品创新对成本领先战略影响机理研究问卷内容包括企业基本信息、企业外部制度环境、高管团队认知风格、技术创新形式、低成本创新方式、运营效率和竞争战略、企业绩效。调查从2011年6开始直到9月结束,发放问卷400份,回收316份。经过仔细检查,最终获得有效问卷257份,有效回收率为64.25%。

从257家样本的属性来看,调查对象主要集中在东部地区,有237家,占92.22%;其他地区20家,占7.78%。东部地区中江苏企业有195家,占75.88%。样本企业收入最高200 000万元,最低30万元;员工人数最多20 000多人,最少只有4人。在产业属性上,按照国家统计局高新技术产业统计分类,以及企业是否为政府主管部门认定的高新技术企业,高科技制造企业78家,占30.35%,一般制造企业179家,占69.65%。样本企业中国有控股13家,外资控股23家,民营企业(含集体、乡镇企业)219家,未填答2家,其中民营企业占85.21%。样本企业中处于初创期(指企业成立不久,处于一个摸索、学习、求得生存的时期,销售额不高)16家、成长期(指产品适销对路,生产规模扩大,销售能力增强,企业的业务迅速增长)123家、成熟期(企业主要业务稳定,产品销售额处于较高、较稳定的水平)104家、衰退期(企业主要产品销路不好,销售额下滑,企业生存有困难)10家,未填答4家。填答问卷的管理者服务年限最长35年,最短3年。其他情况见表4.1。

表4.1 工艺创新和产品创新对成本领先战略影响机理研究样本情况统计

特征	分类	样本数	百分比/%
受访者职位	高层管理者	113	44.97
	中层管理者	144	55.03

续表

特征	分类	样本数	百分比/%
负责的职能管理工作	研发或技术	18	7.00
	产品策划设计	9	3.50
	销售	65	25.29
	人力资源管理	34	13.23
	财务	47	18.29
	制造/质量/检验	46	17.90
	其他	34	13.23
	未填答	4	1.56
公司利润来源	自主开发或设计产品	32	12.45
	自主品牌或销售渠道	85	33.07
	制造加工装配	140	54.48
企业发展方式	粗放外延式	126	49.03
	集约内涵式	128	49.81
	未填答	3	1.16

4.2.2 低成本创新动机对成本领先战略影响机理研究问卷调查

低成本创新动机对成本领先战略影响机理研究问卷内容包括企业基本信息、劳动制度、环境资源制度、低成本创新动机、竞争战略、企业绩效。调查从2012年6开始直到9月底结束，发放问卷550份，回收503份。经过仔细检查，最终获得有效问卷427份，有效回收率为77.64%。

从427家样本的属性来看，东部地区有370家，占86.65%；其他地区57家，占13.35%。样本企业收入最高1 000 000万元，最低7万元；员工人数最多10万人，最少只有3人。在产业属性上，本书按照国家统计局高新技术产业统计分类，高新技术行业153家，占35.83%。样本企业中国有控股46家，外资控股60家，民营企业（含集体、乡镇企业）321家，其中民营企业占75.18%。填答问卷的管理者服务年限最长30年，最短3年。样本基本情况统计见表4.2。

表4.2 低成本创新动机对成本领先战略影响机理研究样本情况统计

特征	分类	样本数	百分比/%
受访者职位	公司所有者兼管理者	79	18.50
	高层管理者	121	28.34
	中层管理者	227	53.16
负责的职能管理工作	研发或技术	32	7.49
	产品策划设计	27	6.32
	销售	95	22.25
	人力资源管理	87	20.37
	财务	56	13.12
	制造/质量/检验	73	17.10
	其他(或兼任)	57	13.35
是否为创新型企业	国家级	30	7.03
	省级	80	18.73
	省辖市级	78	18.27
	县级市或县级	97	22.72
	否	75	17.56
	不清楚	67	15.69
公司利润来源	自主开发或设计产品	67	15.69
	自主品牌或销售渠道	160	37.47
	制造加工装配	196	45.90
	未填答	4	0.94

注:①"是否为创新型企业"同时选择多个级别,则取高级的;②"公司利润来源"有两种多选的情况:第一种同时选择"自主开发或设计产品"和"自主品牌或销售渠道",则取"自主开发或设计产品";第二种同时选择"自主品牌或销售渠道"和"大规模加工装配",则取"自主品牌或销售渠道"。

4.3 变量测量

对于实证研究而言,测量量表的开发非常重要。通常来说,规范的量表开发需要遵循以下几个原则:①测量题项的操作原则。测量题项的操作化必须建立在正确的概念化基础之上。Churchill 指出,在量表开发之前,首先需要仔细研究测量对象,以找出一个合理的理论框架(概念化),然后再以该理论框架为依据进行测量题项的具体设计(操作化)。② 有效的测量题项必须是从一般的题项库中抽取的有代表性的问题[5]。在本书的研究中,技术创新形式对成本领先战略影响机理问卷调查测量题项的来源主要是其他学者过去开发并被使用过的较为成熟的量表,经过了前期预调研检验;低成本创新动机对成本领先战略影响机理问卷调查测量题项来源于中国制造企业质性研究数据。③ 多题项测量的原则。Churchill 认为一个基本的科学原则是特定概念至少应该通过两个以上的题项来测量[5]。根据多数研究者的实际经验,一个因子所包含的题项数目应该在 3 个以上[6]76,否则会由于题项太少无法测出所代表的因子特性,其内容效度会不够严谨[7]12。本书研究不是依赖单一题项来测量某一因子,而是采用多观测题项来综合测量假设模型中的所有因子,每个因子所包含的题项数目不少于 3 个。④ 信度与效度原则。信度即可靠性,是指采取同样的测量方法对同一测量对象进行重复测量时,所得结果相一致的程度;效度即准确度,是指测量工具或者手段能够准确地测出所要测量的对象的程度。在科学的研究活动中,设计完成的问卷和量表必须具备相应的信度与效度,才能被应用于正式研究。

4.3.1 工艺创新和产品创新对成本领先战略影响机理研究问卷调查变量

工艺创新和产品创新对成本领先战略影响机理研究问卷调查涉及 7 个变量的测量:制度环境、高管团队认知风格、技术创新形式、低成本创新方式、运营效率和竞争战略、企业绩效、控制变量。根据已经有的一些现成量表,结合中国制造企业质性研究数据,开发本研究使用的量表。

1. 制度环境

企业外部制度环境包括正式制度和非正式制度,正式制度表现为政府提供的制度性基础设施,政府与企业之间的关系[8];非正式制度主要表现为社会文化,特别是企业所处的特定区域文化[9]。最终采用 9 个题项,其中 4

个题项测量正式制度环境,5 个题项测量非正式制度环境。测量采用李克特五点量表,请企业管理者回答公司外部制度环境的符合程度,1 表示完全不符合,5 表示完全符合(见表 4.3)。

表 4.3 制度环境测量题项①

题项	来源
正式制度测量 ZDHJ1:地方政府为企业服务的效率高、政策和操作透明 ZDHJ2:地方政府公平对待所有企业,为企业创造公平的规制、税收、金融和产权保护 ZDHJ3:地方政府没有干预企业的价格、环保、用工、工资标准 ZDHJ4:地方政府给予企业税收、贷款、资源等优惠政策	文献[8]
非正式制度测量 ZDHJ5:区域文化对多变的全球化市场环境有较高适应度 ZDHJ6:区域文化对现代管理理念有较高适应度 ZDHJ7:区域文化有追求短期利益倾向 ZDHJ8:区域文化有较高的开放创新精神 ZDHJ9:区域文化有较强的创业经商精神	文献[9] 文献[10]

2. 高管团队认知风格

高管团队认知风格测量使用的是 Cools 和 Herman[11]开发的认知风格量表,根据前期探索性研究结果[12-13],最终采用 9 个题项,其中 4 个题项测量分析型认知风格,5 个题项测量创造型认知风格。测量采用李克特五点量表,请企业管理者回答本公司高管团队认知风格的符合程度,1 表示完全不符合,5 表示完全符合(见表 4.4)。

---

① 为了表述简洁,在后续分析中,技术创新形式对成本领先战略影响机理问卷调查涉及的变量,制度环境用 ZDHJ 表示,高管团队认知风格用 GGRZ 表示,技术创新用 JSCX 表示,低成本创新方式用 DCBCX 表示,运营效率用 YYXL 表示,竞争战略用 JZZL 表示,企业绩效用 QYJX 表示。低成本创新动机对成本领先战略影响机理问卷调查涉及的变量,劳动制度用 LDZD 表示,环境资源制度用 HJZYZD 表示,低成本创新动机用 DCXDJ 表示,企业竞争战略选择用 EJZZL 表示,企业绩效用 EQYJX 表示。

表 4.4　高管团队认知风格测量题项

题项	来源
分析型认知风格测量 GGRZ1:贵公司高管团队遇事要做详细分析 GGRZ2:贵公司高管团队遇事总要先提出一个清楚的计划 GGRZ3:贵公司高管团队总是要明确何时做何事 GGRZ4:贵公司高管团队做事目标明确、一丝不苟	文献[11-13]
创造型认知风格测量 GGRZ5:贵公司高管团队喜欢创新性地解决问题 GGRZ6:贵公司高管团队喜欢寻求创新性的解决方法 GGRZ7:贵公司高管团队喜欢生活中的多样性 GGRZ8:贵公司高管团队喜欢突破现有框架 GGRZ9:贵公司高管团队喜欢凭直觉做决策	

3. 技术创新形式

技术创新形式量表主要根据国家统计局工业企业创新调查中工艺创新和产品创新的概念界定,源自中国制造企业质性研究数据,并在前期探索性研究《竞争战略与技术创新关系的实证研究》[14]《高管团队认知风格对技术创新的影响——基于中国制造企业的实证研究》[13]《竞争战略演化技术创新的影响——以江苏民营制造企业为例》[15]中使用,在本书的研究中进行了调整,最终包含 14 个题项,其中 5 个题项测量工艺创新,9 个题项测量产品创新。测量采用李克特五点量表,请企业管理者回答本公司的符合程度,1 表示非常不符合,5 表示非常符合(见表 4.5)。

表 4.5　技术创新形式测量题项

题项	来源
工艺创新测量 JSCX1:贵公司经常进行设备技术改造以提高工作效率或产品质量 JSCX2:贵公司注重引进国内外先进设备以提高质量和效率 JSCX3:贵公司及时淘汰落后或高耗能设备以降低成本,提高质量 JSCX4:贵公司经常进行生产流程的改进以提高生产效率,改进产品质量 JSCX5:公司员工经常想出许多改进产品工艺或作业流程的不同方法	国家统计局工业企业创新调查主要指标解释 文献[13,15]

续表

题项	来源
产品创新测量 JSCX6：贵公司主要通过简单模仿国外产品和工艺来开发新产品 JSCX7：贵公司有相当多的利润是来自改进的产品 JSCX8：贵公司经常改进或调整产品的功能，开发能被市场接受的新产品 JSCX9：贵公司经常采用新材料、新的零部件或新设计 JSCX10：贵公司注重产品随国内外市场变化升级 JSCX11：贵公司注重成熟产品变型改进以提高竞争力 JSCX12：贵公司拥有原始的、首创的核心技术及其开发的新产品 JSCX13：贵公司拥有具有完全知识产权的产品 JSCX14：贵公司的新技术和产品是对原有技术的根本性颠覆	国家统计局工业企业创新调查主要指标解释 文献[13,15]

4. 低成本创新方式

低成本创新方式量表根据陈圻和任娟的"低创新成本包含低财务成本、低时间成本和低风险三个特征，同时又造就新的低成本产品"[16]提出，包含4个题项。测量采用李克特五点量表，请企业管理者依据企业的实际回答同意程度，1表示非常不同意，5表示非常同意（见表4.6）。

表4.6 低成本创新方式测量题项

题项	来源
DCBCX1：贵公司的技术创新投入占销售收入的比例低于主要竞争对手 DCBCX2：贵公司成功的技术创新通常能在短时间内取得成效 DCBCX3：贵公司选择的都是风险较小的技术创新 DCBCX4：贵公司技术创新的主要目的是降低产品生产成本	文献[16]

5. 运营效率和竞争战略

本书主要研究成本领先战略，如前文所述，企业实施成本领先战略，事实上是以成本领先战略为主导的混合战略，其中包含有差异化战略的策略，只是差异化战略实施强度低于成本领先战略而已。另外，根据问卷设计的完整性原则，在设计成本领先战略量表时必须包含差异化战略的测量题项，才能完整地测量竞争战略。本书回顾了从1984年到2006年的39篇实证研究文献,这些研究采用了各种略有差别的竞争战略量表,而且每种竞争战略所包含的测量题项也有所不同。尽管如此,研究者基本上是从研发、制造、营销、财务、人力资源等职能战略来测量竞争战略的。本书首先按照职能战略分类进行了梳理,结果见表2.1;然后根据中国制造企业质性研究数据进行了调整,最后选择15个题项,其中4个测量运营效率,3个题项测量成本领先战略,8个题项测量差异化战略。测量采用李克特五点量表,请企业管理者评价本企业与竞争对手相比,对各项竞争策略的重视程度,1表示非常不重视,5表示非常重视。最终测量题项如表4.7所示。

表 4.7 运营效率和竞争战略测量题项

变量	本书的测量题项
运营效率	YYXL1:努力提高内部生产运营效率 YYXL2:采取各种形式训练和培训员工,提高技能 YYXL3:完善的生产过程控制规程和制度 YYXL4:加强质量控制并有明确的质量控制程序
成本领先战略	JZZL5:确保单位产品生产成本低于主要竞争者 JZZL6:确保销售价格低于主要竞争者 JZZL7:主要通过大量销售获得利润
差异化战略	JZZL8:主要通过增加产品附加值,保持产品相对高价位获得利润 JZZL9:根据目标顾客需求设计新产品 JZZL10:与竞争对手产品相比的差异性 JZZL11:比竞争者拥有更高的产品品质 JZZL12:顾客服务(包括销售后的服务) JZZL13:培育自己品牌的特色 JZZL14:针对目标顾客的灵活多样且新颖的促销方式 JZZL15:努力提高员工待遇,留住高素质员工

6. 企业绩效

企业绩效量表使用的是石盛林等[13,17]竞争战略研究中使用的量表,包含6个题项,其中财务绩效有3个测量项目,市场绩效有3个测量项目。测量采用李克特五点量表,请高层管理者回答本企业绩效与竞争对手相比的高低程度,1表示非常低,5表示非常高(见表4.8)。

表 4.8　企业绩效测量题项

题项	来源
财务绩效 QYJX1:资产报酬率 QYJX2:销售利润率 QYJX3:成本利润率	文献[13] 文献[17]
市场绩效 QYJX4:市场占有率 QYJX5:销售增长率 QYJX6:顾客满意率	

7. 控制变量

控制变量是借用物理学的概念,在物理学中是指那些除了实验因素(自变量)以外的所有影响实验结果的变量,这些变量不是本实验所要研究的变量,所以又称无关变量、无关因子、非实验因素或非实验因子。只有将自变量以外一切能引起因变量变化的变量控制好,才能弄清实验中的因果关系。控制变量衍生到经济管理中的作用是控制其他不是本实验想要探索的一定影响因素,从而更有利于发现自变量与因变量的关系。

根据前期的探索性研究结果,本书在回归分析中使用的控制变量主要是销售收入和企业所有制性质。为消除异方差,销售收入取对数值。企业所有制性质有三类:国有控股、外资控股、民营企业。构建虚拟变量"所有制性质",民营企业取1,其他企业取0。

4.3.2　低成本创新动机对成本领先战略影响机理研究问卷调查变量

低成本创新动机对成本领先战略影响机理研究问卷调查包含 6 个变量的测量,分别是劳动制度、环境资源制度、低成本创新动机、竞争战略、企业绩效、控制变量。量表开发主要依据国家社会科学基金重点项目"我国制造企业创新型成本领先战略研究"的研究设计,题项来源于中国制造企业质性研究数据,由课题组共同研讨确定。

1. 劳动制度

劳动制度在宏观上表现为劳动关系法制化管理,国家通过制定一系列法律、法规规范劳动关系双方的行为,地方政府依法对企业的员工工资、福利、劳保等劳动制度执行情况进行监管；在微观上表现为企业在遵守国家劳动制度法律法规的前提下，在员工的选、育、用、留等方面采取适宜的管理方式。中国制造企业"资源驱动成本领先战略"[18]的实施，主要依靠大量人力资源的投入，以及不断提高人力资源工作效率。在劳动力成本整体呈现明显上涨趋势的背景下，一方面，如果严格执行劳动法律法规，可能增加企业负担；另一方面，如果不能提供有吸引力的薪酬福利待遇，企业就招聘不到优秀人才。企业劳动制度需要企业在高薪吸引和留住优秀人才、培训员工、提高员工生产率等方面取得平衡。

根据上述分析，结合中国制造企业质性研究数据，选取6个题项测量劳动制度。测量采用李克特五点量表，请企业管理者根据企业实际回答符合程度，1表示完全不符合，5表示完全符合（见表4.9）。

表4.9 劳动制度测量题项

题项	来源
LDZD1：地方政府对企业的员工工资、福利、劳保等问题的监管很严格	"我国制造企业创新型成本领先战略研究"课题组
LDZD2：企业和员工缴纳社会保险金既增加了企业负担，又给流动的员工造成了损失，应该由政府出钱	
LDZD3：完全守法的企业无法在社会上生存	
LDZD4：有目的地培训员工能够提高生产率，小花费大节约，是合算的	
LDZD5：贵公司以高薪招聘或留住骨干员工比经常换人更节约	
LDZD6：贵公司严格实行新劳动法，公司利润增加超过成本的增加，实现了公司和员工"双赢"	

2. 环境资源制度

环境资源制度是保护环境和自然资源，防治污染和公害的制度。按照命令控制或经济激励，学者们把环境资源制度分为两种类型：命令—控制环境制度和经济激励制度[19-21]。命令—控制环境制度是以直接管制与行政命令为主，在宏观政策制定或微观环境监督过程中都由政府直接操作，制度执行采取直接禁止、制定环境标准、限期改进、处以罚款、勒令停工，甚至制裁等行政管制措施，控制经济主体危害环境的行为。经济激励制度是指政府利用市场机制设计，借助市场信号引导企业排污行为，激励排污者降低排污水平，使得社会整体污染状况处于受控状态和不断优化的约束机制。

从中国当前的背景来看,一方面,由于粗放型经济增长还处于主导性地位,因此对自然环境的过度破坏和对自然资源的刚性依赖还是一种普遍情形,而企业对自然环境和自然资源的成本支付也低于正常的市场价格;另一方面,中央对地方的绩效考核模式各有不同,有的地方政府对本地企业缩减环境保护成本、掠夺性自然资源开采等持"容忍"态度,在个别地方甚至出现了"企业污染、政府扶持"的合作博弈格局。在这样的背景下,企业普遍不愿在环保方面增加投入,担心增加环保投入会增加成本,从而失去成本优势。

根据上述分析,结合中国制造企业质性研究数据,确定8个题项。测量采用李克特五点量表,请企业管理者根据企业实际回答符合程度,1表示完全不符合,5表示完全符合(见表4.10)。

表 4.10 环境资源制度测量题项

题项	来源
HJZYZD1:贵公司承担不起改造有害工艺的成本,不如发放劳动防护用品	"我国制造企业创新型成本领先战略研究"课题组
HJZYZD2:贵公司的生产对环境没有明显污染,符合国家环保法律要求	
HJZYZD3:考虑企业的成本承受能力,为了企业和地方经济的生存发展,政府很少对企业排污收费	
HJZYZD4:政府为企业提供了低价或免费土地	
HJZYZD5:环境污染的治理超出企业的成本承受能力,应当由政府投入	
HJZYZD6:对产品实行三包加重了企业负担,使企业成本领先的战略难以持续	
HJZYZD7:其他公司不搞环保,贵公司去搞就没有竞争力了	
HJZYZD8:只要不是出口产品,原材料和工艺流程应选最廉价的,符合我国国情,环保方面客户不大了解或不在意	

3. 低成本创新动机

如第3.2.1节所述,本书关注低成本创新动机有5个要点:① 企业内部根据自身资源能力要不要创新的本能动机;② 企业在了解外部情况后觉得是否有必要创新的习得动机;③ 企业在综合内外部信息后认为是否需要创新的认知动机;④ 企业创新期望指向目的的诱因动机;⑤ 在必须创新时激活企业创新行为的行为动机。根据中国制造企业质性研究数据,最后选择3个题项测量本能动机,3个题项测量习得动机,5个题项测量认知动机,3个题项测量诱因动机,4个题项测量行为动机。

测量采用李克特五点量表,请企业管理者根据企业实际回答符合程度,1表示完全不符合,5表示完全符合(见表4.11)。

表4.11 低成本创新动机测量题项

题项	来源
本能动机 DCXDJ1:贵公司主要按客户要求从事代工,不需要创新 DCXDJ2:如果销路好,扩大生产规模比创新更有利 DCXDJ3:创新风险高,多半是赔钱生意	
习得动机 DCXDJ4:同行企业不创新也能盈利,贵公司也没有必要创新 DCXDJ5:政府对企业创新要求很高,也给予很多优惠政策 DCXDJ6:廉价比创新更受客户和消费者重视	
认知动机 DCXDJ7:贵公司效益一般,没有资金进行技术创新 DCXDJ8:贵公司没有技术人员进行技术创新 DCXDJ9:创新是大企业的事,中小企业没有能力去做 DCXDJ10:贵公司技术创新的主要目的是降低产品生产成本 DCXDJ11:贵公司技术创新的主要目的是提高产品价值和价格	"我国制造企业创新型成本领先战略研究"课题组
诱因动机 DCXDJ12:如果销路好、有资金,公司应投入创新,让产品具有持久竞争力 DCXDJ13:社会上有的是好点子、好产品,会学习就行,不必创新 DCXDJ14:创新是企业发展的生命线和唯一出路	
行为动机 DCXDJ15:现阶段根据国情和公司情况,没必要创新 DCXDJ16:只有短时间内取得成效的技术创新才会去做 DCXDJ17:只能选择风险较小的技术创新 DCXDJ18:只能选择资金投入少的技术创新	

4. 企业竞争战略选择

陈圻在《一般竞争战略的逻辑基础重构》一文[22]中,将成本领先战略定义为:在相关市场中提供与参照产品相同或相近的价值的产品,以较低成本和不明显包含相对溢价的较低价格赢得产量优势的竞争战略类型。将差异化战略定义为:选择被目标客户所偏好的某些产品特点,通过非价格竞争以减小交叉弹性,以降低顾客对价格的敏感性,通过"相对溢价"(非波特溢价)获得价格收益的战略类型。陈圻认为战略性价格竞争是成本领先战略可以观察的特征,即实施成本领先战略主导的企业,通常表现为在相关市场中的低价格。

本书主要研究成本领先战略,如第 1.2.1 节关键概念中所述,企业实施成本领先战略,事实上是以成本领先战略为主导的混合战略,其中包含有差异化战略的策略,只是差异化战略实施强度低于成本领先战略而已。另外,根据问卷设计的完整性原则,在设计成本领先战略量表时必须包含差异化战略的测量题项,才能完整地测量竞争战略。

不同于"技术创新形式对成本领先战略影响机理研究"问卷中的竞争战略测量题项,这里的竞争战略测量题项是根据国家社会科学基金课题研究内容,以陈圻的成本领先战略定义[22]为基础,结合中国制造企业质性研究数据,由课题组研讨确定了 15 个题项。测量采用李克特五点量表,请企业管理者根据企业实际回答同意的程度,1 表示完全不同意,5 表示完全同意(见表 4.12)。

表 4.12 企业竞争战略选择测量题项

题项	来源
EJZZL1:薄利多销是贵公司的基本营销策略 EJZZL2:即使开工不足,也不能随便降价售价,降了价就难再涨回去 EJZZL3:一件产品赚多少是次要的,关键是要把生产的产品卖出去 EJZZL4:贵公司相信"跑量"是硬道理,卖出去的才是钱 EJZZL5:别人降价,贵公司也只能降价,同时千方百计降低成本,市场规律就是这样 EJZZL6:贵公司靠客户口碑卖好价钱 EJZZL7:贵公司靠客户口碑占领市场,即使平价也能够赚钱 EJZZL8:贵公司靠产品质量卖好价钱 EJZZL9:贵公司靠产品质量占领市场,即使平价也能够赚钱 EJZZL10:贵公司靠品牌销售,价格比别人高 EJZZL11:贵公司靠品牌销售,市场比别人广,即使平价也能够赚钱 EJZZL12:舍不得成本投入就卖不出好价钱 EJZZL13:做一件产品就要赚一件产品的钱,利润低了宁可少做 EJZZL14:便宜无好货,好货不便宜,贵公司卖的就是好货 EJZZL15:对产品成本要抠到底,不然企业无法生存	"我国制造企业创新型成本领先战略研究"课题组

5. 企业绩效

在"工艺创新和产品创新对成本领先战略影响机理研究"测量题项基础上,根据课题组的研讨结论,使用"资金周转率"替换了"成本利润率"。测量采用李克特五点量表,请高层管理者回答本企业绩效与竞争对手相比的高低程度,1 表示非常低,5 表示非常高(见表 4.13)。

表 4.13 企业绩效测量题项

题项	来源
EQYJX1:资产报酬率	文献[13]
EQYJX2:销售利润率	
EQYJX3:资金周转率	文献[17]
EQYJX4:利润增长率	"我国制造企业创新型成本领先战略研究"课题组
EQYJX5:销售增长率	
EQYJX6:顾客满意率	

6. 控制变量

选取与工艺创新和产品创新对成本领先战略影响机理研究问卷调查相同的控制变量。

4.4 分析方法与工具

本书使用最常用的统计分析工具 SPSS 13.0 版,以及结构方程模型软件 LISREL 8.70 版,进行数据的描述性统计分析、信度和效度检验、结构方程模型分析、多元线性回归模型分析。具体分析方法如下:

4.4.1 结构方程模型

结构方程模型是 20 世纪 70 年代在 Jöreskog 和 Sörbom 等学者所提出的统计理论基础上发展而来的,是一种综合运用多元回归分析、路径分析以及验证性因子分析方法而形成的统计数据分析工具,它可以用来解释一个或多个自变量与单个或多个因变量之间的关系。

本书将使用 LISREL 8.70 软件对各个变量做验证性因子分析,对结构方程"技术创新形式—成本领先战略—企业绩效""技术创新形式—差异化战略—企业绩效""低成本创新动机—成本领先战略—企业绩效""低成本创新动机—差异化战略—企业绩效"进行检验,选取 χ^2/df(卡方/自由度)、RMSEA(Root Mean Square Error of Approximation,近似误差均方根)、SRMR(Standardized Root Mean Square Residual,标准化残差均方根)、NNFI(Non-Normed Fit Index,非标准拟合指数)、CFI(Comparative Fit Index,相对拟合指数)、GFI(Goodness of Fit Index,拟合优度指数)六类广泛认可和应用的指标作为评价模型的拟合指数。

4.4.2 多元线性回归模型

"回归"一词最早是由英国生物学家高尔顿(Galton)在研究遗传问题时所提出的,其研究说明生物的后代有回归到历史上原来性质的倾向。因此,回归分析的方法就是一种通过变量之间的相关分析来建立回归模型,从而根据自变量的变化来预测因变量的发展变化。

本书通过建立自变量与因变量之间线性关系的数学模型,并通过对所建立的数学模型进行 R^2 检验,F 检验以及 t 检验等,在符合判定条件的情况下将自变量数值代入回归模型,从而计算出因变量的值,即预测值[23]。一般来说,回归分析包括强制回归、向前回归、向后回归、逐步回归以及层次回归。总体来说,前四种回归方法都是较为常用的方法,但都有一个共同缺陷:难以区分控制变量与自变量的影响,从而不能准确地区分导致因变量方差的各个自变量所起的具体作用。层次回归的分析方法正好可以弥补这一缺陷。Arnold[24]认为回归方程分析是一种适合于验证权变(调节)关系假设的研究技术,温忠麟等[25]、罗胜强和姜嬿[26]建议在研究变量的调节作用时采用多元回归方程进行分析。此外,希望控制销售收入、企业所有制性质的影响,这些控制变量在回归方程中较为容易实现。

调节作用是交互作用的一种,在统计回归分析中,检验变量的调节作用意味着检验调节变量和自变量的交互作用是否显著。根据上述分析,本书构建层次回归方程检验调节作用,检验回归方程包括两个:

$$Y = a + b_k X_k + b_z X_z + cM + e \quad (4-1)$$

$$Y = a + b_k X_k + b_z X_z + cM + c'X_z M + e \quad (4-2)$$

在上述方程中,X_k 为控制变量,X_z 为自变量,M 为调节变量,$X_z M$ 为调节作用。首先做 Y 对 X_k、X_z 和 M 的回归,得测定系数 R_1^2;然后做 Y 对 X_k、X_z、M 和 $X_z M$ 的回归,得测定系数 R_2^2。若 R_2^2 和 R_1^2 显著不同,则调节作用显著;或者做 $X_z M$ 的偏回归系数 c' 检验,若偏回归系数 c' 的 P 值小于给定的显著性水平,则调节作用显著。

在后续章节,本书将使用 SPSS 13.0 软件,通过构建层次回归模型,对制度环境、高管团队认知风格、低成本创新方式对技术创新形式与成本领先战略关系的调节作用,制度环境、高管团队认知风格、低成本创新方式对技术创新形式与差异化战略关系的调节作用,劳动制度和环境资源制度对低成本创新动机与成本领先战略关系的调节作用,劳动制度和环境资源制度对低成本创新动机与差异化战略关系的调节作用进行检验。

参考文献

[1] 马庆国.管理科学研究方法[M].北京:高等教育出版社,2008:66.

[2] 西宝.管理科学研究方法[M].北京:高等教育出版社,2008:180.

[3] 陈晓萍,徐淑英,樊景立.组织与管理研究的实证方法[M].北京:北京大学出版社,2008:161-162.

[4] Fowler F J. Survey research methods[M]. Rev. ed. Newbury Park,Calif. :Sage Publications,1988.

[5] Churchill G A Jr. A paradigm for developing better measures of marketing constructs[J]. Journal of Marketing Research,1979,16(1):64-73.

[6] 吴明隆.SPSS统计应用实务:问卷分析与应用统计[M].北京:科学出版社,2003.

[7] 侯杰泰,温忠麟,成子娟,等.结构方程模型及其应用[M].北京:教育科学出版社,2004.

[8] 赫尔曼,施克曼,王新颖.转轨国家的政府干预、腐败与政府被控:转型国家中企业与政府交易关系研究[J].经济社会体制比较,2002(5):26-33.

[9] 范钧.区域软环境与中小企业竞争优势:浙商实证[M].北京:经济管理出版社,2007.

[10] 范柏乃,房定坚.国家高新区投资软环境评价指标的理论遴选与实证筛选[J].自然辩证法通讯,2004,26(5):57-63.

[11] Cools E,Herman V D B. Development and validation of the cognitive style indicator[J]. The Journal of Psychology,2007,141(4):359-387.

[12] 石盛林,陈圻.高管团队认知风格与竞争战略关系的实证研究[J].科学学与科学技术管理,2010,31(12):147-153.

[13] 石盛林,陈圻,张静.高管团队认知风格对技术创新的影响:基于中国制

造企业的实证研究[J].科学学研究,2011,29(8):1251-1257.

[14] 石盛林,薛锦.竞争战略与技术创新关系的实证研究[J].技术经济,2011,30(4):32-35.

[15] 石盛林,陈圻.竞争战略演化技术创新的影响:以江苏民营制造企业为例[J].技术经济与管理研究,2011(11):117-120.

[16] 陈圻,任娟.创新型低成本战略的科学研究纲领方法论基础[J].科学学研究,2011,29(3):349-358.

[17] Shi S L, Ren L C, Pan W W, et al. Cost leadership or differentiation? empirical study on dominant competitive strategy of Xinhua chemical [C]//2008 4th International Conference on Wireless Communications, Networking and Mobile Computing. October 12—14, 2008, Dalian, China. IEEE, 2008:1-5.

[18] 石盛林,陈圻.江苏民营制造企业竞争战略演化中组织资源的影响[J].华东经济管理,2010,24(11):14-20.

[19] 吴玲,李翠霞.我国环境保护制度的制度变迁与绩效[J].商业时代,2007(21):56-57.

[20] 马富萍,茶娜.环境规制对技术创新绩效的影响研究:制度环境的调节作用[J].研究与发展管理,2012,24(1):60-66.

[21] 卢现祥,许晶.不同环境保护制度的绩效比较研究:基于省级动态面板数据[J].贵州社会科学,2012(5):82-87.

[22] 陈圻.一般竞争战略的逻辑基础重构[J].管理学报,2011,8(8):1146-1155.

[23] 高惠璇.应用多元统计分析[M].北京:北京大学出版社,2005.

[24] Arnold H J. Moderator variables: A clarification of conceptual, analytic, and psychometric issues[J]. Organizational Behavior and Human Performance, 1982, 29(2):143-174.

[25] 温忠麟,侯杰泰,张雷.调节效应与中介效应的比较和应用[J].心理学报,2005,37(2):268-274.

[26] 罗胜强,姜嬿.调节变量和中介变量[M]//陈晓萍,徐淑英,樊景立.组织与管理研究的实证方法.北京:北京大学出版社,2008:312-331.

第五章
问卷调查研究的数据分析与研究发现

本章主要运用第四章所阐述的方法对收集到的数据进行分析和处理,并就相关分析结果对第三章构建的理论模型和研究假设进行实证检验。主要内容包括测量的信度和效度分析、相关分析,以及在此基础上通过构建结构方程模型、层次回归分析模型对理论模型及研究假设进行验证。

5.1 工艺创新和产品创新对成本领先战略影响机理研究数据分析

5.1.1 测量的信度和效度

信度,即可靠性,指一组测量项对于测量项母体的测量结果具有的一致性和稳定性程度,测量结果反映出系统变异的程度。信度越大,说明用于解释一个潜变量的各观测变量具有共方差的程度越高,问卷测量所得结果具有较好的内部一致性。只有具有较高的一致性系数(一般采用克朗巴哈 α 系数作为评判标准),才能保证变量的测量符合信度要求。由于每份量表包含分层面(维度),因此除提供总量表的一致性系数外,也应提供各层面一致性系数。综合学者们的观点,一致性系数指标判断原则见表 5.1[1]244。

表 5.1 一致性系数指标判断原则

一致性系数值	层面(维度)	整个量表
$\alpha<0.50$	不理想,舍弃不用	非常不理想,舍弃不用
$0.50\leqslant\alpha<0.60$	可以接受,增列题项或修改语句	不理想,重新编制或修订
$0.60\leqslant\alpha<0.70$	尚佳	勉强接受,最好增列题项或修改语句
$0.70\leqslant\alpha<0.80$	佳(信度高)	可以接受

续表

一致性系数值	层面（维度）	整个量表
$0.80 \leqslant \alpha < 0.90$	理想（甚佳，信度很高）	佳（信度高）
$\alpha \geqslant 0.90$	非常理想（信度非常好）	非常理想（甚佳，信度很高）

资料来源：吴明隆.问卷统计分析实务：SPSS操作与应用[M].重庆：重庆大学出版社，2010：244.

在测量变量的一致性系数时，还应观察题项与总体的相关系数，按照经验判断方法，题项与总体相关系数应大于 0.35[2]。本书将计算每个变量的一致性系数，同时观察题项与总体相关系数，以评价变量测量的信度。为简明起见，本书只给出了分层面（维度）的信度值，按照吴明隆的建议[1]，"技术创新形式对成本领先战略影响机理"问卷调查因有前期探索性研究基础，信度系数标准定为大于或等于 0.7。在一般探索性研究中，信度系数的最低标准值在 0.50 以上，0.60 以上较佳[1]244，"低成本创新动机对成本领先战略影响机理"问卷调查属于探索性研究，信度系数标准定为大于或等于 0.6。

在进行信度分析之前，首先对各测量量表进行因子分析，并采用最大方差法进行旋转，按照特征值大于 1 的标准析出因子。为检验数据是否适宜进行因子分析，以 KMO 检验、Bartlett 球体检验及因子载荷系数作为评价标准。KMO 用来检验量表所有变量之间简单相关系数的平方和与这些变量之间偏相关系数平方和的差值。KMO 指标值介于 0~1 之间，当 KMO 值小于 0.50 时，表示题项变量间不适合进行因子分析；当 KMO 值大于 0.60 时，表示勉强可进行因子分析；当 KMO 值大于 0.70 时，表示题项变量间尚可进行因子分析；当 KMO 值大于 0.80，表示题项变量间的关系是良好的，适合进行因子分析[1]208。Bartlett 球体检验用来检验相关系数矩阵是否是单位矩阵，相关系数矩阵系数 H_0 是单位矩阵。当 Bartlett 统计值的显著性概率小于等于 P 值时，拒绝 H_0，即可做因子分析。另外，各题项的载荷系数大于 0.5 时，才可以通过因子分析将同一变量的各测试题项合并为一个因子进行后续分析[3]。根据前述标准，"技术创新形式对成本领先战略影响机理"问卷调查的 KMO 最低临界水平定为 0.70，"低成本创新动机对成本领先战略影响机理"问卷调查的 KMO 临界水平定为 0.60，删除载荷系数小于 0.5 或者题项与总体相关系数小于 0.35 的题项。

另外，本书的研究还采用综合信度（Composite Reliability，CR）系数来对测量的信度进行评价。必须指出，尽管克朗巴哈 α 系数与综合信度系数都是用来评价某一特定概念题项中的内部一致性,而且前者是更为常见的信度检验指标。但是,与传统的克朗巴哈 α 系数不同,综合信度系数并没有像前者那样假设所有题项的权重都相等,相反,其假设前提是参数估计是精确的,因而综合信度系数就显得更为合理[4]。事实上,与克朗巴哈 α 系数相同,综合信度系数的判断标准也没有一个绝对的接受标准。通常认为,0.7就意味着为信度提供了"广泛的"证据,0.8或是更高则意味着提供了"可效仿的"证据[5],而如果稍微低于 0.7,对于探索性研究来说也可以接受[6]。进一步,Nunnally 和 Bernstein 认为探索性研究的综合信度系数值达到 0.6 也可以接受[7]。"技术创新形式对成本领先战略影响机理"问卷调查的综合信度系数标准定为 0.7,"低成本创新动机对成本领先战略影响机理"问卷调查的综合信度系数标准定为 0.6。

效度(validity)即准确度,是指测量工具或手段能够准确地测出所要测量的变量的程度。换言之,是指能够准确而真实地度量事物属性的程度。对于效度来说,主要有三种类型:

(1) 内容效度。内容效度又叫表面效度或逻辑效度,是对量表的题项表征特定测量任务优劣程度的一个主观而系统的评价。具体含义是指测量题项与测量目标之间的适合性与逻辑相符性,即测量活动所选择的项目内容"看起来"是否真正符合其目的和要求,通常是通过该领域中的专家判断来确定。本书的量表开发主要基于两方面资料:一是以往的研究文献,二是中国制造企业质性分析数据。为确保本研究量表的内容效度达到预期要求,并考虑问卷设计完整性原则,战略管理研究团队进行了反复讨论,并根据前期探索性研究结果进行了修订,得到最终使用的研究量表。

(2) 准则效度。准则效度又叫实用效度,它是指采用一种不同于以往的测量方式或者测量题项对同一事物进行测量时,将原有的测量方式或测量题项作为准则,用新的测量方式或题项所得到的测量结果与原有准则的测量结果进行比较,如果新的测量方式或测量题项与原有的作为准则的测量方式或者测量题项具有相同效果,那么就意味着这种新的测量方式或者测量题项具有准则效度;反之,则相反。这不是本书研究的关注重点。

(3) 结构效度。结构效度是指量表能够测度出理论的特质或概念的程度[2],有助于检验研究模型中的变量测量模型,通常包括收敛效度和判别效度。这是本书研究的重点。收敛效度是指用于测量同一概念的题项之间的相关系数很高,从而都收敛于同一个概念;判别效度是指在理论体系中,某一概念与其他概念在特质方面所具有的差异程度。对于收敛效度的判断,可以由验证性因子分析(Confirmatory Factor Analysis,CFA)的拟合指数与标准化因子荷载系数来进行检验。具体的判断标准是:拟合指数符合要求,其接受标准如下:χ^2/df应小于等于5,越小越好;RMSEA应小于0.10,越接近于0越好;NNFI、CFI、GFI应大于0.9,越接近于1越好;SRMR应小于0.05,越接近于0越好[8-9]。标准化因子荷载应大于0.45,而且其t值要显著[10]。另外,根据Fornell和Larcker的观点[11],各变量平均提炼方差(Average Variance Extracted,AVE)大于0.5,说明测量的收敛效度较好。对于判别效度的判断,各变量AVE的平方根大于该变量与其他变量的相关系数,表明判别效度较好[11]。

1. 制度环境的信度和效度分析

按照前述标准,保留7个题项的量表KMO值为0.775,Bartlett球形检验显著($P<0.001$),表明适宜进行因子分析。表5.2的因子分析结果显示,制度环境包含正式制度和非正式制度两个因子,两个因子方差贡献率分别为31.886%和27.259%,各题项载荷系数都大于0.5;正式制度的一致性系数α为0.739,大于最低临界水平0.7,非正式制度的一致性系数α为0.694,接近最低临界水平0.7。此外,两种制度环境的题项与总体相关系数最小值分别为0.417和0.396,都大于0.35,表明制度环境测量信度可以接受。

表5.2 制度环境因子分析结果

题项	正式制度	非正式制度	方差贡献率/%	一致性系数 α
ZDHJ2	0.775	0.143	31.886	0.739
ZDHJ1	0.763	0.276		
ZDHJ4	0.726	0.168		
ZDHJ3	0.636	0.121	27.259	0.694
ZDHJ9		0.854		
ZDHJ8	0.210	0.815		
ZDHJ6	0.257	0.613		

表5.3的结果显示,制度环境验证性因子分析的拟合指数可以接受;各题项标准化因子荷载t值的绝对值均大于1.96,表明所有题项在各自测量

概念上都达到 $P<0.05$ 的显著水平,且标准化因子荷载介于 0.534~0.834 之间,大于门槛值 0.45;两因子的平均提炼方差 AVE 值大于 0.5,表明测量的收敛效度可以接受。表 5.16 的结果显示,两个因子的平均提炼方差 AVE 值的平方根大于该变量与其他变量的相关系数,表明判别效度较好。

表 5.3 制度环境验证性因子分析结果、AVE 与组合信度

潜变量	测量题项	荷载	t 值	AVE	CR
正式制度	ZDHJ1	0.832	14.847	0.512 8	0.804 8
	ZDHJ2	0.759	13.160		
	ZDHJ3	0.555	8.889		
	ZDHJ4	0.689	11.625		
非正式制度	ZDHJ6	0.534	8.353	0.525 1	0.762 5
	ZDHJ8	0.834	13.871		
	ZDHJ9	0.771	12.690		

拟合指数:
$\chi^2/df=38.730/13$, RMSEA$=0.088$, NNFI$=0.950$, CFI$=0.969$, SRMR$=0.051$, GFI$=0.959$

2. 高管团队认知风格的信度和效度分析

按照前述标准,保留 8 个题项的量表 KMO 值为 0.822,Bartlett 球形检验显著($P<0.001$),表明适宜进行因子分析。表 5.4 的因子分析结果显示,高管团队认知风格包含分析型和创造型两个因子,方差贡献率分别为 36.133% 和 31.074%,各题项载荷系数都大于 0.5;两种认知风格的一致性系数 α 分别为 0.853 和 0.798,都大于最低临界水平 0.7。此外,两种认知风格的题项与总体相关系数最小值分别为 0.597 和 0.438,都大于 0.35,表明量表测量具有良好的信度。

表 5.4 高管团队认知风格因子分析结果

题项	分析型认知风格	创造型认知风格	方差贡献率/%	一致性系数 α
GGRZ2	0.878	0.168	36.133	0.853
GGRZ1	0.842	0.163		
GGRZ4	0.830	0.144		

续表

题项	分析型认知风格	创造型认知风格	方差贡献率/%	一致性系数 α
GGRZ3	0.675	0.347		
GGRZ7		0.818	31.074	0.798
GGRZ5	0.353	0.775		
GGRZ6	0.360	0.774		
GGRZ8		0.649		

表5.5的结果显示,高管团队认知风格验证性因子分析的拟合指数可以接受;各题项标准化因子荷载 t 值的绝对值均大于1.96,表明所有题项在各自测量概念上都达到 $P<0.05$ 的显著水平,且标准化因子荷载介于0.456~0.926之间,大于门槛值0.45;两因子的平均提炼方差AVE值大于0.5,表明技术创新测量的收敛效度可以接受。表5.16的结果显示,两个因子的平均提炼方差AVE值的平方根大于该变量与其他变量的相关系数,表明判别效度较好。

表5.5 高管团队认知风格验证性因子分析结果、AVE与组合信度

潜变量	测量题项	荷载	t 值	AVE	CR
分析型认知风格	GGRZ1	0.871	17.179	0.693 8	0.899 8
	GGRZ2	0.926	18.999		
	GGRZ3	0.708	12.689		
	GGRZ4	0.811	15.395		
创造型认知风格	GGRZ5	0.900	17.770	0.578 6	0.837 3
	GGRZ6	0.925	18.571		
	GGRZ7	0.664	11.629		
	GGRZ8	0.456	7.419		

拟合指数:
$\chi^2/df=90.425/19$, RMSEA$=0.101$, NNFI$=0.934$, CFI$=0.955$, SRMR$=0.047$, GFI$=0.919$

3. 技术创新形式的信度和效度分析

按照前述标准,保留10个题项的量表KMO值为0.882,Bartlett球形检验显著($P<0.001$),表明适宜进行因子分析。表5.6的因子分析结果显

示,技术创新形式包含工艺创新和产品创新两个因子,两个因子方差贡献率分别为 27.523% 和 27.262%,各题项的载荷系数都大于 0.5;工艺创新和产品创新的一致性系数 α 分别为 0.790 和 0.785,都大于最低临界水平 0.7。此外,两种技术创新形式的题项与总体相关系数最小值分别为 0.511 和 0.525,都大于 0.35,表明技术创新形式的测量具有良好的信度。

表 5.6　技术创新形式因子分析结果

题项	工艺创新	产品创新	方差贡献率/%	一致性系数 α
JSCX4	0.784	0.133	27.523	0.790
JSCX3	0.729	0.254		
JSCX1	0.694	0.248		
JSCX2	0.650	0.301		
JSCX5	0.612	0.315		
JSCX12	0.121	0.733	27.262	0.785
JSCX8	0.279	0.712		
JSCX10	0.310	0.679		
JSCX11	0.265	0.670		
JSCX9	0.260	0.662		

表 5.7 的结果显示,技术创新形式验证性因子分析的拟合指数可以接受;各题项标准化因子荷载 t 值的绝对值均大于 1.96,表明所有题项在各自测量概念上都达到 $P<0.05$ 的显著水平,且标准化因子荷载介于 0.620~0.754 之间,大于门槛值 0.45;工艺创新的平均提炼方差 AVE 值大于 0.5,产品创新的平均提炼方差 AVE 值接近 0.5,表明技术创新形式测量的收敛效度可以接受。表 5.16 的结果显示,两个因子的平均提炼方差 AVE 值的平方根大于该变量与其他变量的相关系数,表明判别效度较好。

表 5.7　技术创新形式验证性因子分析结果、AVE 与组合信度

潜变量	测量题项	荷载	t 值	AVE	CR
工艺创新	JSCX1	0.720	12.552	0.508 4	0.837 7
	JSCX2	0.715	12.429		
	JSCX3	0.754	13.390		
	JSCX4	0.712	12.368		
	JSCX5	0.661	11.216		

续表

潜变量	测量题项	荷载	t 值	AVE	CR
产品创新	JSCX8	0.741	13.018	0.490 1	0.827 1
	JSCX9	0.669	11.355		
	JSCX10	0.750	13.243		
	JSCX11	0.712	12.333		
	JSCX12	0.620	10.305		

拟合指数：
$\chi^2/\mathrm{d}f=127.722/34$, RMSEA$=0.089$, NNFI$=0.950$, CFI$=0.963$, SRMR$=0.050$, GFI$=0.909$

4. 低成本创新方式的信度和效度分析

低成本创新方式是本书新开发的量表，KMO 值 0.673 接近最低临界水平 0.7，Bartlett 球形检验显著（$P<0.001$），表明尚可进行因子分析。表 5.8 的因子分析结果显示，因子方差贡献率为 44.565%，各题项的载荷系数都大于 0.5；一致性系数 α 为 0.581，在可接受水平。此外，题项与总体相关系数最小值为 0.361，都大于 0.35，表明测量信度可以接受。

表 5.8 低成本创新方式因子分析结果

题项	低成本创新	方差贡献率/%	一致性系数 α
DCBCX3	0.758	44.565	0.581
DCBCX4	0.662		
DCBCX2	0.642		
DCBCX1	0.597		

表 5.9 的结果显示，各题项标准化因子荷载 t 值的绝对值均大于 1.96，表明所有题项在各自测量概念上都达到 $P<0.05$ 的显著水平，标准化因子荷载除 DCBCX1 略低外，其他题项都大于门槛值 0.45；尽管平均提炼方差 AVE 值小于 0.5，但是验证性因子分析的拟合结果很好，表明测量的收敛效度可以接受。表 5.16 的结果显示，因子的平均提炼方差 AVE 值的平方根大于该变量与其他变量的相关系数，表明判别效度较好。

表 5.9 低成本创新方式验证性因子分析结果、AVE 与组合信度

潜变量	测量题项	荷载	t 值	AVE	CR
低成本创新方式	DCBCX1	0.405	5.551	0.327 3	0.648 9
	DCBCX2	0.518	7.089		
	DCBCX3	0.760	9.604		
	DCBCX4	0.547	7.452		

拟合指数：
$\chi^2/\mathrm{d}f=1.328/2$, RMSEA$=0.000$, NNFI$=1.014$, CFI$=1.000$, SRMR$=0.017$, GFI$=0.997$

5. 运营效率的信度和效度分析

量表 KMO 值为 0.797，Bartlett 球形检验显著（$P<0.001$），表明适宜进行因子分析。表 5.10 的因子分析结果显示，因子方差贡献率为 64.806%，各题项的载荷系数都大于 0.5；一致性系数 α 为 0.818，都大于最低临界水平 0.7。此外，题项与总体相关系数最小值为 0.631，大于 0.35，表明运营效率的测量具有良好的信度。

表 5.10 运营效率因子分析结果

题项	运营效率	方差贡献率/%	一致性系数 α
YYXL2	0.816	64.806	0.818
YYXL3	0.806		
YYXL1	0.802		
YYXL4	0.796		

表 5.11 的结果显示，运营效率验证性因子分析的拟合指数可以接受；各题项标准化因子荷载 t 值的绝对值均大于 1.96，表明所有题项在各自测量概念上都达到 $P<0.05$ 的显著水平，且标准化因子荷载介于 0.785～0.819 之间，大于门槛值 0.45；平均提炼方差 AVE 值大于 0.5，表明测量的收敛效度可以接受。表 5.16 的结果显示，因子的平均提炼方差 AVE 值的平方根大于该变量与其他变量的相关系数，表明判别效度较好。

表5.11 运营效率验证性因子分析结果、AVE与组合信度

潜变量	测量题项	荷载	t值	AVE	CR
运营效率	YYXL1	0.819	15.147	0.641 8	0.877 5
	YYXL2	0.814	15.028		
	YYXL3	0.786	14.296		
	YYXL4	0.785	14.258		

拟合指数:
$\chi^2/\mathrm{d}f=5.721/2$, RMSEA = 0.064, NNFI = 0.938, CFI = 0.979, SRMR = 0.028, GFI = 0.970

6. 竞争战略的信度和效度分析

按照前述标准,保留10个题项的量表KMO值为0.848,Bartlett球形检验显著($P<0.001$),表明适宜进行因子分析。表5.12的因子分析结果显示,竞争战略包含顾客差异化战略、产品差异化战略和成本领先战略共3个因子,3个因子的方差贡献率分别为24.566%、18.959%和18.898%,各题项的载荷系数都大于0.5;3个因子的一致性系数α分别为0.787、0.652和0.656,在可接受水平。此外,3种竞争战略的题项与总体相关系数最小值分别为0.508、0.439和0.428,都大于0.35,表明竞争战略的测量具有良好的信度。

表5.12 竞争战略因子分析结果

题项	顾客差异化战略	产品差异化战略	成本领先战略	方差贡献率/%	一致性系数α
JZZL12	0.813	0.193		24.566	0.787
JZZL13	0.811	0.223			
JZZL11	0.727	0.193	0.185		
JZZL14	0.500	0.390	0.329		
JZZL10	0.240	0.722	0.153	18.959	0.652
JZZL9	0.380	0.684			
JZZL8	0.148	0.639	0.316		
JZZL7	0.319	−0.134	0.788	18.898	0.656
JZZL6	−0.153	0.357	0.723		
JZZL5		0.278	0.692		

表 5.13 的结果显示,各题项标准化因子荷载 t 值的绝对值均大于 1.96,表明所有题项在各自测量概念上都达到 $P<0.05$ 的显著水平,且标准化因子荷载介于 0.613~0.827 之间,大于门槛值 0.45;尽管 3 个因子的平均提炼方差 AVE 值有两个低于 0.5,但是验证性因子分析的拟合结果尚可,表明测量的收敛效度可以接受。表 5.16 的结果显示,因子的平均提炼方差 AVE 值的平方根大于该变量与其他变量的相关系数,表明判别效度较好。

表 5.13 竞争战略验证性因子分析结果、AVE 与组合信度

潜变量	测量题项	荷载	t 值	AVE	CR
成本领先战略	JZZL5	0.734	11.334	0.470 3	0.726
	JZZL6	0.701	10.795		
	JZZL7	0.617	9.412		
产品差异化战略	JZZL8	0.613	9.767	0.447 7	0.707 9
	JZZL9	0.692	11.313		
	JZZL10	0.699	11.446		
顾客差异化战略	JZZL11	0.740	13.049	0.578 7	0.845 4
	JZZL12	0.780	14.057		
	JZZL13	0.827	15.264		
	JZZL14	0.689	11.851		

拟合指数:
$\chi^2/df=131.717/32$,RMSEA$=0.097$,NNFI$=0.917$,CFI$=0.941$,SRMR$=0.048$,GFI$=0.907$

7. 企业绩效的信度和效度分析

量表的 KMO 值为 0.757,Bartlett 球形检验显著($P<0.001$),表明适宜进行因子分析。表 5.14 的因子分析结果显示,企业绩效包含财务绩效和市场绩效两个因子,两个因子的方差贡献率分别为 32.647% 和 31.986%,各题项载荷系数都大于 0.5;财务绩效的一致性系数 α 为 0.728,市场绩效的一致性系数 α 为 0.713,都大于最低临界水平 0.7。此外,两种绩效的题项与总体相关系数最小值分别为 0.442 和 0.479,都大于 0.35,表明企业绩效测量信度可以接受。

表 5.14　企业绩效因子分析结果

题项	财务绩效	市场绩效	方差贡献率/%	一致性系数 α
QYJX2	0.827	0.230	32.647	0.728
QYJX1	0.806	0.222		
QYJX3	0.719			
QYJX5	0.257	0.786	31.986	0.713
QYJX4	0.176	0.782		
QYJX6	0.104	0.761		

表 5.15 的结果显示,企业绩效验证性因子分析的拟合指数可以接受;各题项标准化因子荷载 t 值的绝对值均大于 1.96,表明所有题项在各自测量概念上都达到 $P<0.05$ 的显著水平,且标准化因子荷载介于 0.553~0.871 之间,大于门槛值 0.45;两因子的平均提炼方差 AVE 值大于 0.5,表明企业绩效测量的收敛效度可以接受。表 5.16 的结果显示,两个因子的平均提炼方差 AVE 值的平方根大于该变量与其他变量的相关系数,表明判别效度较好。

表 5.15　企业绩效验证性因子分析结果、AVE 与组合信度

潜变量	测量题项	荷载	t 值	AVE	CR
财务绩效	QYJX1	0.823	14.335	0.580 6	0.800 5
	QYJX2	0.871	15.362		
	QYJX3	0.553	8.938		
市场绩效	QYJX4	0.699	11.388	0.533 5	0.771 4
	QYJX5	0.850	14.221		
	QYJX6	0.624	9.993		

拟合指数:
$\chi^2/df=14.741/8$, RMSEA$=0.057$, NNFI$=0.981$, CFI$=0.990$, SRMR$=0.027$, GFI$=0.981$

在进行假设验证之前,对所有变量进行相关分析。只有当自变量与因变量确实存在相关关系时,建立的结构方程模型或回归分析模型才有意义。相关分析结果见表 5.16,结果显示,低成本创新方式与财务绩效相关性不显著(相关系数 0.114,$P>0.10$),其他变量之间都显著相关,显著性水平为 0.05 或 0.01。根据研究假设,低成本创新方式对技术创新与竞争战略关系发挥调节作用,低成本创新方式与财务绩效相关性不显著,不影响假设检验。

表5.16 相关分析结果

变量		1 ZSZD	2 FZSZD	3 FXRZ	4 CZRZ	5 GYCX	6 CPCX	7 DCBCX	8 YYXL	9 CBLX	10 CPCY	11 GKCY	12 CWJX	13 SCJX
1	ZSZD	0.716												
2	FZSZD	0.454***	0.725											
3	FXRZ	0.483***	0.408***	0.833										
4	CZRZ	0.411***	0.531***	0.504***	0.761									
5	GYCX	0.402***	0.420***	0.518***	0.501***	0.713								
6	CPCX	0.431***	0.379***	0.406***	0.524***	0.627***	0.700							
7	DCBCX	0.236***	0.186***	0.209***	0.145**	0.256***	0.149**	0.572						
8	YYXL	0.390***	0.357***	0.532***	0.384***	0.530***	0.498***	0.258***	0.801					
9	CBLX	0.265***	0.242***	0.281***	0.378***	0.327***	0.268***	0.419***	0.369***	0.686				
10	CPCY	0.266***	0.336***	0.302***	0.490***	0.476***	0.515***	0.230***	0.482***	0.419***	0.669			
11	GKCY	0.428***	0.462***	0.428***	0.501***	0.591***	0.623***	0.206***	0.731***	0.325***	0.577***	0.761		
12	CWJX	0.326***	0.314***	0.277***	0.324***	0.151**	0.230***	0.114	0.283***	0.145**	0.346***	0.306***	0.762	
13	SCJX	0.294***	0.376***	0.319***	0.359***	0.308***	0.324***	0.143***	0.446***	0.197***	0.292***	0.451***	0.438***	0.731
	均值	3.888	3.817	4.112	3.672	3.830	3.725	3.509	4.141	3.786	3.822	4.046	3.467	3.747
	标准差	0.626	0.657	0.687	0.727	0.680	0.729	0.604	0.622	0.577	0.665	0.642	0.697	0.634

注:"***"表示显著性水平为0.01,0.05(双尾,2-tailed)。对角线数据为该变量AVE值算术平方根。ZSZD,FZSZD,FXRZ,CZRZ,GYCX,CPCX,DCBCX,YYXL,CBLX,CPCY,GKCY,CWJX,SCJX分别表示正式制度、非正式制度、分析型认知风格、创造型认知风格、工艺创新、产品创新、低成本创新方式、运营效率、成本领先战略、产品差异化战略、顾客差异化战略、财务绩效、市场绩效。

相关分析只能够表明变量之间的相关性,为了识别传统型和创新型成本领先战略,揭示技术创新形式对成本领先战略及差异化战略的直接影响,揭示制度环境、高管团队认知风格、低成本创新方式对技术创新形式与成本领先战略及差异化战略关系的调节作用,接下来还需要通过方差分析、构建结构方程模型和层次回归模型进行验证。

5.1.2 传统型和创新型成本领先战略的识别及绩效比较

正如第 2.1.3 节"企业实施战略判断"所述,问卷调查研究判断一家企业实施的是何种竞争战略的判定方法有三种:一是通过聚类分析得到战略集群,属于某个集群的企业实施的是该集群的战略。二是以各种竞争战略的总体均值为标准。如果一个样本企业的各竞争战略均值都大于总体均值,则判定该样本企业实施的是混合竞争战略;如果该样本企业的某种竞争战略均值大于总体均值,而其余小于均值,则判定该样本企业实施的是该种竞争战略;如果一个样本企业的各竞争战略均值都小于总体均值,则判定该样本企业无明确的竞争战略。三是以测量尺度的中间值为标准。如果一个样本的各竞争战略均值都大于中间值,则判定该样本企业实施的是混合竞争战略;反之,则判定为无明确的竞争战略;如果其中某种竞争战略均值大于中间值,而其余小于中间值,则判定该样本企业实施的是该种竞争战略。

为了识别两种成本领先战略,首先对样本企业实施的竞争战略做出判断。在前期探索性研究中,石盛林和陈圻[12]使用的是第二种方法,本书同样使用这种方法,即以成本领先战略、差异化战略(包含产品差异化和顾客差异化)的总体均值为标准进行识别。基本规则是:第一,求得全部 257 家样本企业的成本领先战略、差异化战略的均值分别为 3.786、3.934。第二,将 257 家样本企业在两种基本竞争战略上的得分与样本平均得分分别做比较。假定样本企业 i 在成本领先战略和差异化战略的得分分别为 $cost_i$、$diff_i$,企业实施的竞争战略类型为 $strat_i$,则:① 当 $cost_i > 3.786$,$diff_i < 3.934$ 时,$strat_i =$ 成本领先战略;或者当 $cost_i > 3.786$,$diff_i > 3.934$,且 $cost_i > diff_i$ 时,$strat_i =$ 成本领先战略;② 当 $cost_i < 3.786$,$diff_i > 3.934$ 时,$strat_i =$ 差异化战略;或者当 $cost_i > 3.786$,$diff_i > 3.934$,且 $diff_i > cost_i$ 时,$strat_i =$ 差异化战略;③ 当 $cost_i < 3.786$,$diff_i < 3.934$ 时,$strat_i =$ 无明确战略。

然后再将成本领先战略区分为传统型和创新型。区分规则是:① 当样本企业运营效率强度大于技术创新形式(包含工艺创新和产品创新)强度时,该企业实施的是传统型成本领先战略;② 当样本企业技术创新形式(包含工艺创新和产品创新)强度大于运营效率强度时,该企业实施的是创新型成本领先战略。最后分类结果见表5.17,识别结果验证了假设1-1。

表5.17 竞争战略类型分类结果

竞争战略类型	数量	比率/%
成本领先战略	78	30.4
传统型成本领先战略	53	—
创新型成本领先战略	25	—
差异化战略	90	35.0
无明确战略	89	34.6
合计	257	100.0

为了验证假设1-2,按照两种成本领先战略类型对财务绩效、市场绩效、总体绩效做单因素方差分析,同时对两种成本领先战略的运营效率、技术创新形式的差异进行比较,结果见表5.18。方差分析结果显示,虽然传统型成本领先战略的财务绩效、市场绩效、总体绩效的均值都要高于创新型成本领先战略,但两种成本领先战略的绩效没有显著差异。假设1-2没有得到支持。

从表5.18两种成本领先战略的运营效率、技术创新形式的方差分析结果来看,传统型成本领先战略的运营效率得分显著高于创新型成本领先战略。同样地,创新型成本领先战略的技术创新形式得分显著高于传统型成本领先战略。方差分析结果进一步验证了假设1-1,成本领先战略可以区分为传统型和创新型,传统型成本领先战略以运营效率为主要驱动因素,创新型成本领先战略以技术创新为主要驱动因素。

表5.18 单因素方差分析结果($N=78$)

因素	成本领先战略类型		F检验
	传统型成本领先战略	创新型成本领先战略	
财务绩效	3.554(0.797)	3.427(0.767)	0.440
市场绩效	3.805(0.699)	3.653(0.656)	0.831
总体绩效	3.679(0.685)	3.540(0.621)	0.848

续表

因素	成本领先战略类型		F 检验
	传统型成本领先战略	创新型成本领先战略	
运营效率	4.491(0.433)	3.850(0.535)	31.873***
技术创新形式	3.864(0.498)	4.104(0.522)	3.814**
N	53	25	
百分比/%	67.9	32.1	

注:N 为样本数,括号内为标准差。*** 表示 $P<0.01$,** 表示 $P<0.05$,* 表示 $P<0.10$。

5.1.3 技术创新形式对成本领先战略直接影响的检验

为了检验技术创新形式对成本领先战略的直接影响,比较技术创新形式对差异化战略的直接影响,采用结构方程建模的方法,使用 Lisrel 分析软件来进行全模型的检验。如前所述,基于极大似然法估计的 Lisrel 分析软件所需要的最小样本规模为 200 以上,并且还要求分析数据服从正态分布。技术创新形式对成本领先战略影响机理研究的有效样本数是 257 份,符合 Lisrel 分析软件对最低样本量的要求。另外,在数据的偏度(Skew)小于 2,峰度(Kurtosis)小于 5 的情况下,即可认为其服从正态分布[13]。为此,使用 SPSS 13.0 软件对样本数据的偏度和峰度进行了分析,结果表明各变量的样本数据均符合正态分布的要求。综合上文关于样本数据信度、效度的检验结果,技术创新形式对成本领先战略影响机理研究在样本数据的容量、分布状态以及信度与效度等方面均达到了结构方程模型建模的基本要求。

接下来,构建三个结构方程模型分别对技术创新形式对成本领先战略影响机理研究模型中假定的变量之间的作用关系进行验证,技术创新形式对成本领先战略影响的结构方程模型(图 5.1)检验假设 2-1 和假设 2-2,技术创新形式对产品差异化战略影响的结构方程模型(图 5.2)、技术创新形式对顾客差异化战略影响的结构方程模型(图 5.3)检验假设 3-1 和假设 3-2。在结构方程模型的标准化路径系数估计中,只要相应 t 值的绝对值大于 1.96,即可认为其至少是在 $P<0.05$ 的水平上显著。

表 5.19 的技术创新形式对成本领先战略结构方程模型拟合指数显示,实证数据能较好地拟合理论模型。从路径效应分析结果来看:① 工艺创新对成本领先战略有显著正向影响,产品创新对成本领先战略有正向影响但

不显著；从标准化系数来看,工艺创新($\beta=0.357,P<0.05$)对成本领先战略的影响强度高于产品创新($\beta=0.191,P>0.10$)。假设2-1得到部分支持。
② 工艺创新和产品创新通过成本领先战略对企业绩效有正向影响,假设2-2得到了支持。

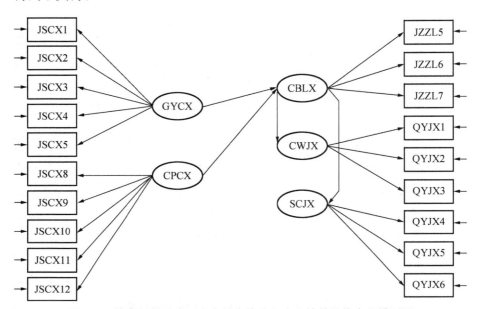

图5.1 技术创新形式—成本领先战略—企业绩效结构方程模型图

表5.19 工艺创新和产品创新对成本领先战略结构方程模型分析结果

路径	标准化系数 β	t 值	对应假设	结论
GAMMA				
工艺创新 GYCX→成本领先战略 CBLX	0.357	2.211	假设2-1	支持
产品创新 CPCX→成本领先战略 CBLX	0.191	1.191	假设2-1	不支持
BETA				
成本领先战略 CBLX→财务绩效 CWJX	0.326	3.984	假设2-2	支持
成本领先战略 CBLX→市场绩效 SCJX	0.436	4.846	假设2-2	支持

模型拟合指数:
$\chi^2/df=446.851/147$, RMSEA=0.089, NNFI=0.913, CFI=0.925, SRMR=0.047, GFI=0.845

表5.20 技术创新形式对产品差异化战略结构方程模型拟合指数显示,实证数据能较好地拟合理论模型。从路径效应分析结果来看,产品创新对

产品差异化战略有显著正向影响,工艺创新对产品差异化战略有正向影响但不显著;从标准化系数来看,产品创新($\beta=0.613, P<0.01$)对产品差异化战略的影响强度高于工艺创新($\beta=0.134, P>0.10$)。工艺创新和产品创新通过产品差异化战略对企业绩效有显著正向影响。

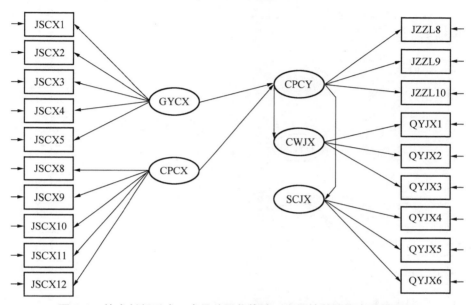

图5.2 技术创新形式—产品差异化战略—企业绩效结构方程模型图

表5.20 工艺创新和产品创新对产品差异化战略结构方程模型分析结果

路径	标准化系数 β	t 值	对应假设	结论
GAMMA				
工艺创新 GYCX→产品差异化战略 CPCY	0.134	0.931	假设3-1	不支持
产品创新 CPCX→产品差异化战略 CPCY	0.613	3.986	假设3-1	支持
BETA				
产品差异化战略 CPCX→财务绩效 CWJX	0.550	6.133	假设3-2	支持
产品差异化战略 CPCX→市场绩效 SCJX	0.554	5.795	假设3-2	支持
模型拟合指数: $\chi^2/df=395.816/147$, RMSEA$=0.081$, NNFI$=0.933$, CFI$=0.942$, SRMR$=0.044$, GFI$=0.860$				

表5.21的技术创新形式对顾客差异化战略结构方程模型拟合指数显示,实证数据能较好地拟合理论模型。从路径效应分析结果来看,工艺创

新、产品创新对顾客差异化战略都有显著正向影响;从标准化系数来看,产品创新对($\beta=0.566, P<0.01$)顾客差异化战略的影响强度高于工艺创新($\beta=0.264, P<0.05$)。工艺创新和产品创新通过顾客差异化战略对企业绩效有显著正向影响。

综合表5.20和表5.21的分析结果,假设3-1得到了部分支持,假设3-2得到了支持。

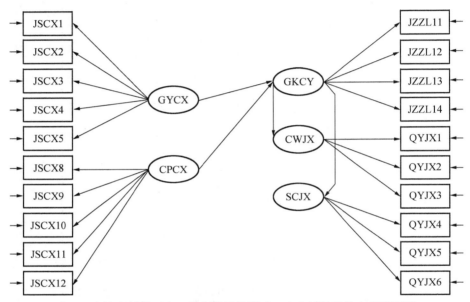

图5.3 技术创新形式—顾客差异化战略—企业绩效结构方程模型图

表5.21 工艺创新和产品创新对顾客差异化战略结构方程模型分析结果

路径	标准化系数β	t值	对应假设	结论
GAMMA				
工艺创新 GYCX→顾客差异化战略 GKCY	0.264	2.257	假设3-1	支持
产品创新 CPCX→顾客差异化战略 GKCY	0.566	4.640	假设3-1	支持
BETA				
顾客差异化战略 GKCY→财务绩效 CWJX	0.449	5.902	假设3-2	支持
顾客差异化战略 GKCY→市场绩效 SCJX	0.640	7.332	假设3-2	支持
模型拟合指数: $\chi^2/df=497.775/165$, RMSEA=0.089, NNFI=0.937, CFI=0.945, SRMR=0.043, GFI=0.837				

5.1.4 正式制度和非正式制度的调节作用检验

1. 正式制度对技术创新形式与成本领先战略及差异化战略关系的调节作用检验

构建检验正式制度对技术创新形式与成本领先战略及差异化战略关系调节作用的层次回归模型,在第一步(Step 1)中放入因变量 Y(成本领先战略 Y_1 或产品差异化战略 Y_2 或顾客差异化战略 Y_3)、控制变量 X_k(收入 X_{k1}、所有权性质 X_{k2})、自变量 X_z(工艺创新 X_{z1} 和产品创新 X_{z2})、调节变量 M(正式制度 M_1)(式 5-1),在第二步(Step 2)中放入自变量和调节变量做中心化变换后构建的乘积项 X_zM(工艺创新×正式制度 $X_{z1}M_1$、产品创新×正式制度 $X_{z2}M_1$)(式 5-2)。

$$Y = a + b_{k1}X_{k1} + b_{k2}X_{k2} + b_{z1}X_{z1} + b_{z2}X_{z2} + cM_1 + e \quad (5-1)$$

$$Y = a + b_{k1}X_{k1} + b_{k2}X_{k2} + b_{z1}X_{z1} + b_{z2}X_{z2} + cM_1 + c'_1X_{z1}M_1 + c'_2X_{z2}M_1 + e \quad (5-2)$$

正式制度对技术创新形式与成本领先战略关系的调节作用层次回归分析结果显示(表 5.22),整体模型具有统计显著性($P<0.01$),不存在多重共线性[最大 VIF(Variance Inflation Factor,方差膨胀系数)<10],不存在序列相关问题[DW(Dubin-Watson 检验,杜宾-瓦特森检验)在 1.5~2.5 之间]。R Square 变化是 0.025,F 值变化显著($P<0.05$)。正式制度与工艺创新的交互作用对成本领先战略影响显著($\beta=-0.220, P<0.01$)。回归分析结果与假设 4-1 的方向相反,正式制度弱化了工艺创新对成本领先战略的影响强度。正式制度与产品创新的交互作用对成本领先战略有正向影响但不显著($\beta=0.125, P>0.10$)。

表 5.22 正式制度对技术创新形式与成本领先战略关系的调节作用

变量	Step 1		Step 2	
	标准化系数 β	t 值	标准化系数 β	t 值
控制变量				
收入	-0.053	-0.854	-0.062	-1.012
所有权性质	-0.073	-1.203	-0.070	-1.166

续表

变量	Step 1		Step 2	
	标准化系数 β	t 值	标准化系数 β	t 值
自变量				
工艺创新	0.261***	3.323	0.204**	2.520
产品创新	0.047	0.583	0.063	0.791
调节变量				
正式制度	0.150**	2.188	0.190***	2.708
自变量×调节变量				
工艺创新×正式制度			−0.220***	−2.676
产品创新×正式制度			0.125	1.545
R Square	0.153		0.178	
F 值	8.552***		7.285***	
R Square 变化			0.025**	
F 值变化			3.641	
DW			1.634	
最大 VIF	1.784		1.934	

注：① 因变量为成本领先战略；② ***、**、* 分别表示显著性水平为1%、5%和10%。

正式制度对技术创新形式与产品差异化战略关系的调节作用层次回归分析结果显示（表5.23），整体模型具有统计显著性（$P<0.01$），不存在多重共线性（最大 VIF<10），不存在序列相关问题（DW 在 1.5～2.5 之间）。R Square 变化是 0.005，F 值变化不显著（$P>0.10$）。正式制度与工艺创新的交互作用对产品差异化战略影响不显著（$\beta=0.097, P>0.10$），正式制度与产品创新的交互作用对产品差异化战略影响不显著（$\beta=-0.077, P>0.10$）。

表 5.23　正式制度对技术创新形式与产品差异化战略关系的调节作用

变量	Step 1		Step 2	
	标准化系数 β	t 值	标准化系数 β	t 值
控制变量				
收入	0.088	1.619	0.092*	1.688
所有权性质	−0.099*	−1.857	−0.098*	−1.830

续表

变量	Step 1		Step 2	
	标准化系数 β	t 值	标准化系数 β	t 值
自变量				
工艺创新	0.268***	3.854	0.294***	4.070
产品创新	0.333***	4.721	0.326***	4.609
调节变量				
正式制度	−0.010	−0.172	−0.031	−0.490
自变量×调节变量				
工艺创新×正式制度			0.097	1.324
产品创新×正式制度			−0.077	−1.062
R Square	0.340		0.345	
F 值	24.422***		17.688***	
R Square 变化			0.005	
F 值变化			0.903	
DW			1.572	
最大 VIF	1.784		1.934	

注：① 因变量为产品差异化战略；② ***、**、* 分别表示显著性水平为 1%、5% 和 10%。

正式制度对技术创新形式与顾客差异化战略关系的调节作用层次回归分析结果显示（表 5.24），整体模型具有统计显著性（$P<0.01$），不存在多重共线性（最大 VIF$<$10），不存在序列相关问题（DW 在 1.5~2.5 之间）。R Square 变化是 0.014，F 值变化显著（$P>0.10$）。正式制度与产品创新的交互作用对顾客差异化战略影响显著（$\beta=-0.157$，$P<0.05$）。正式制度弱化了产品创新对顾客差异化战略的影响强度。正式制度与工艺创新的交互作用对顾客差异化战略有正向影响但不显著（$\beta=0.078$，$P>0.10$）。

表 5.24 正式制度对技术创新形式与顾客差异化战略关系的调节作用

变量	Step 1		Step 2	
	标准化系数 β	t 值	标准化系数 β	t 值
控制变量				
收入	0.149***	3.094	0.152***	3.175
所有权性质	−0.058	−1.219	−0.048	−1.012

续表

变量	Step 1		Step 2	
	标准化系数 β	t 值	标准化系数 β	t 值
自变量				
工艺创新	0.265***	4.306	0.288***	4.544
产品创新	0.374***	5.970	0.369***	5.943
调节变量				
正式制度	0.106**	1.975	0.078	1.415
自变量×调节变量				
工艺创新×正式制度			0.078	1.211
产品创新×正式制度			−0.157**	−2.466
R Square	0.480		0.494	
F 值	43.771***		32.774***	
R Square 变化			0.014**	
F 值变化			3.226	
DW			1.760	
最大 VIF	1.784		1.934	

注：① 因变量为顾客差异化战略；② ***、**、*分别表示显著性水平为1%、5%和10%。

综合表 5.23 和表 5.24 的分析结果，假设 4-2 没有得到支持，部分得到相反结果。

2. 非正式制度对技术创新形式与成本领先战略及差异化战略关系的调节作用检验

构建检验非正式制度对技术创新形式与成本领先战略及差异化战略关系调节作用的层次回归模型，在 Step 1 中放入因变量 Y（成本领先战略 Y_1 或产品差异化战略 Y_2 或顾客差异化战略 Y_3）、控制变量 X_k（收入 X_{k1}、所有权性质 X_{k2}）、自变量 X_z（工艺创新 X_{z1} 和产品创新 X_{z2}）、调节变量 M（非正式制度 M_2）(式 5-3)，在 Step 2 中放入自变量和调节变量做中心化变换后构建的乘积项 $X_z M$（工艺创新×非正式制度 $X_{z1}M_2$、产品创新×非正式制度 $X_{z2}M_2$）(式 5-4)。

$$Y = a + b_{k1}X_{k1} + b_{k2}X_{k2} + b_{z1}X_{z1} + b_{z2}X_{z2} + cM_2 + e \quad (5-3)$$

$$Y = a + b_{k1}X_{k1} + b_{k2}X_{k2} + b_{z1}X_{z1} + b_{z2}X_{z2} + cM_2 + c'_1 X_{z1}M_2 + c'_2 X_{z2}M_2 + e \tag{5-4}$$

非正式制度对技术创新形式与成本领先战略关系的调节作用层次回归分析结果显示（表 5.25），整体模型具有统计显著性（$P<0.01$），不存在多重共线性（最大 VIF<10），不存在序列相关问题（DW 在 1.5～2.5 之间）。R Square 变化只有 0.001，F 值变化不显著（$P>0.10$）。非正式制度与工艺创新的交互作用对成本领先战略有负向影响但不显著（$\beta=-0.003$，$P>0.10$），非正式制度与产品创新的交互作用对成本领先战略有正向影响但不显著（$\beta=0.039$，$P>0.10$）。回归分析结果显示，非正式制度对技术创新形式与成本领先战略关系没有显著调节作用，不支持假设 5-1。

表 5.25 非正式制度对技术创新形式与成本领先战略关系的调节作用

变量	Step 1		Step 2	
	标准化系数 β	t 值	标准化系数 β	t 值
控制变量				
收入	−0.046	−0.753	−0.042	−0.680
所有权性质	−0.073	−1.200	−0.074	−1.218
自变量				
工艺创新	0.261***	3.276	0.259***	3.199
产品创新	0.069	0.874	0.069	0.869
调节变量				
非正式制度	0.118*	1.763	0.119*	1.776
自变量×调节变量				
工艺创新×非正式制度			−0.003	−0.031
产品创新×非正式制度			0.039	0.485
R Square	0.147		0.148	
F 值	8.164***		5.847***	
R Square 变化			0.001	
F 值变化			0.194	
DW			1.668	
最大 VIF	1.760		1.859	

注：① 因变量为成本领先战略；② ***、**、*分别表示显著性水平为 1%、5%和 10%。

非正式制度对技术创新形式与产品差异化战略关系的调节作用层次回归分析结果显示(表5.26),整体模型具有统计显著性($P<0.01$),不存在多重共线性(最大VIF<10),不存在序列相关问题(DW在1.5~2.5之间)。R Square变化只有0.001,F值变化不显著($P>0.10$)。非正式制度与工艺创新的交互作用对产品差异化战略有正向影响但不显著($\beta=0.042, P>0.10$),非正式制度与产品创新的交互作用对产品差异化战略有负向影响但不显著($\beta=-0.025, P>0.10$)。回归分析结果显示,非正式制度对技术创新形式与产品差异化战略关系没有显著调节作用。

表5.26 非正式制度对技术创新形式与产品差异化战略关系的调节作用

变量	Step 1		Step 2	
	标准化系数β	t值	标准化系数β	t值
控制变量				
收入	0.083	1.533	0.085	1.565
所有权性质	−0.099*	−1.853	−0.100*	−1.863
自变量				
工艺创新	0.244***	3.499	0.250***	3.533
产品创新	0.311***	4.520	0.306***	4.406
调节变量				
非正式制度	0.086	1.470	0.086	1.460
自变量×调节变量				
工艺创新×非正式制度			0.042	0.590
产品创新×非正式制度			−0.025	−0.344
R Square	0.346		0.347	
F值	25.068***		17.832***	
R Square变化			0.001	
F值变化			0.176	
DW			1.568	
最大VIF	1.760		1.859	

注:① 因变量为产品差异化战略;② ***、**、*分别表示显著性水平为1%、5%和10%。

非正式制度对技术创新形式与顾客差异化战略关系的调节作用层次回

归分析结果显示(表 5.27),整体模型具有统计显著性($P<0.01$),不存在多重共线性(最大 VIF<10),不存在序列相关问题(DW 在 1.5~2.5 之间)。R Square 变化是 0.013,F 值变化显著($P<0.05$)。非正式制度与工艺创新的交互作用对顾客差异化战略有正向影响但不显著($\beta=0.016$,$P>0.10$),非正式制度与产品创新的交互作用对顾客差异化战略有显著负向影响($\beta=-0.127$,$P<0.05$),非正式制度弱化了产品创新对顾客差异化战略的影响强度。

综合表 5.26 和表 5.27 的分析结果,假设 5-2 没有得到支持,部分得到相反结果。

表 5.27 非正式制度对技术创新形式与顾客差异化战略关系的调节作用

变量	Step 1		Step 2	
	标准化系数 β	t 值	标准化系数 β	t 值
控制变量				
收入	0.149***	3.144	0.137***	2.895
所有权性质	−0.057	−1.226	−0.053	−1.146
自变量				
工艺创新	0.242***	3.960	0.249***	4.057
产品创新	0.369***	6.124	0.368***	6.108
调节变量				
非正式制度	0.173***	3.361	0.168***	3.306
自变量×调节变量				
工艺创新×非正式制度			0.016	0.256
产品创新×非正式制度			−0.127**	−2.051
R Square	0.496		0.509	
F 值	46.569***		34.799***	
R Square 变化			0.013**	
F 值变化			3.206	
DW			1.777	
最大 VIF	1.760		1.859	

注:① 因变量为顾客差异化战略;② ***、**、* 分别表示显著性水平为 1%、5% 和 10%。

5.1.5 高管团队认知风格的调节作用检验

1. 分析型认知风格对技术创新形式与成本领先战略及差异化战略关系的调节作用检验

构建检验高管团队分析型认知风格对技术创新形式与成本领先战略及差异化战略关系调节作用的层次回归模型,在 Step 1 中放入因变量 Y(成本领先战略 Y_1 或产品差异化战略 Y_2 或顾客差异化战略 Y_3)、控制变量 X_k(收入 X_{k1}、所有权性质 X_{k2})、自变量 X_z(工艺创新 X_{z1} 和产品创新 X_{z2})、调节变量 M(分析型认知风格 M_3)(式 5-5),在 Step 2 中放入自变量和调节变量做中心化变换后构建的乘积项 $X_z M$(工艺创新×分析型认知风格 $X_{z1}M_3$、产品创新×分析型认知风格 $X_{z2}M_3$)(式 5-6)。

$$Y = a + b_{k1}X_{k1} + b_{k2}X_{k2} + b_{z1}X_{z1} + b_{z2}X_{z2} + cM_3 + e \quad (5-5)$$

$$Y = a + b_{k1}X_{k1} + b_{k2}X_{k2} + b_{z1}X_{z1} + b_{z2}X_{z2} + cM_3 + c'_1X_{z1}M_3 + c'_2X_{z2}M_3 + e \quad (5-6)$$

分析型认知风格对技术创新形式与成本领先战略关系的调节作用层次回归分析结果显示(表 5.28),整体模型具有统计显著性($P<0.01$),不存在多重共线性(最大 VIF<10),不存在序列相关问题(DW 在 1.5~2.5 之间)。R Square 变化只有 0.002,F 值变化不显著($P>0.10$)。高管团队分析型认知风格与工艺创新的交互作用对成本领先战略有负向影响但不显著($\beta=-0.054$,$P>0.10$),高管团队分析型认知风格与产品创新的交互作用对成本领先战略有正向影响但不显著($\beta=0.006$,$P>0.10$)。分析结果不支持假设 6-1。

表 5.28 分析型认知风格对技术创新形式与成本领先战略关系的调节作用

变量	Step 1		Step 2	
	标准化系数 β	t 值	标准化系数 β	t 值
控制变量				
收入	−0.060	−0.973	−0.061	−0.984
所有权性质	−0.065	−1.075	−0.067	−1.100
自变量				
工艺创新	0.207**	2.482	0.202**	2.394
产品创新	0.060	0.777	0.066	0.847

续表

变量	Step 1		Step 2	
	标准化系数 β	t 值	标准化系数 β	t 值
调节变量				
分析型认知风格	0.194***	2.620	0.177**	2.254
自变量×调节变量				
工艺创新×分析型认知风格			−0.054	−0.598
产品创新×分析型认知风格			0.006	0.071
R Square	0.160		0.162	
F 值	9.034***		6.501***	
R Square 变化			0.002	
F 值变化			0.301	
DW			1.668	
最大 VIF	1.966		2.290	

注：① 因变量为成本领先战略；② ***、**、* 分别表示显著性水平为1%、5%和10%。

分析型认知风格对技术创新形式与产品差异化战略关系的调节作用层次回归分析结果显示（表5.29），整体模型具有统计显著性（$P<0.01$），不存在多重共线性（最大VIF$<$10），不存在序列相关问题（DW 在 1.5～2.5 之间）。R Square 变化只有 0.007，F 值变化不显著（$P>0.10$）。高管团队分析型认知风格与工艺创新的交互作用对产品差异化战略有正向影响但不显著（$\beta=0.079, P>0.10$），高管团队分析型认知风格与产品创新的交互作用对产品差异化战略有正向影响但不显著（$\beta=0.016, P>0.10$）。

表5.29　分析型认知风格对技术创新形式与产品差异化战略关系的调节作用

变量	Step 1		Step 2	
	标准化系数 β	t 值	标准化系数 β	t 值
控制变量				
收入	0.088	1.609	0.088	1.621
所有权性质	−0.099*	−1.857	−0.098*	−1.813
自变量				
工艺创新	0.268***	3.622	0.273***	3.660

续表

变量	Step 1		Step 2	
	标准化系数 β	t 值	标准化系数 β	t 值
产品创新	0.330***	4.805	0.320***	4.641
调节变量				
分析型认知风格	−0.006	−0.088	0.029	0.413
自变量×调节变量				
工艺创新×分析型认知风格			0.079	0.988
产品创新×分析型认知风格			0.016	0.201
R Square	0.340		0.347	
F 值	24.416***		17.849***	
R Square 变化			0.007	
F 值变化			1.286	
DW			1.562	
最大 VIF	1.966		2.290	

注：① 因变量为产品差异化战略；② ***、**、*分别表示显著性水平为1%、5%和10%。

分析型认知风格对技术创新形式与顾客差异化战略关系的调节作用层次回归分析结果显示(表5.30)，整体模型具有统计显著性($P<0.01$)，不存在多重共线性(最大 VIF<10)，不存在序列相关问题(DW 在 1.5～2.5 之间)。R Square 变化是 0.041，F 值变化显著($P<0.01$)。高管团队分析型认知风格与工艺创新的交互作用对顾客差异化战略有显著正向影响($\beta=0.305,P<0.01$)，高管团队分析型认知风格与产品创新的交互作用对顾客差异化战略有显著负向影响($\beta=-0.232,P<0.01$)。高管团队分析型认知风格强化了工艺创新对顾客差异化战略的影响，而弱化了产品创新对顾客差异化战略的影响。

表 5.30 分析型认知风格对技术创新形式与顾客差异化战略关系的调节作用

变量	Step 1		Step 2	
	标准化系数 β	t 值	标准化系数 β	t 值
控制变量				
收入	0.148***	3.056	0.160***	3.411

续表

变量	Step 1		Step 2	
	标准化系数 β	t 值	标准化系数 β	t 值
所有权性质	−0.054	−1.136	−0.034	−0.727
自变量				
工艺创新	0.245***	3.718	0.284***	4.430
产品创新	0.391***	6.383	0.367***	6.188
调节变量				
分析型认知风格	0.096	1.639	0.122**	2.046
自变量×调节变量				
工艺创新×分析型认知风格			0.305***	4.456
产品创新×分析型认知风格			−0.232***	−3.453
R Square	0.477		0.519	
F 值	43.311***		36.158***	
R Square 变化			0.041***	
F 值变化			10.026	
DW			1.776	
最大 VIF	1.966		2.290	

注：① 因变量为顾客差异化战略；② ***、**、* 分别表示显著性水平为1%、5%和10%。

综合表5.29和表5.30的分析结果，假设6-2得到部分支持，部分得到相反结果。

2. 创造型认知风格对技术创新形式与成本领先战略及差异化战略关系的调节作用检验

构建检验高管团队创造型认知风格对技术创新形式与成本领先战略及差异化战略关系调节作用的层次回归模型，在 Step 1 中放入因变量 Y（成本领先战略 Y_1 或产品差异化战略 Y_2 或顾客差异化战略 Y_3）、控制变量 X_k（收入 X_{k1}、所有权性质 X_{k2}）、自变量 X_z（工艺创新 X_{z1} 和产品创新 X_{z2}）、调节变量 M（创造型认知风格 M_4）（式5-7），在 Step 2 中放入自变量和调节变量做中心化变换后构建的乘积项 X_zM（工艺创新×创造型认知风格 $X_{z1}M_4$、产品创新×创造型认知风格 $X_{z2}M_4$）（式5-8）。

$$Y = a + b_{k1}X_{k1} + b_{k2}X_{k2} + b_{z1}X_{z1} + b_{z2}X_{z2} + cM_4 + e \quad (5-7)$$

$$Y = a + b_{k1}X_{k1} + b_{k2}X_{k2} + b_{z1}X_{z1} + b_{z2}X_{z2} + cM_4 + c'_1X_{z1}M_4 + c'_2X_{z2}M_4 + e \quad (5-8)$$

创造型认知风格对技术创新形式与成本领先战略关系的调节作用层次回归分析结果显示(表5.31),整体模型具有统计显著性($P<0.01$),不存在多重共线性(最大 VIF<10),不存在序列相关问题(DW 在 1.5~2.5 之间)。R Square 变化只有 0.004,F 值变化不显著($P>0.10$)。高管团队创造型认知风格与工艺创新的交互作用对成本领先战略有负向影响但不显著($\beta=-0.052,P>0.10$),高管团队创造型认知风格与产品创新的交互作用对成本领先战略有正向影响但不显著($\beta=0.081,P>0.10$)。分析结果不支持假设 7-1。

表 5.31 创造型认知风格对技术创新形式与成本领先战略关系的调节作用

变量	Step 1		Step 2	
	标准化系数 β	t 值	标准化系数 β	t 值
控制变量				
收入	-0.055	-0.929	-0.055	-0.918
所有权性质	-0.037	-0.617	-0.042	-0.710
自变量				
工艺创新	0.212***	2.759	0.189**	2.343
产品创新	-0.017	-0.214	0.008	0.095
调节变量				
创造型认知风格	0.321***	4.552	0.318***	4.498
自变量×调节变量				
工艺创新×创造型认知风格			-0.052	-0.708
产品创新×创造型认知风格			0.081	1.116
R Square	0.205		0.209	
F 值	12.239***		8.893***	
R Square 变化			0.004	
F 值变化			0.625	

续表

变量	Step 1		Step 2	
	标准化系数 β	t 值	标准化系数 β	t 值
DW				1.660
最大 VIF		1.828		1.998

注:① 因变量为成本领先战略;② ***、**、* 分别表示显著性水平为 1%、5%和 10%。

创造型认知风格对技术创新形式与产品差异化战略关系的调节作用层次回归分析结果显示(表 5.32),整体模型具有统计显著性($P<0.01$),不存在多重共线性(最大 VIF<10),不存在序列相关问题(DW 在 1.5~2.5 之间)。R Square 变化只有 0.005,F 值变化不显著($P>0.10$)。高管团队创造型认知风格与工艺创新的交互作用对产品差异化战略有正向影响但不显著($\beta=0.076,P>0.10$),高管团队创造型认知风格与产品创新的交互作用对产品差异化战略有负向影响但不显著($\beta=-0.004,P>0.10$)。

表 5.32 创造型认知风格对技术创新形式与产品差异化战略关系的调节作用

变量	Step 1		Step 2	
	标准化系数 β	t 值	标准化系数 β	t 值
控制变量				
收入	0.077	1.455	0.083	1.568
所有权性质	−0.074	−1.398	−0.074	−1.403
自变量				
工艺创新	0.212***	3.096	0.228***	3.183
产品创新	0.253***	3.634	0.238***	3.277
调节变量				
创造型认知风格	0.221***	3.534	0.222***	3.540
自变量×调节变量				
工艺创新×创造型认知风格			0.076	1.171
产品创新×创造型认知风格			−0.004	−0.064
R Square	0.373		0.378	
F 值	28.197***		20.419***	

续表

变量	Step 1		Step 2	
	标准化系数 β	t 值	标准化系数 β	t 值
R Square 变化			0.005	
F 值变化			0.984	
DW			1.593	
最大 VIF	1.828		1.998	

注：① 因变量为产品差异化战略；② ***、**、* 分别表示显著性水平为 1％、5％和 10％。

创造型认知风格对技术创新形式与顾客差异化战略关系的调节作用层次回归分析结果显示（表 5.33），整体模型具有统计显著性（$P<0.01$），不存在多重共线性（最大 VIF<10），不存在序列相关问题（DW 在 1.5～2.5 之间）。R Square 变化有 0.013，F 值变化显著（$P<0.10$）。高管团队创造型认知风格与工艺创新的交互作用对顾客差异化战略有显著正向影响（$\beta=0.117,P<0.05$），高管团队创造型认知风格与产品创新的交互作用对顾客差异化战略有负向影响但不显著（$\beta=-0.075,P>0.10$）。高管团队创造型认知风格强化了工艺创新对顾客差异化战略的影响，影响强度由 $\beta=0.246$（$P<0.01$）增加到 $\beta=0.282$（$P<0.01$）。

综合表 5.32 和表 5.33 的分析结果，假设 7-2 得到了部分支持。

表 5.33 创造型认知风格对技术创新形式与顾客差异化战略关系的调节作用

变量	Step 1		Step 2	
	标准化系数 β	t 值	标准化系数 β	t 值
控制变量				
收入	0.150***	3.153	0.156***	3.273
所有权性质	-0.040	-0.835	-0.035	-0.740
自变量				
工艺创新	0.246***	3.991	0.282***	4.390
产品创新	0.351***	5.594	0.316***	4.834
调节变量				
创造型认知风格	0.163***	2.876	0.166***	2.944

续表

变量	Step 1		Step 2	
	标准化系数 β	t 值	标准化系数 β	t 值
自变量×调节变量				
工艺创新×创造型认知风格			0.117**	2.016
产品创新×创造型认知风格			−0.075	−1.299
R Square	0.489		0.502	
F 值	45.425***		33.315***	
R Square 变化			0.013*	
F 值变化			2.442	
DW			1.754	
最大 VIF	1.828		1.998	

注：① 因变量为顾客差异化战略；② ***、**、* 分别表示显著性水平为 1%、5% 和 10%。

5.1.6 低成本创新方式的调节作用检验

构建检验低成本创新方式对技术创新形式与成本领先战略关系的调节作用的层次回归模型，在 Step 1 中放入因变量 Y（成本领先战略 Y_1 或产品差异化战略 Y_2 或顾客差异化战略 Y_3）、控制变量 X_k（收入 X_{k1}、所有权性质 X_{k2}）、自变量 X_z（工艺创新 X_{z1} 和产品创新 X_{z2}）、调节变量 M（低成本创新方式 M_5）(式 5-9)，在 Step 2 中放入自变量和调节变量做中心化变换后构建的乘积项 $X_z M$（工艺创新×低成本创新方式 $X_{z1}M_5$、产品创新×低成本创新方式 $X_{z2}M_5$）(式 5-10)。

$$Y = a + b_{k1}X_{k1} + b_{k2}X_{k2} + b_{z1}X_{z1} + b_{z2}X_{z2} + cM_5 + e \quad (5-9)$$

$$Y = a + b_{k1}X_{k1} + b_{k2}X_{k2} + b_{z1}X_{z1} + b_{z2}X_{z2} + cM_5 + c'_1 X_{z1}M_5 + c'_2 X_{z2}M_5 + e \quad (5-10)$$

低成本创新方式对技术创新形式与成本领先战略关系的调节作用层次回归分析结果显示（表 5.34），整体模型具有统计显著性（$P<0.01$），不存在多重共线性（最大 VIF<10），不存在序列相关问题（DW 在 1.5～2.5 之间）。R Square 变化是 0.016，F 值变化显著（$P<0.10$）。低成本创新方式与工艺创新的交互作用对成本领先战略有负向影响但不显著（$\beta=-0.062$，$P>0.10$），低成本创新方式与产品创新的交互作用对成本领先战略有显著正向影响（$\beta=0.159$，$P<0.05$）。低成本创新方式强化了产品创新对成本领先战

略的影响。分析结果部分支持假设8-1。

表 5.34 低成本创新方式对技术创新形式与成本领先战略关系的调节作用

变量	Step 1		Step 2	
	标准化系数 β	t 值	标准化系数 β	t 值
控制变量				
收入	−0.002	−0.027	0.003	0.060
所有权性质	−0.072	−1.271	−0.076	−1.349
自变量				
工艺创新	0.211***	2.881	0.230***	3.135
产品创新	0.088	1.227	0.085	1.186
调节变量				
低成本创新方式	0.366***	6.374	0.366***	6.308
自变量×调节变量				
工艺创新×低成本创新方式			−0.062	−0.838
产品创新×低成本创新方式			0.159**	2.201
R Square	0.262		0.278	
F 值	16.846***		12.958***	
R Square 变化			0.016*	
F 值变化			2.650	
DW			1.613	
最大 VIF	1.730		1.775	

注:① 因变量为成本领先战略;② ***、**、* 分别表示显著性水平为1%、5%和10%。

低成本创新方式对技术创新形式与产品差异化战略关系的调节作用层次回归分析结果显示(表 5.35),整体模型具有统计显著性($P<0.01$),不存在多重共线性(最大 VIF<10),不存在序列相关问题(DW 在 1.5~2.5 之间)。R Square 变化是 0.006,F 值变化不显著($P>0.10$)。低成本创新方式与工艺创新的交互作用对产品差异化战略有正向影响但不显著($\beta=0.084,P>0.10$),低成本创新方式与产品创新的交互作用对产品差异化战略有负向影响但不显著($\beta=-0.008,P>0.10$)。

表 5.35 低成本创新方式对技术创新形式与产品差异化战略关系的调节作用

变量	Step 1		Step 2	
	标准化系数 β	t 值	标准化系数 β	t 值
控制变量				
收入	0.100*	1.867	0.106*	1.971
所有权性质	−0.099*	−1.864	−0.103	−1.951
自变量				
工艺创新	0.238***	3.474	0.243***	3.514
产品创新	0.327***	4.882	0.339***	5.020
调节变量				
低成本创新方式	0.125**	2.338	0.110**	2.018
自变量×调节变量				
工艺创新×低成本创新方式			0.084	1.202
产品创新×低成本创新方式			−0.008	−0.122
R Square	0.355		0.360	
F 值	26.070***		18.925***	
R Square 变化			0.006	
F 值变化			1.040	
DW			1.600	
最大 VIF	1.730		1.775	

注:① 因变量为产品差异化战略;② ***、**、* 分别表示显著性水平为 1%、5%和 10%。

低成本创新方式对技术创新形式与顾客差异化战略关系的调节作用层次回归分析结果显示(表 5.36),整体模型具有统计显著性($P<0.01$),不存在多重共线性(最大 VIF<10),不存在序列相关问题(DW 在 1.5~2.5 之间)。R Square 变化是 0.013,F 值变化显著($P<0.10$)。低成本创新方式与工艺创新的交互作用对顾客差异化战略有显著正向影响($\beta=0.103,P<0.10$),低成本创新方式与产品创新的交互作用对顾客差异化战略有显著负向影响($\beta=-0.148,P<0.05$)。低成本创新方式强化了工艺创新对顾客差异化战略的影响,弱化了产品创新对顾客差异化战略的影响。

综合表 5.35 和表 5.36 的分析结果,假设 8-2 得到了部分支持。

表 5.36 低成本创新方式对技术创新形式与顾客差异化战略关系的调节作用

变量	Step 1		Step 2	
	标准化系数 β	t 值	标准化系数 β	t 值
控制变量				
收入	0.164***	3.391	0.163***	3.385
所有权性质	−0.058	−1.220	−0.057	−1.208
自变量				
工艺创新	0.272***	4.399	0.258***	4.176
产品创新	0.406***	6.722	0.416***	6.873
调节变量				
低成本创新方式	0.063	1.302	0.054	1.097
自变量×调节变量				
工艺创新×低成本创新方式			0.103*	1.662
产品创新×低成本创新方式			−0.148**	−2.436
R Square	0.475		0.488	
F 值	42.936***		32.034***	
R Square 变化			0.013*	
F 值变化			2.984	
DW			1.822	
最大 VIF	1.730		1.775	

注:① 因变量为顾客差异化战略;② ***、**、* 分别表示显著性水平为 1%、5%和 10%。

5.2 低成本创新动机对成本领先战略影响机理研究数据分析

5.2.1 探索性因子分析和验证性因子分析

因子分析是用于分析影响变量、支配变量的共同因子有几个且各因子本质为何的一种统计方法。因子分析包括探索性因子分析和验证性因子分析。探索性因子分析是在事先不知道影响因素的基础上,完全依据数据,利用统计软件以一定的原则进行因子分析,最后确定因子维数的过程。探索性因子分析主要是为了找出影响观测变量的因子个数,以及各个因子和各个观测变量之间的相关程度。验证性因子分析是根据已有理论或先验知识对因子的可能个数或者因子结构做出假设,利用因子分析来检验这个假设。验证性因子分析的主要目的是检验探索性因子分析得到的潜变量测量题项拟合实际数据的能力[14]。低成本创新动机对成本领先战略影响机理研究调查量表是首次使用,首先选取前200家样本做探索性分析和验证性分析,分析步骤为:首先分析各变量测量题目的取样适宜性,删除取样适宜性系数小于0.6的题项[1]206。然后做探索性因子分析,检验信度。由于是探索性研究,本书把KMO临界值设定为0.6,信度系数临界值定为0.6。最后做验证性因子分析,检验效度。

1. 劳动制度探索性因子分析和验证性因子分析

删除取样适宜性系数小于0.6的第2题和第3题;包含4个题目的量表KMO值为0.692,Bartlett球形检验显著($P<0.001$),表明适宜进行因子分析。表5.37的探索性因子分析结果显示,方差贡献率为47.843%,各题项载荷系数都大于0.5;一致性系数α为0.627。此外,题项与总体相关系数最小值为0.387,都大于0.35,表明劳动制度测量信度可以接受。

表5.37 劳动制度探索性因子分析结果

题项	劳动制度	方差贡献率/%	一致性系数α
LDZD 6	0.762	47.843	0.627
LDZD 5	0.730		
LDZD 4	0.717		
LDZD 1	0.535		

表5.38的结果显示,各题项标准化因子荷载t值的绝对值均大于1.96,表明所有题项在各自测量概念上都达到$P<0.05$的显著水平,且标准化因子荷载介于0.479~0.773之间,大于门槛值0.45;尽管平均提炼方差AVE值小于0.5,但是验证性因子分析的拟合结果尚好,表明测量的收敛效度可以接受;表5.47显示平均提炼方差AVE值的平方根大于该变量与其他变量的相关系数,量表判别效度较好。

表 5.38　劳动制度验证性因子分析结果

潜变量	测量题项	荷载	t 值	AVE	CR
劳动制度	LDZD1	0.479	6.645	0.4134	0.7324
	LDZD4	0.773	11.067		
	LDZD5	0.691	9.896		
	LDZD6	0.591	8.399		

拟合指数：
$\chi^2=8.898, df=2, RMSEA=0.098, NNFI=0.911, CFI=0.970, SRMR=0.041, GFI=0.981$

2. 环境资源制度探索性因子分析和验证性因子分析

删除取样适宜性系数小于 0.6 的第 2 题，删除题项与总体相关系数小于 0.30 的第 1 题和第 4 题；包含 5 个题目的量表 KMO 值为 0.705，Bartlett 球形检验显著（$P<0.001$），表明适宜进行因子分析。表 5.39 的探索性因子分析结果显示，方差贡献率为 44.909%，各题项载荷系数都大于 0.5；一致性系数 α 为 0.688。此外，题项与总体相关系数最小值为 0.367，都大于 0.35，表明环境资源制度测量信度可以接受。

表 5.39　环境资源制度探索性因子分析结果

题项	环境资源制度	方差贡献率/%	一致性系数 α
HJZYZD7	0.789	44.909	0.688
HJZYZD6	0.692		
HJZYZD8	0.687		
HJZYZD5	0.647		
HJZYZD3	0.503		

表 5.40 的结果显示，各题项标准化因子荷载 t 值的绝对值均大于 1.96，表明所有题项在各自测量概念上都达到 $P<0.05$ 的显著水平，且标准化因子荷载介于 0.501~0.763 之间，大于门槛值 0.45；尽管平均提炼方差 AVE 值小于 0.5，但是验证性因子分析的拟合结果非常好，表明测量的收敛效度可以接受；表 5.47 显示平均提炼方差 AVE 值的平方根大于该变量与其他变量的相关系数，量表判别效度较好。

表 5.40 环境资源制度验证性因子分析结果

潜变量	测量题项	荷载	t 值	AVE	CR
环境资源制度	HJZYZD3	0.515	7.298	0.381 5	0.750 5
	HJZYZD5	0.501	7.071		
	HJZYZD6	0.607	8.805		
	HJZYZD7	0.763	11.428		
	HJZYZD8	0.664	9.772		

拟合指数：
$\chi^2=1.404, \mathrm{d}f=5, \mathrm{RMSEA}=0.000, \mathrm{NNFI}=1.023, \mathrm{CFI}=1.000, \mathrm{SRMR}=0.013, \mathrm{GFI}=0.998$

3. 低成本创新动机探索性因子分析和验证性因子分析

低成本创新动机量表包含 5 个构念，分别是本能动机（第 1 题至第 3 题）、习得动机（第 4 题至第 6 题）、认知动机（第 7 题至第 11 题）、诱因动机（第 12 题至第 14 题）、行为动机（第 15 题至第 18 题）。首先对每个构念单独做探索性分析，删除取样适宜性系数小于 0.6，或者题项载荷系数小于 0.5，或者题项与总体相关系数小于 0.35 的题项；然后再对保留题项做总体探索性分析，题项筛选原则同上。

本能动机构念的 3 个题项的取样适宜性系数都大于 0.6，题项载荷系数都大于 0.5，题项与总体相关系数最小值为 0.493；习得动机构念的 3 个题项的取样适宜性系数分别为 0.529、0.630、0.536，考虑到 3 个题项有 2 个题项取样适宜性不达标，删除习得动机 3 个题项；认知动机构念 5 个题项的取样适宜性系数都大于 0.6，第 11 题的载荷系数小于 0.5，第 10 题的题项与总体相关系数小于 0.35，删除第 10 题和第 11 题；诱因动机构念的 3 个题项的取样适宜性系数分别为 0.507、0.528、0.510，3 个题项的取样适宜性都不达标，删除诱因动机 3 个题项；行为动机构念的 4 个题项的取样适宜性系数都大于 0.6，题项载荷系数都大于 0.5，删除与总体相关系数小于 0.35 的第 15 题。

包含本能动机、认知动机、行为动机共 3 个构念 9 个题目量表的 KMO 值为 0.852，Bartlett 球形检验显著（$P<0.001$），表明适宜进行因子分析。表 5.41 的探索性因子分析结果显示，三个因子方差贡献率分别为 25.267%、24.942%、19.297%，各题项载荷系数都大于 0.5；三个因子的一致性系数 α 都大于 0.7。此外，题项与总体相关系数最小值为 0.508，都大于 0.35，表明

低成本创新动机测量信度可以接受。

表 5.41　低成本创新动机探索性因子分析结果

题项	行为动机	认知动机	本能动机	方差贡献率/%	一致性系数 α
DCXDJ17	0.846	0.116	0.196	25.267	0.774
DCXDJ18	0.819	0.161	0.216		
DCXDJ16	0.689	0.288			
DCXDJ8	0.124	0.878	0.176	24.942	0.792
DCXDJ7	0.434	0.748			
DCXDJ9	0.328	0.565	0.401		
DCXDJ2	0.202		0.876	19.297	0.701
DCXDJ1	0.240	0.406	0.610		
DCXDJ3		0.551	0.553		

表 5.42 的结果显示,各题项标准化因子荷载 t 值的绝对值均大于 1.96,表明所有题项在各自测量概念上都达到 $P<0.05$ 的显著水平,且标准化因子荷载介于 0.599～0.865 之间,大于门槛值 0.45;本能动机的平均提炼方差 AVE 值略低于 0.5,其他两个变量的 AVE 值都大于 0.5,验证性因子分析的拟合结果尚可,测量的收敛效度可以接受;表 5.47 显示平均提炼方差 AVE 值的平方根大于该变量与其他变量的相关系数,量表判别效度较好。

表 5.42　低成本创新动机验证性因子分析结果

潜变量	测量题项	荷载	t 值	AVE	CR
本能动机	DCXDJ1	0.774	12.367	0.490 3	0.740 9
	DCXDJ2	0.610	9.214		
	DCXDJ3	0.707	11.068		
认知动机	DCXDJ7	0.782	13.144	0.599 8	0.818
	DCXDJ8	0.788	13.266		
	DCXDJ9	0.753	12.478		
行为动机	DCXDJ16	0.599	9.328	0.607 0	0.818 9
	DCXDJ17	0.845	14.444		
	DCXDJ18	0.865	14.904		

续表

拟合指数:
$\chi^2=108.203, df=24, \text{RMSEA}=0.102, \text{NNFI}=0.912, \text{CFI}=0.941, \text{SRMR}=0.043, \text{GFI}=0.904$

4. 企业竞争战略选择探索性因子分析和验证性因子分析

企业竞争战略选择量表包含两个构念,分别是成本领先战略(第1题至第5题、第13题、第15题)、差异化战略(第6题至第12题、第14题)。首先对每个构念单独做探索性分析,删除取样适宜性系数小于0.6,或者题项载荷系数小于0.5,或者题项与总体相关系数小于0.35的题项;然后再对保留题项做总体探索性分析,题项筛选原则同前。

成本领先战略构念中第1题和第3题的取样适宜性系数分别为0.542、0.559,小于0.6,删除2个题项,其他5个题项载荷系数都大于0.5,题项与总体相关系数最小值为0.358;差异化战略构念中第10题的取样适宜性系数为0.489,小于0.6,第12题和第14题的载荷系数小于0.5,删除上述3个题项。

包含成本领先战略、差异化战略共2个构念10个题目量表的KMO值为0.682,Bartlett球形检验显著($P<0.001$),表明适宜进行因子分析。表5.43的探索性因子分析结果显示,两个因子的方差贡献率分别为23.555%、20.139%,各题项载荷系数都大于0.5;两个因子的一致性系数α都大于0.6。此外,题项与总体相关系数最小值为0.368,都大于0.35,表明企业竞争战略选择测量信度可以接受。

表5.43 企业竞争战略选择探索性因子分析结果

题项	差异化战略	成本领先战略	方差贡献率/%	一致性系数 α
EJZZL7	0.748		23.555	0.706
EJZZL9	0.733			
EJZZL6	0.664	0.271		
EJZZL8	0.642	0.113		
EJZZL11	0.565			
EJZZL15	−0.126	0.707	20.139	0.618
EJZZL13		0.703		

续表

题项	差异化战略	成本领先战略	方差贡献率/%	一致性系数 α
EJZZL5	0.217	0.587		
EJZZL4	0.118	0.545		
EJZZL2		0.535		

表 5.44 的结果显示,各题项标准化荷载 t 值的绝对值均大于 1.96,表明所有题项在各自测量概念上都达到 $P<0.05$ 的显著水平,且标准化因子荷载最小值为 0.436,接近门槛值 0.45;尽管两个变量平均提炼方差 AVE 值都小于 0.5,但是验证性因子分析拟合结果尚可,测量收敛效度可以接受;表 5.47 显示平均提炼方差 AVE 值的平方根大于该变量与其他变量的相关系数,量表判别效度较好。

表 5.44 企业竞争战略选择验证性因子分析结果

潜变量	测量题项	荷载	t 值	AVE	CR
成本领先战略	EJZZL2	0.499	5.129	0.279 8	0.652 6
	EJZZL4	0.436	5.633		
	EJZZL5	0.542	7.085		
	EJZZL13	0.676	8.787		
	EJZZL15	0.547	7.147		
差异化战略	EJZZL6	0.707	10.886	0.416 3	0.775 6
	EJZZL7	0.769	12.063		
	EJZZL8	0.565	8.305		
	EJZZL9	0.684	10.462		
	EJZZL11	0.451	6.429		

拟合指数:
$\chi^2=123.115, df=34$, RMSEA$=0.108$, NNFI$=0.895$, CFI$=0.845$, SRMR$=0.049$, GFI$=0.902$

5. 企业绩效探索性因子分析和验证性因子分析

企业绩效的 6 个题项的取样适宜性系数都大于 0.6,题项载荷系数都大于 0.5,题项与总体相关系数最小值为 0.376。包含 6 个题目量表的 KMO 值为 0.786,Bartlett 球形检验显著($P<0.001$),表明适宜进行因子分析。

表 5.45 的探索性因子分析结果显示,方差贡献率为 44.967%,各题项载荷系数都大于 0.5;一致性系数 α 为 0.754。此外,题项与总体相关系数最小值为 0.376,都大于 0.35,表明企业绩效测量信度可以接受。

表 5.45　企业绩效探索性因子分析结果

题项	劳动制度	方差贡献率/%	一致性系数 α
EQYJX4	0.718	44.967	0.754
EQYJX5	0.717		
EQYJX3	0.704		
EQYJX2	0.666		
EQYJX1	0.657		
EQYJX6	0.545		

表 5.46 的结果显示,各题项标准化因子荷载 t 值的绝对值均大于 1.96,表明所有题项在各自测量概念上都达到 $P<0.05$ 的显著水平,且标准化因子荷载最小值为 0.476,大于门槛值 0.45;尽管平均提炼方差 AVE 值小于 0.5,但是验证性因子分析的拟合指数尚好,测量的收敛效度可以接受;表 5.47 显示平均提炼方差 AVE 值的平方根大于该变量与其他变量的相关系数,量表判别效度较好。

表 5.46　企业绩效验证性因子分析结果

潜变量	测量题项	荷载	t 值	AVE	CR
企业绩效	EQYJX1	0.591	8.741	0.387 5	0.789 1
	EQYJX2	0.598	8.866		
	EQYJX3	0.671	10.198		
	EQYJX4	0.684	10.451		
	EQYJX5	0.688	10.518		
	EQYJX6	0.476	6.802		

拟合指数:
$\chi^2=31.804$, $df=9$, RMSEA=0.106, NNFI=0.916, CFI=0.950, SRMR=0.049, GFI=0.955

综上所述,测量效果可以接受,可以继续进行下一步的假设检验。在进行假设验证之前,对所有变量进行相关分析,只有当自变量与因变量确实存在相关关系时,建立的结构方程模型或回归分析模型才有意义。相关分析结果见表5.47。

表5.47 相关分析结果

变量		1 LDZD	2 HJZYZD	3 BNDJ	4 RZDJ	5 XWDJ	6 ECBLX	7 ECHYH	8 EQYJX
1	LDZD	0.643							
2	HJZYZD	0.081	0.618						
3	BNDJ	−0.084	0.517***	0.700					
4	RZDJ	−0.082	0.481***	0.628***	0.774				
5	XWDJ	−0.031	0.393***	0.478***	0.562***	0.779			
6	ECBLX	0.108*	0.523***	0.488***	0.421***	0.449***	0.529		
7	ECHYH	0.445***	0.168**	0.002	−0.101	−0.020	0.240***	0.645	
8	EQYJX	0.375***	0.119*	0.005	−0.166**	−0.110*	0.162**	0.487***	0.622
均值		3.850	2.876	2.843	2.708	3.131	3.129	3.689	3.438
标准差		0.663	0.734	0.869	0.926	0.863	0.649	0.581	0.559

注:***、**、*分别表示显著性水平为1%、5%和10%(双尾,2-tailed)。对角线为该变量AVE值的算术平方根。LDZD、HJZYZD、BNDJ、RZDJ、XWDJ、ECBLX、ECHYH、EQYJX分别表示劳动制度、环境资源制度、本能动机、认知动机、行为动机、成本领先战略、差异化战略、企业绩效。

相关分析结果显示:① 劳动制度与低成本创新本能动机(相关系数 −0.084,$P>0.01$)、认知动机(相关系数 −0.082,$P>0.01$)、行为动机(相关系数 −0.031,$P>0.01$)的相关性都不显著,劳动制度与成本领先战略(0.108,$P<0.10$)、差异化战略(0.445,$P<0.01$)均显著正相关;② 环境资源制度与低成本创新本能动机(相关系数 0.517,$P<0.01$)、认知动机(相关系数 0.481,$P<0.01$)、行为动机(相关系数 0.393,$P<0.01$)均显著正相关,环境资源制度与成本领先战略(0.523,$P<0.01$)、差异化战略(0.168,$P<0.05$)均显著正相关;③ 成本领先战略与低成本创新本能动机(相关系数 0.488,$P<0.01$)、认知动机(相关系数 0.421,$P<0.01$)、行为动机(相关系数 0.449,$P<0.01$)均显著正相关,成本领先战略与企业绩效(0.162,$P<0.05$)显著正相关;④ 差异化战略与低成本创新本能动机(相关系数 0.002,$P>0.10$)、认知动机(相关系数 −0.101,$P>0.10$)、行为动机(相关系数 −0.020,$P>0.10$)的相关性都不显著,差异化战略与企业绩效(0.487,$P<0.01$)显著正相关。

由于劳动制度与低成本创新动机相关性不显著,差异化战略与低成本创新动机相关性不显著,因此在接下来的假设检验中,只检验:① 低成本创新动机对成本领先战略的影响;② 劳动制度、环境资源制度对低成本创新动机与成本领先战略关系的调节作用。

5.2.2 低成本创新动机对成本领先战略的直接影响的检验

采用结构方程建模的方法检验低成本创新动机对成本领先战略的影响(图 5.4)。在检验之前,使用 SPSS 13.0 软件对样本数据的偏度和峰度进行分析,结果表明各变量的样本数据均符合正态分布的要求。综合上文关于样本数据信度、效度的检验结果,样本数据的容量、分布状态以及信度与效度均达到了结构方程模型建模的基本要求。在结构方程模型的标准化路径系数估计中,只要相应 t 值的绝对值大于 1.96,即可认为其至少是在 $P<0.05$ 的水平上显著。

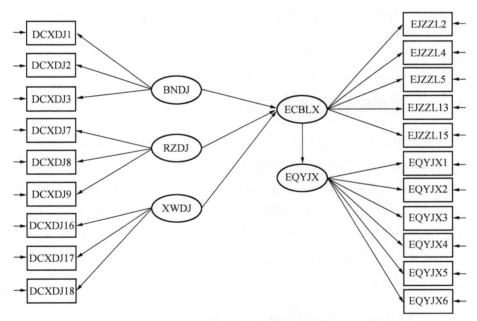

图 5.4 低成本创新动机—成本领先战略—企业绩效结构方程模型图

表 5.48 的低成本创新动机对成本领先战略结构方程模型拟合指数显示,实证数据能拟合理论模型。从路径效应分析结果来看,低成本创新的本

能动机、行为动机对成本领先战略有显著正向影响,低成本创新的认知动机对成本领先战略有负向影响但不显著;从标准化系数来看,低成本创新的本能动机($\beta=0.780, P<0.01$)对成本领先战略的影响强度高于行为动机($\beta=0.347, P<0.01$)。成本领先战略对企业绩效有显著正向影响($\beta=0.195, P<0.05$)。分析结果部分支持假设9-1。

表5.48 低成本创新动机对成本领先战略结构方程模型分析结果

路径	标准化系数β	t值	对应假设	结论
GAMMA				
本能动机 BNDJ→成本领先战略 ECBLX	0.780	3.187	假设9-1	支持
认知动机 RZDJ→成本领先战略 ECBLX	−0.343	−1.408	假设9-1	不支持
行为动机 XWDJ→成本领先战略 ECBLX	0.347	2.716	假设9-1	支持
BETA				
成本领先战略 ECBLX→企业绩效 EQYJX	0.195	2.132		

模型拟合指数:
$\chi^2/df=468.755/163$, RMSEA$=0.091$, NNFI$=0.881$, CFI$=0.898$, SRMR$=0.048$, GFI$=0.828$

5.2.3 劳动制度的调节作用检验

构建检验劳动制度对低成本创新动机与成本领先战略关系调节作用的层次回归模型,在Step 1中放入因变量Y(成本领先战略Y_4)、控制变量X_k(收入X_{k3}、所有权性质X_{k4})、自变量X_z(本能动机X_{z3}、认知动机X_{z4}、行为动机X_{z5})、调节变量M(劳动制度M_6)(式5-11),在Step 2中放入自变量和调节变量做中心化变换后构建的乘积项X_zM(本能动机×劳动制度$X_{z3}M_6$、认知动机×劳动制度$X_{z4}M_6$、行为动机×劳动制度$X_{z5}M_6$)(式5-12)。

$$Y_4=a+b_{k3}X_{k3}+b_{k4}X_{k4}+b_{z3}X_{z3}+b_{z4}X_{z4}+b_{z5}X_{z5}+cM_6+e \quad (5-11)$$

$$Y_4=a+b_{k3}X_{k3}+b_{k4}X_{k4}+b_{z3}X_{z3}+b_{z4}X_{z4}+b_{z5}X_{z5}+cM_6$$
$$+c'_3X_{z3}M_6+c'_4X_{z4}M_6+c'_5X_{z5}M_6+e \quad (5-12)$$

表5.49的结果显示,整体模型具有统计显著性($P<0.01$),不存在多重共线性(最大VIF<10),不存在序列相关问题(DW在1.5~2.5之间)。R Square变化只有0.009, F值变化不显著($P>0.10$)。劳动制度与本能动机

的交互作用对成本领先战略有负向影响但不显著($\beta=-0.050, P>0.10$),劳动制度与认知动机的交互作用对成本领先战略有负向影响但不显著($\beta=-0.050, P>0.10$),劳动制度与行为动机的交互作用对成本领先战略有负向影响但不显著($\beta=-0.008, P>0.10$)。劳动制度对低成本创新动机与成本领先战略关系没有显著调节作用。分析结果不支持假设10-1。

表5.49 劳动制度对低成本创新动机与成本领先战略关系的调节作用

变量	Step 1		Step 2	
	标准化系数 β	t 值	标准化系数 β	t 值
控制变量				
收入	0.022	0.358	0.027	0.437
所有权性质	0.020	0.322	0.025	0.408
自变量				
本能动机	0.333***	4.403	0.320***	4.159
认知动机	0.089	1.100	0.090	1.096
行为动机	0.225***	3.174	0.230***	3.174
调节变量				
劳动制度	0.141**	2.399	0.114*	1.837
自变量×调节变量				
本能动机×劳动制度			−0.050	−0.491
认知动机×劳动制度			−0.050	−0.495
行为动机×劳动制度			−0.008	−0.090
R Square	0.305		0.314	
F 值	15.338***		10.520***	
R Square 变化			0.009	
F 值变化			0.918	
DW			1.591	
最大 VIF	1.958		3.104	

注:① 因变量为成本领先战略;② ***、**、* 分别表示显著性水平为1%、5%和10%。

5.2.4 环境资源制度的调节作用检验

构建检验环境资源制度对低成本创新动机与成本领先战略关系调节作用的层次回归模型，在 Step 1 中放入因变量 Y（成本领先战略 Y_4）、控制变量 X_k（收入 X_{k3}、所有权性质 X_{k4}）、自变量 X_z（本能动机 X_{z3}、认知动机 X_{z4}、行为动机 X_{z5}）、调节变量 M（环境资源制度 M_7）（式 5-13），在 Step 2 中放入自变量和调节变量做中心化变换后构建的乘积项 $X_z M$（本能动机×环境资源制度 $X_{z3}M_7$、认知动机×环境资源制度 $X_{z4}M_7$、行为动机×环境资源制度 $X_{z5}M_7$）（式 5-14）。

$$Y_4 = a + b_{k3}X_{k3} + b_{k4}X_{k4} + b_{z3}X_{z3} + b_{z4}X_{z4} + b_{z5}X_{z5} + cM_7 + e \qquad (5-13)$$

$$Y_4 = a + b_{k3}X_{k3} + b_{k4}X_{k4} + b_{z3}X_{z3} + b_{z4}X_{z4} + b_{z5}X_{z5} + cM_7 + c'_3 X_{z3}M_7 + c'_4 X_{z4}M_7 + c'_5 X_{z5}M_7 + e \qquad (5-14)$$

表 5.50 的结果显示，整体模型具有统计显著性（$P<0.01$），不存在多重共线性（最大 VIF<10），不存在序列相关问题（DW 在 1.5~2.5 之间）。R Square 变化只有 0.009，F 值变化显著（$P<0.10$）。环境资源制度与本能动机的交互作用（$\beta=0.000$，$P>0.10$）、环境资源制度与认知动机的交互作用（$\beta=0.019$，$P>0.10$）对成本领先战略有正向影响但均不显著。环境资源制度与行为动机的交互作用对成本领先战略有显著负向影响（$\beta=-0.103$，$P<0.10$），环境资源制度弱化了低成本创新的行为动机对成本领先战略的影响。分析结果不支持假设 11-1，部分得到相反结果。

表 5.50 环境资源制度对低成本创新动机与成本领先战略关系的调节作用

变量	Step 1		Step 2	
	标准化系数 β	t 值	标准化系数 β	t 值
控制变量				
收入	0.041	0.696	0.031	0.526
所有权性质	0.032	0.547	0.036	0.601
自变量				
本能动机	0.214***	2.810	0.202***	2.618
认知动机	0.017	0.212	0.031	0.393
行为动机	0.190***	2.768	0.176**	2.540

续表

变量	Step 1		Step 2	
	标准化系数 β	t 值	标准化系数 β	t 值
调节变量				
环境资源制度	0.323***	4.833	0.329***	4.877
自变量×调节变量				
本能动机×环境资源制度			0.000	0.002
认知动机×环境资源制度			0.019	0.239
行为动机×环境资源制度			−0.103*	−1.691
R Square	0.357		0.366	
F 值	19.446		13.273	
R Square 变化			0.009	
F 值变化			1.954*	
DW			1.707	
最大 VIF	2.021		2.082	

注:① 因变量为成本领先战略;② ***、**、* 分别表示显著性水平为 1%、5%和 10%。

5.3 问卷调查研究发现

基于 2011 年至 2012 年的两次问卷调查数据的分析论证,研究发现:

(1) 企业实施的成本领先战略可以区分为两种:以运营效率为主要驱动因素的传统型成本领先战略,以技术创新为主要驱动因素的创新型成本领先战略。传统型成本领先战略的运营效率强度显著高于创新型成本领先战略;创新型成本领先战略的技术创新强度显著高于传统型成本领先战略。两种类型成本领先战略的财务绩效、市场绩效、总体绩效都没有显著差异。总体来看,样本企业中,以传统型成本领先战略为主导的比例高于以创新型成本领先战略为主导的比例。

(2) 从技术创新形式来看,企业实施的是以成本领先战略为主导的竞争战略,由以提高制造质量、提升运营效率为主要目的的工艺创新驱动。从低成本创新动机来看,本书提出并实证检验了低成本创新动机的三个维度——本能动机、认知动机、行为动机。其中,本能动机、行为动机对成本领先战略有显著影响。比较而言,产品创新对差异化战略的影响强度要高于成本领先战略,而低成本创新动机三个维度与差异化战略相关性都不显著。

(3) 中国的正式制度不仅没有强化工艺创新对成本领先战略的影响,相反,还弱化了工艺创新对成本领先战略的影响;劳动制度没有对低成本创新动机与成本领先战略关系产生显著调节作用;环境资源制度弱化了低成本行为动机对成本领先战略的影响。比较而言,中国的正式制度、非正式制度对技术创新两种形式与产品差异化战略关系没有产生显著调节作用;正式制度、非正式制度显著弱化了产品创新与顾客差异化战略的关系。

(4) 验证了前期探索性研究发现,高管团队存在两种认知风格——分析型和创造型,且分析型强度高于创新型。高管团队两种认知风格对技术创新两种形式与成本领先战略关系都没有显著调节作用。比较而言,高管团队两种认知风格对技术创新两种形式与产品差异化战略关系没有显著调节作用;高管团队两种认知风格强化了工艺创新对顾客差异化战略的影响,高管团队分析型认知风格弱化了产品创新对顾客差异化战略的影响。

(5) 中国制造企业低成本创新方式有助于强化产品创新对成本领先战略的影响。比较而言,低成本创新方式弱化了产品创新对顾客差异化战略的影响,对技术创新形式与产品差异化战略的关系没有显著调节作用。

5.4 问卷调查研究结果讨论

5.4.1 工艺创新和产品创新对成本领先战略影响机理研究结果讨论

1. 两种成本领先战略识别及绩效比较的讨论

表 5.17 和表 5.18 的分析结果显示,在 78 家以成本领先战略为主导的中国制造企业中,效率驱动型企业数量超过 2/3,有 53 家,而创新驱动型企业数量不足 1/3,仅有 25 家。传统型成本领先企业的运营效率平均得分 4.491,显著高于创新型成本领先企业的运营效率平均得分 3.850($P<0.01$);创新型成本领先企业的技术创新平均得分 4.104,显著高于传统型成本领先企业的技术创新平均得分 3.864($P<0.10$);而且从全部 257 家样本

企业情况来看,中国制造企业的技术创新强度低于运营效率强度,运营效率的平均得分为 4.141,工艺创新的平均得分为 3.830,产品创新的平均得分为 3.725(表 5.16)。

研究结果表明,以成本领先战略为主导的中国制造企业,主要依靠提升运营效率降低成本,技术创新在成本领先战略实施中发挥次要的作用,实证研究结果验证了陈圻和任娟[15]关于两种成本领先战略分类假设,同时也揭示了推动实施创新驱动成本领先战略的必要性。

假设 1-2 创新型成本领先战略绩效高于传统型成本领先战略的研究假设没有得到验证,无论从财务绩效、市场绩效还是总体绩效来看,创新型成本领先战略绩效得分都要低于传统型成本领先战略绩效得分,创新型成本领先战略得分分别为 3.427、3.653、3.540,而传统型成本领先战略得分分别为 3.554、3.805、3.679,显然两种成本领先战略绩效差异并不显著(表 5.18)。

研究结果表明,技术创新驱动的成本领先企业,并没有获得显著高于运营效率驱动成本领先企业的绩效,而相反,绩效水平还要低于传统型成本领先企业,尽管差异并不显著。可能的解释是,传统型成本领先战略主要是由工艺创新推动的,从某个时点来看,关注效率比技术创新(特别是产品创新)能获得更好的绩效。这也意味着,成本领先战略的转型升级的关键在于,提升产品创新强度,通过产品创新实现"在新的产业市场里继续实施成本领先战略"。

2. 技术创新形式对成本领先战略及差异化战略影响的讨论

实证结果显示,样本企业技术创新的两种形式中,工艺创新强度(平均得分 3.830)高于产品创新(平均得分 3.725)(表 5.16)。工艺创新对成本领先战略有显著正向影响($\beta=0.357, P<0.05$),而且影响强度高于产品创新($\beta=0.191, P>0.10$;表 5.19);产品创新对产品差异化战略有显著影响($\beta=0.613, P<0.01$),而且影响强度高于工艺创新($\beta=0.134, P>0.10$;表 5.20);产品创新($\beta=0.566, P<0.01$)和工艺创新($\beta=0.264, P<0.05$)对顾客差异化战略均有显著正向影响,而且产品创新影响强度高于工艺创新(表 5.21)。技术创新两种形式通过成本领先战略或差异化战略对企业绩效均有显著正向影响(表 5.19~表 5.21)。

研究结果表明:

(1) 中国制造企业的技术创新以工艺创新为主导,工艺创新对成本领先战略、顾客差异化战略均有显著影响。中国制造企业的技术创新,特别是民营制造企业的技术创新,通常是在主导设计[16]出现以后进行的二次创新[17],即根据目标市场当地的条件进行的改良与变革,解决原来的产品在新生产地生产的问题,并根据目标市场的生产和顾客需求改进产品设计。安同良等建立了四等级的创新分类:对世界市场、对中国市场、对江苏市场、对公司自身[18]。在对江苏省制造业企业进行大规模问卷调查的基础上,他们发现产品创新中为世界首创的比例仅为9%,而为中国、江苏和该公司首创的比例分别为26%、22%和43%。工艺创新中的比例分别是12.8%、24.7%、20.5%和42%。总的来说,在江苏省的技术创新活动中,工艺创新和渐进性创新占了主要部分。本书的研究结果与纳雷安安、吴晓波、安同良等的研究结论是一致的。

(2) 中国制造企业的竞争战略以成本领先战略为主导。尽管样本企业成本领先战略平均得分3.786,小于差异化战略平均得分3.934(产品差异化战略平均得分3.822和顾客差异化战略平均得分4.046的平均值),但是考虑到成本领先战略的关注焦点是企业内部的效率、质量、成本,而差异化战略的关注焦点是企业外部的顾客、服务、品牌等,运营效率和成本领先战略的平均值为3.964,高于差异化战略平均得分3.934(表5.16),由此推断,中国制造企业实施的竞争战略以传统型成本领先战略为主导。本书的研究结果与石盛林和陈圻[12]的研究结果是一致的。从技术创新视角来看,这种竞争战略选择是由以工艺创新为主导的技术创新选择决定的。以江苏省为例,第二次江苏科学研究与试验发展(Research and Development,R&D)资源清查公报显示,江苏省政府科技投入资金虽然超过140亿元,但全社会基础研究经费和应用研究经费所占全社会R&D投入比重不足10%也是不争的事实;企业的引进消化再吸收费用占比与发达国家相比也基本处于本末倒置的状态,以日本为例,日本的引进费用与消化吸收再创新之比为100:1 000,中国仅为100:7,江苏除了宿迁、徐州、连云港等相对稍好外,也大多在100:10以下;体现原创能力的发明专利在三项专利中仅占比19%;从1997年至今的数据来看,发明专利的年增长率也是三项专利中最低的,并且三资企业中外商独资企业发明专利申请的比重占绝对优势,2009年独资企业申请发明专利占当年三资企业申请专利的62%(数据来源：http://www.jssts.com/)。由此可以得出推论，以工艺创新为主的技术创新决定了企业竞争战略以传统型成本领先战略为主导。

(3) 中国制造企业以工艺创新为主要创新驱动源。以成本领先战略为主导的竞争战略，是由中国制造特定的历史发展阶段决定的。古利平和张宗益根据市场发展、产业规模和创新特点将中国制造业的创新模式分为产业基础形成阶段、产业快速发展阶段、产业创新升级阶段三个阶段，建立起中国制造业创新模式的三阶段模型(图5.5)，并分析了中国制造各个发展阶段创新模式的特点(表5.51)[19]。古利平和张宗益认为，与国外产业发展的生命周期不同，中国制造业的产业整体基础薄弱，产业发展是直接引入国外主导设计已经成熟的产品进行生产，这使得中国的创新模式和欧美的产业发展有本质区别[19]。第一阶段是产业开始起步，从技术引进逐渐发展形成产业基础，本阶段的特征是少数几个寡头垄断市场供给；工艺创新比产品创新更重要，技术创新主要是工艺创新。第二阶段是产业快速发展的时期，特征是厂商进入者众多，产业集中度降低；工艺创新是技术创新的重点，产品创新以模仿为主，重在外观变化。第三阶段是厂商进入少而退出多，形成寡头竞争的市场结构；工艺创新继续深入，产品创新成为技术创新的主流。本书的实证发现验证了古利平和张宗益的观点，中国制造业正处于从"产业快速发展阶段"向"产业创新升级阶段"的演进过程中，产品创新能力、产品差异正在形成，实施的是工艺创新驱动的成本领先战略。

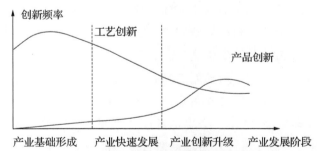

图5.5 中国制造业创新模式的三阶段模型

表 5.51　中国制造业创新模式的阶段及特点

特点	产业基础形成阶段	产业快速发展阶段	产业创新升级阶段
主导创新类型	工艺创新	工艺创新,管理创新	产品创新
主要创新激励	扩大产量,降低成本	降低成本,提高质量	产品差异,提高质量
市场结构	寡头垄断,进入少	进入多,退出少	退出多,寡头竞争
市场范围	国内	国内	国内,国际
相关产业	缺乏,主要靠企业自己配套	产业基础形成,降低了小企业进入的规模经济要求	发达,能支持主导企业迅速扩张和提高质量
产量	产量逐步增长	产量快速提高	产量稳步增长
利润	高	从高到低	从低到正常利润
产品创新重点	引进	模仿、外观	实用新型和发明
产品类型	单一	较少,产品同质化	多,产品同质化
竞争优势	制造能力	制造和营销能力	创新能力
知识产权	意识缺乏,法律不全	不重视	重视

资料来源:古利平,张宗益.中国制造业的产业发展和创新模式[J].科学学研究,2006,24(2):203.

3. 制度环境调节作用的讨论

本书的研究结果显示,正式制度环境对样本企业工艺创新与成本领先战略关系、产品创新与顾客差异化战略关系有显著负向调节作用;非正式制度环境对样本企业产品创新与顾客差异化战略关系有显著负向调节作用。正式制度弱化了工艺创新对成本领先战略的影响强度(表5.22),弱化了产品创新对顾客差异化战略的影响强度(表5.24);非正式制度弱化了产品创新对顾客差异化战略的影响强度(表5.27)。为什么正式制度和非正式制度的调节作用都是负向的? 可能的解释有以下四点:

(1) 政府为企业服务的效率低。国际金融公司和世界银行联合发布的《2012年营商环境报告:在一个更加透明化的世界里经营》,对从2010年6月至2011年5月的183个经济体的监管规则进行了评估,并在10个营商监管规则领域对这些经济体进行了排名,这些监管规则领域包括开办企业、处理破产和跨境贸易等,中国内地名列第91位,而上次排名为第87位。以"开办企业"为例,内地排名第151位,需要的程序有14个,而香港仅有3个;时间内地需要38天,香港仅需要3天;实缴资本下限占人均国民收入的百分比,内地达到100.4,香港则为0。

(2)技术创新形式对成本领先战略影响机理调研样本中民营企业占到85.21%,民营企业还不能够公平地获得或使用资源,特别是金融资源,制约了企业技术创新,特别是原创性的产品创新。尽管官方意识形态的持续放松和政府自身改革都刺激了地方政府官员推动经济的发展,然而中国的制度搭建总体上仍然与传统市场经济不匹配,非国有企业,尤其私有企业的发展状况是,总体上仍然不被支持[20]170-171。更为具体地说,至少有三个方面对非国有企业是"倾斜"的:第一是法律和行政上的进入障碍依然存在,第二是信贷约束,第三是法律保护薄弱[20]171。《2012年营商环境报告:在一个更加透明化的世界里经营》和《中国市场化指数——各地区市场化相对进程2011年报告》也同样证明了这一点。《2012年营商环境报告:在一个更加透明化的世界里经营》显示,中国内地获得信贷便利度名列第67位,较上次排名落后3位,合法权利指数得分为6;而香港名列第4位,合法权利指数得分为10。

(3)中国传统文化具有官僚型文化特征和"实用—经验理性"特征[21]。中国传统文化具有明显的官僚型文化特征,有明确的责任和权力,信息与权力的流露具有等级性,依赖于权力的控制。中国传统文化中以道德为本位的宗法制度,认为家族整体利益是第一位的,要求人们约束自己,服从整体,这一特征有利于企业的合作创新。但是,这种道德伦理原则特别强调家长权威、等级制度,束缚了民主思想的发展,同时个人的权利容易被忽视,不利于个人自主性、独立性和创造性的发挥。而企业内部的大量创新活动最初都起始于某个行为主体的个人行为[22],由此可见,中国传统文化束缚了个体创造力作用的发挥,不利于企业自主创新文化的形成。中国传统文化具有"实用—经验理性"特征,这种特征使得中国人能毅然面对现实,勇于承受一切,但同时也形成了逆来顺受、保守求稳、缺乏冒险精神的特征。长久以来,中华文化积淀出了重"恒"轻"变",追求"久远"的特征,绝大多数中国人都"安土乐天",容易满足,遵循着"天不变,道亦不变"的生活方式,能顾全大局,委曲求全。追求稳定,不求变化养成了中国人在稳重的同时不思进取、知足常乐的惰性,限制了竞争与冒险,扼杀了创新活力。

(4)区域文化中有勤劳、精巧、柔韧的经济价值观,精打细算、精细作业、节省开支、细水长流的经济作风[23]。本书的调查样本主要分布在江苏(占到全部样本的75.88%),通过江苏和浙江区域文化比较可以找到根源。① 不确定性避免比较。吴文化是江苏文化的主流文化,其最大特点是稳中求进、刚柔并济。相比之下,由于傍海而居,自然资源匮乏,以出海为生的生活环境,培育出了浙江人的开拓冒险精神。② 集体主义程度比较。浙江文化和江苏文化都具有集体主义文化倾向。相对于江苏企业,浙商有着显著的"团队精神",这种团队精神在民间融资上体现得较为明显。据统计,浙商融资中80%靠民间借贷,要么向亲戚、朋友借,要么入商会,要么组建民企集团。正是这种"爱扎堆"的精神特性,使全国各地到处都有"温州路""义乌路"和"浙江村"。③ "入市"与"崇文"。浙江省素来就表现出"务实、重利"的文化特征,强调"入市"的价值观,以物质财富多少作为评价人的标准。浙江由于自然资源束缚以及生存环境恶劣,造就了浙江人"走遍千山万水、说尽千言万语、吃过千辛万苦、想尽千方百计"的"四千精神",反映了一种深深的创业文化底蕴,代代传承。相比较,江苏人"崇文"早已成为传统风气。江苏文化具有典型的水乡文化气质,同时又赋予吴地民众勤劳、精巧、柔韧的经济价值观,形成了精打细算、精细作业、节省开支、细水长流的经济作风,注重稳中求进,这种价值观导致江苏民营企业家谨小慎微,缺乏敢闯敢干的冒险精神。

4. 高管团队认知风格调节作用的讨论

实证研究结果表明,样本企业高管团队分析型认知风格强度(平均得分4.112,表5.16)高于创造型认知风格(平均得分3.672,表5.16);高管团队分析型认知风格强化了工艺创新对顾客差异化战略的影响(表5.30),而弱化了产品创新对顾客差异化战略的影响(表5.30);高管团队创造型认知风格强化了工艺创新对顾客差异化战略的影响(表5.33)。中国制造企业高管团队以分析型认知风格为主导,研究结论与前期探索性研究发现是一致的[12,24]。

(1) 为什么分析型认知风格强?分析型认知风格强化了工艺创新对顾客差异化战略的影响,而弱化了产品创新对顾客差异化战略的影响。分析型认知风格倾向于自上而下的加工或概念驱动加工,根据已有的经验和知识处理和加工信息。事实上,分析型认知风格的高管团队分析和处理信息的思维起点在企业内部,根据经验和知识处理信息,并做出行动选择。分析型认知风格通常体现在常规性问题解决中,人们应用先前获得的知识经验,按照现成的方案或程序解决问题。常规性解决不需要明显地改组原来的知识,也不产生任何新的、有社会价值的产品[25]381。工艺创新之所以受到中国制造企业普遍青睐,就在于工艺创新所涉及的信息通常是确定的、已知的和易控制的,高管团队能够依照惯例,有组织、有计划地感知和处理信息并做出决策,意味着较快的决策速度和较小的决策风险,而且见效快。但是,较强的分析型认知偏好也会影响到高管团队在感知和处理信息时的灵活性和创造性,不利于产品创新,使得技术创新和竞争战略的决策趋同可能性增加,企业陷入同质化竞争的局面。上述分析推理可以解释,为什么高管团队分析型认知风格与工艺创新的交互作用对顾客差异化战略有显著正向影响($\beta=0.305, P<0.01$,表5.30),而高管团队分析型认知风格与产品创新的交互作用对顾客差异化战略有显著负向影响($\beta=-0.232, P<0.01$,表5.30)。同时也可以解释为什么中国制造企业偏好成本领先战略,低成本、低价格是中国制造企业参与国际竞争的主要手段[26]。

(2) 为什么创造型认知风格弱?创造型认知风格强化了工艺创新对顾客差异化战略的影响。创造型认知风格倾向于自下而上的加工或数据驱动加工,信息加工和处理直接依赖于外部刺激的特征或输入的信息。事实上,创造型认知风格的高管团队分析和处理信息的思维起点在企业外部,特别是目标顾客,根据目标顾客的价值偏好信息,提供被顾客认为更具价值的产品或服务[27]。与分析型认知风格不同,创造型认知风格通常体现在创造性解决问题中。创造性是指人们应用新颖、独特的方式解决问题,并能产生新的、有社会价值的产品的心理过程。创造性存在于解决问题的过程中。与常规性问题解决不同,创造性问题解决是指应用新的方案或程序,创造新的、有社会价值的产品。在创造性问题解决中,人们灵活地应用已有的知识经验,根据问题情景的需要,重新组合这些知识,并创造有社会价值的新产品。纽厄尔和西蒙曾提出了定义创造性的四条标准,它们是:答案对个人和社会是新颖的和有用的、答案要求我们放弃原来已接受的思想、答案来自强烈的动机和坚持不懈的能力、答案把原来模糊不清的问题澄清了[25]381。从高管团队认知风格视角来分析,高管团队创造型认知风格偏弱是产品创新和差异化战略实施强度低于工艺创新和成本领先战略的根本原因。中国制造业所处的发展阶段[19]决定了中国制造企业的技术创新主要是在主导设计基础上进行的二次创新[17],工艺创新起着更加重要的作用[16]119,高管团队创造性问题解决也主要体现在了工艺创新中。上述分析可以解释,为什么高管团队创造型认知风格与工艺创新的交互作用对顾客差异化战略有显著正向影响($\beta=0.117,P<0.05$,表 5.33),而高管团队创造型认知风格与产品创新的交互作用对顾客差异化战略有负向影响($\beta=-0.075,P>0.10$,表 5.33)。由于与创造型认知风格相关的信息具有较多的不确定性、多样性的和易变性,因此需要高管团队在感知和处理信息时能够灵活地、开放地、新颖地、创造性地感知和处理信息并做出创新决策,而这些恰恰是中国制造企业的高管所缺失的。

5. 低成本创新方式调节作用的讨论

实证分析结果显示,工艺创新和产品创新与低成本创新方式都显著正相关,工艺创新与低成本创新方式的相关性(表 5.16,相关系数 0.256,$P<0.01$)高于产品创新与低成本创新方式的相关性(表 5.16,相关系数 0.149,$P<0.01$)。总体来看,低成本创新方式对成本领先战略有显著正向影响(表 5.34,$\beta=0.366,P<0.01$),对产品差异化战略有显著正向影响(表 5.35,$\beta=0.125,P<0.05$),对顾客差异化战略有正向影响但不显著(表 5.36,$\beta=0.063,P>0.10$)。低成本创新方式强化了产品创新对成本领先战略的影响(表 5.34),强化了工艺创新对顾客差异化战略的影响(表 5.36),弱化了产品创新对顾客差异化战略的影响(表 5.36)。

(1)为什么低成本创新方式有助于强化产品创新对成本领先战略的影响,而弱化了产品创新对顾客差异化战略的影响。低成本创新是指企业通过创新,而不是简单的低要素成本,进一步降低成本;同时企业可以通过低成本方式实现应用型创新,带来性价比的大幅度上升[28]。陈圻和任娟概括了低创新成本的三个特征:低财务成本、低时间成本和低风险,同时指出创新型成本领先战略以创新为关键驱动因素,而且可以通过创新使原有产品升级进入新的市场,包括中端和高端市场,在新的产业市场中继续实施成本领先战略(相对于该市场以较低的成本和价格生产和销售产品,但价格可能高于原有市场)[15]。本书研究发现,低成本创新方式与产品创新的交互作用对成本领先战略有显著正向影响(表 5.34,$\beta=0.159,P<0.05$),部分验证了陈圻和任娟提出的创新型成本领先战略"具有升级演化特性","以低战略风险实现升级"[15],企业可以通过低成本创新方式实施产品创新,实现"在新

的产业市场中继续实施成本领先战略"。低成本创新方式与产品创新的交互作用对顾客差异化战略有显著负向影响(表 5.36,$\beta=-0.148$,$P<0.05$),表明中国制造企业基于低时间成本、低财务成本、低风险的产品创新不利于顾客差异化战略的实施,同时也揭示了为实施顾客差异化战略而进行的产品创新相对为实施成本领先战略而展开的产品创新所需的时间、成本、风险要高,当然,这种现象背后的深层次原因,还有待今后研究的探索。

(2) 为什么低成本创新方式强化了工艺创新对顾客差异化战略的影响? 如前所述,低成本创新方式与工艺创新的相关性(表 5.16,相关系数 0.256,$P<0.01$)高于产品创新(表 5.16,相关系数 0.149,$P<0.01$),低成本创新方式与工艺创新的交互作用对顾客差异化战略有显著正向影响(表 5.36,$\beta=0.103$,$P<0.10$),表明中国制造企业的低成本创新更多地体现在工艺创新中,通过工艺创新实现针对满足不同目标顾客的差异化需求,而不是产品创新(表 5.36,低成本创新方式弱化了产品创新对顾客差异化战略的影响)。例如,比亚迪在资金缺乏、无力引进高价生产线、设备时,对原有设备进行改造、创新,研发出半自动化的设备,用人力代替部分机器工作,在关键工序运用自动化控制,在其他环节采用人工作业,这样大大降低了成本。而且半自动化生产线可以通过调整,快速地、低成本地实现柔性化生产,满足不同顾客对差异化的需求[29]。

综合上述分析,本书的研究发现验证了何颖和黄林莉[30]的观点,区别于传统技术创新的高投入、高风险、高回报,低成本创新恰到好处地满足了客户的需求,且以客户对价格的承受能力为追求目标,突出了低投入、低风险和低价位。

5.4.2 低成本创新动机对成本领先战略影响机理研究结果讨论

1. 低成本创新动机对成本领先战略及差异化战略影响的讨论

实证研究结果显示,样本企业低成本创新的本能动机和认知动机强度都偏低,均值分别为 2.843、2.708(表 5.47),行为动机强度也只是略高于中间值 3(表 5.47,均值为 3.131)。低成本创新动机的三个维度——本能动机、认知动机、行为动机与成本领先战略均显著相关(表 5.47,相关系数及显著性分别为:0.488,$P<0.01$;0.421,$P<0.01$;0.449,$P<0.01$),而与差异

化战略的相关性均不显著(表 5.47,相关系数及显著性分别为:0.002,$P>0.10$;-0.101,$P>0.10$;-0.020,$P>0.10$)。低成本创新的本能动机、行为动机对成本领先战略有显著正向影响,认知动机对成本领先战略有负向影响但不显著,本能动机对成本领先战略的影响强度(表 5.48,$\beta=0.780$,$P<0.01$)高于行为动机(表 5.48,$\beta=0.347$,$P<0.01$)。

为什么低成本创新动机的认知动机、行为动机与差异化战略呈负相关(表 5.47)?低成本创新的本能动机、行为动机对成本领先战略有显著正向影响(表 5.48)?如前文所述,低成本创新动机意味着企业在本能上不想创新,在综合分析外部环境及自身资源能力后觉得没有必要创新,如果必须创新的话就选择时间短、风险小、投资少的技术创新。根据前述竞争战略和技术创新关系的资源观理论,低成本创新动机决定了企业在竞争战略选择上更加偏好成本领先战略,而不是差异化战略。例如,联想集团董事长兼首席执行官杨元庆会经常与联想做消费产品的人进行复盘,研究为什么联想有的东西在概念阶段做得非常漂亮,但到推向市场的时候,却达不到预期的效果?结论是大多数时候就是对成本、对价格做了妥协,以低成本创新动机驱动成本领先战略。然而"做高端或主流的产品,开发思路完全是不一样的。通常主流产品很大程度上要局限于成本的考量、市场能接受的价格,那样就不可能像苹果那样把一个产品做到极致,然后根据自己的成本来定价。"[31]

2. 劳动制度调节作用的讨论

实证研究结果显示,劳动制度与低成本创新动机三个维度——本能动机、认知动机、行为动机的相关性均不显著(表 5.47,相关系数和显著性水平分别为:-0.084,$P>0.10$;-0.082,$P>0.10$;-0.031,$P>0.10$),劳动制度与成本领先战略显著相关(表 5.47,相关系数和显著性水平分别为 0.108,$P<0.10$)。劳动制度与本能动机、认知动机、行为动机的交互作用对成本领先战略都有负向影响,但均不显著(表 5.49,$\beta=-0.050$,$P>0.10$;$\beta=-0.050$,$P>0.10$;$\beta=-0.008$,$P>0.10$)。研究结果表明,样本企业所处的劳动制度环境对低成本创新动机与成本领先战略关系没有产生明显的强化或弱化的调节作用。

事实上,样本企业在"地方政府对企业的员工工资、福利、劳保等问题的监管很严格""有目的地培训员工能够提高生产率,小花费大节约,是合算的""以高薪招聘或留住骨干员工比经常换人更节约""严格实行新劳动法,公司利润增加超过成本的增加,实现了公司和员工双赢"等问题的回答上都有较高的得分,劳动制度平均得分为 3.850(表 5.47)。据《新华每日电讯》2013 年 1 月 21 日的报道,在博鳌亚洲论坛 2013 年中小企业发展论坛上,与会专家认为,劳动力成本上涨已成趋势,企业主应该转变思维,把人才作为企业发展驱动力,图谋发展新模式。报道指出,中国劳动力成本近年来整体呈现较为明显的上涨趋势。据统计,2001—2010 年全国城镇单位就业人员年平均工资从 10 834 元提高到 36 539 元,年均名义增速为 14.6%,年均实际增速为 12.4%。聚鑫农副产品加工有限公司时任董事长张建民说,在 2008 年企业员工的月工资为 800 元,而现在已经涨到 2 500 元。他说:"仅去年一年就涨了 300 元。"量子高科(中国)生物股份有限公司时任总裁贺宇分享了自己的经验。他的公司每年人才成本上涨 20%以上,但这并没有给企业带来压力。他说,公司要把企业的想法贯彻到员工身上,这样就能凝聚力量。"我们去年花了一年时间制定了员工职业生涯规划,让每个员工每周给公司提一条建议,这样做的效果超乎我的想象。"贺宇说,据不完全统计,去年公司从员工建议中节省或新增的收益达到 1 800 万元。"企业'以人为本'的理念是,人不再是成本,也不再是资本,而是根本。"[32]聂彩仁认为在劳动力成本上升的现实条件下,企业可以从提高技术含量的角度来寻找自己生存和发展的空间,通过生产高附加值的产品来抵消劳动力成本上升给企业带来的损失[33]。如前所述,好的劳动制度意味着企业在员工的选、育、用、留等各个方面自觉遵守国家劳动制度方面的法律法规,尊重和维护员工的合法权益,意味着劳动者自身应该享有的劳动权利和应该履行的劳动义务都被纳入国家法律管理和保护的体系中,使得劳动者在尽职尽责履行义务的前提下,其各项合法权益均得到了切实的保护。由此推断,劳动制度的好转与低成本创新动机是相悖的,本书的研究发现也验证了上述观点。

3. 环境资源制度调节作用的讨论

实证研究结果显示,环境资源制度与低成本创新动机的三个维度——本能动机、认知动机、行为动机都显著正相关(表 5.47,相关系数和显著性水平分别为:0.517,$P<0.01$;0.481,$P<0.01$;0.393,$P<0.01$),环境资源制度与成本领先战略显著相关(表 5.47,相关系数和显著性水平分别为 0.523,

$P<0.01$)。环境资源制度与低成本创新动机的本能动机和认知动机的交互作用对成本领先战略都有正向影响,但均不显著(表5.50,$\beta=0.000$,$P>0.10$;$\beta=0.019$,$P>0.10$),环境资源制度与行为动机的交互作用对成本领先战略有显著负向影响(表5.50,$\beta=-0.103$,$P<0.10$)。环境资源制度弱化了低成本创新的行为动机对成本领先战略的影响。中国制造企业所处的环境资源制度环境对低成本创新与成本领先战略的关系有显著负向调节作用。

为什么环境资源制度与低成本创新动机、成本领先战略均正相关?从中国当前的背景看,由于粗放型经济增长还处于主导性地位,因此对矿产资源的刚性依赖和对自然环境的过度破坏还是一种普遍情形,而企业对矿产资源和自然环境的成本支付也低于正常的市场价格。这种情形可以从中国能源消费弹性系数的变化得到验证,2003年、2004年、2005年和2006年能源消费弹性系数(反映能源消费增长速度与国民经济增长速度之间比例关系的指标,它等于能源消费量年平均增长速度与国民经济年平均增长速度之比)分别为1.53、1.59、1.02和0.87,这展示了企业能源消费的增长速度整体超过宏观经济的增长速度。其原因在于中央对地方的绩效考核模式,有的地方政府对本地企业的掠夺性矿产资源开采,以及缩减环境保护成本等持"容忍"态度,在个别地方甚至出现了"企业污染、政府扶持"的合作博弈格局。据《法治日报》2013年1月10日的报道,危害能源资源和生态环境的情况仍相当严重,给人民群众造成了极大的经济损失和无法弥补的能源资源和生态环境的破坏。更令人无奈的是,在暴利的驱动下,再加上违法成本低、查处难度大,使得破坏环境资源犯罪呈频发态势[34]。上述情况表明,中国企业面对的环境资源价格是较低的,环境资源成本外部化使得环境资源制度与低成本创新动机、成本领先战略均呈正相关。

事实上,环境资源制度均值为2.876,低于中间值3(表5.47),弱化了中国制造企业低成本创新的行为动机对成本领先战略的影响。马富萍和茶娜研究发现,命令—控制环境制度对技术创新经济绩效和生态绩效的正向影响都不显著,经济激励制度对技术创新经济绩效和生态绩效都有显著正向影响[35]。面对日益增强的命令—控制环境制度,以牺牲环境为代价的竞争策略面临极大挑战,通过技术创新减少或消除生产经营活动对环境的危害成为企业的必然选择。在通过技术创新治理生产经营活动造成的环境污染的同时,还可以通过技术创新提升产品技术含量,增强产品的竞争力。

5.4.3 综合讨论

实证检验了理论模型和研究假设,假设检验结果显示 22 个假设中有 3 个假设获得显著性支持,7 个假设获得部分支持,5 个假设没有获得支持,4 个假设与预期假设符号相反,3 个假设因变量之间显著不相关而没有检验,具体结果见表 5.52。通过验证的假设能够揭示技术创新对成本领先战略的影响机理,这是本书的理论贡献。

表 5.52 假设检验结果汇总

假设编号	假设描述	检验结果
假设 1-1	成本领先战略可以区分为传统型成本领先战略和创新型成本领先战略	支持
假设 1-2	创新型成本领先战略的绩效显著优于传统型成本领先战略	不支持。创新型成本领先战略与传统型成本领先战略的绩效没有显著差异
假设 2-1	工艺创新和产品创新对成本领先战略有显著正向影响,且工艺创新的影响强度高于产品创新	部分支持。工艺创新对成本领先战略有显著正向影响
假设 2-2	工艺创新和产品创新通过成本领先战略对企业绩效有显著正向影响	支持
假设 3-1	工艺创新和产品创新对差异化战略有显著正向影响,且产品创新的影响强度高于工艺创新	部分支持。工艺创新对顾客差异化战略有显著正向影响,产品创新对产品差异化、顾客差异化战略有显著正向影响
假设 3-2	工艺创新和产品创新通过差异化战略对企业绩效有显著正向影响	支持
假设 4-1	在较好的正式制度环境中,工艺创新和产品创新与成本领先战略的关系将增强	不支持。正式制度弱化了工艺创新对成本领先战略的影响强度
假设 4-2	在较好的正式制度环境中,工艺创新和产品创新与差异化战略的关系将增强	不支持。正式制度弱化了产品创新对顾客差异化战略的影响强度

续表

假设编号	假设描述	检验结果
假设 5-1	在较好的非正式制度环境中,工艺创新和产品创新与成本领先战略的关系将增强	不支持。非正式制度对技术创新与成本领先战略关系没有显著调节作用
假设 5-2	在较好的非正式制度环境中,工艺创新和产品创新与差异化战略的关系将增强	不支持。非正式制度弱化了产品创新对顾客差异化战略的影响强度
假设 6-1	在较强的高管团队分析型认知风格条件下,工艺创新和产品创新与成本领先战略的关系将增强	不支持。高管团队分析型认知风格与产品创新的交互作用对成本领先战略有正向影响但不显著
假设 6-2	在较强的高管团队分析型认知风格条件下,工艺创新和产品创新与差异化战略的关系将增强	部分支持。强化了工艺创新对顾客差异化战略的影响,而弱化了产品创新对顾客差异化战略的影响
假设 7-1	在较强的高管团队创造型认知风格条件下,工艺创新和产品创新与成本领先战略的关系将增强	不支持。高管团队创造型认知风格与产品创新的交互作用对成本领先战略有正向影响但不显著
假设 7-2	在较强的高管团队创造型认知风格条件下,工艺创新和产品创新与差异化战略的关系将增强	部分支持。强化了工艺创新对顾客差异化战略的影响
假设 8-1	在较强的低成本创新方式条件下,工艺创新和产品创新与成本领先战略的关系将增强	部分支持。强化了产品创新对成本领先战略的影响
假设 8-2	在较强的低成本创新方式条件下,工艺创新和产品创新与差异化战略的关系将增强	部分支持。强化了工艺创新对顾客差异化战略的影响,弱化了产品创新对顾客差异化战略的影响
假设 9-1	低成本创新动机对成本领先战略有显著正向影响	部分支持。低成本创新的本能动机、行为动机对成本领先战略有显著正向影响
假设 9-2	低成本创新动机对差异化战略有显著正向影响	未检验。低成本创新动机与差异化战略负相关
假设 10-1	劳动制度有助于强化低成本创新动机对成本领先战略的影响	不支持。劳动制度对低成本创新动机与成本领先战略关系没有显著调节作用

续表

假设编号	假设描述	检验结果
假设 10-2	劳动制度有助于强化低成本创新动机对差异化战略的影响	未检验。低成本创新动机与差异化战略负相关
假设 11-1	环境资源制度有助于强化低成本创新动机对成本领先战略的影响	不支持。弱化了低成本创新的行为动机对成本领先战略的影响
假设 11-2	环境资源制度有助于强化低成本创新动机对差异化战略的影响	未检验。低成本创新动机与差异化战略负相关

1. 技术创新形式对成本领先战略的影响机理

技术创新形式对成本领先战略的影响机理如图 5.6 所示。工艺创新对成本领先战略有显著正向影响；正式制度弱化了工艺创新对成本领先战略的影响；低成本创新方式有助于强化产品创新对成本领先战略的影响。产品创新的直接影响不显著，非正式制度、高管团队两种认知风格的调节作用均不显著。

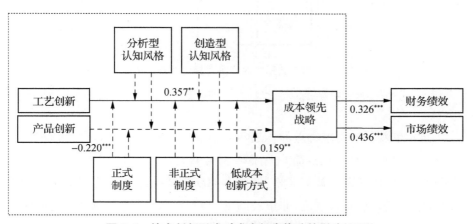

图 5.6　技术创新形式对成本领先战略的影响机理

注：①虚线表示不显著；② ***、**、* 分别表示显著性水平为 1%、5% 和 10%，数值为标准化系数 β。

实证结果表明，中国制造企业的成本领先战略以工艺创新为主要驱动源，企业所处的制度环境不仅没有起到强化工艺创新对成本领先战略影响的作用，相反，正式制度还弱化了工艺创新对成本领先战略的影响。正如前文所述,政府为企业服务的效率低,民营企业还不能够公平地获得或使用资源,特别是金融资源,以及传统文化的官僚型文化特征和"实用—经验理性"特征等,都制约了企业技术创新,特别是原创性的产品创新。

2. 技术创新形式对差异化战略的影响机理

技术创新形式对产品差异化战略的影响机理如图5.7所示。产品创新对产品差异化战略有显著正向影响;工艺创新对产品差异化战略影响不显著,正式制度、非正式制度、高管团队两种认知风格、低成本创新方式对技术创新形式与产品差异化战略的调节作用都不显著。

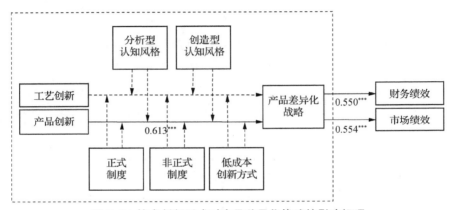

图5.7 技术创新形式对产品差异化战略的影响机理

注:① 虚线表示不显著;② ***、**、*分别表示显著性水平为1%、5%和10%,数值为标准化系数β。

技术创新形式对顾客差异化战略的影响机理如图5.8所示。技术创新两种形式对顾客差异化战略均有显著正向影响,产品创新影响强度高于工艺创新;高管团队两种认知风格、低成本创新方式强化了工艺创新对顾客差异化战略的影响;正式制度、非正式制度、高管团队分析型认知风格、低成本创新方式弱化了工艺创新对顾客差异化战略的影响。

实证结果表明,与成本领先战略相比,差异化战略主要是由产品创新驱动的,但是中国企业所处的制度环境及低成本创新方式,都不利于增强产品创新对差异化战略的影响。事实上,高管团队注重从企业内部出发,根据经验和知识处理信息的分析型认知风格,仅仅有利于增强工艺创新对顾客差异化战略的影响,而不利于产品创新对顾客差异化战略的影响。

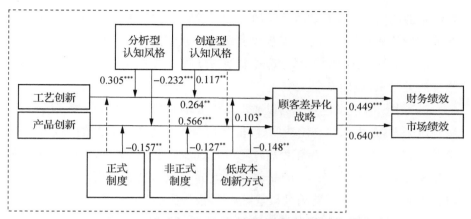

图 5.8　技术创新形式对顾客差异化战略的影响机理

注：① 虚线表示不显著；② ***、**、* 分别表示显著性水平为 1%、5% 和 10%，数值为标准化系数 β。

3. 低成本创新动机对成本领先战略的影响机理

低成本创新动机对成本领先战略的影响机理如图 5.9 所示。低成本创新的本能动机、行为动机对成本领先战略有显著影响，而且本能动机影响强度高于行为动机；环境资源制度弱化了低成本创新的行为动机对成本领先战略的影响；劳动制度对低成本创新动机与成本领先战略关系的调节作用不显著。

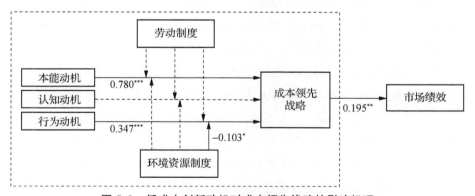

图 5.9　低成本创新动机对成本领先战略的影响机理

注：① 虚线表示不显著；② ***、**、* 分别表示显著性水平为 1%、5% 和 10%，数值为标准化系数 β。

实证结果显示，低成本创新动机决定了企业在竞争战略选择上更加偏好成本领先战略，而不是差异化战略。中国制造所处劳动制度环境的好转、环境资源制度执行力度的加强与低成本创新动机是相悖的,这也预示着传统成本领先战略已经到了必须转型升级的时候了。

综合上述技术创新形式、低成本创新动机对成本领先战略影响机理的实证研究结果,我们发现:

(1) 中国制造企业实施的以成本领先战略为主导的竞争战略,从技术创新角度来看,是由以提高制造质量、提升运营效率为主要目的的工艺创新驱动的;从低成本创新动机角度来看,受到低成本创新的本能动机、行为动机的显著影响。相比较而言,产品创新对差异化战略的影响强度要高于成本领先战略,而低成本创新动机与差异化战略的相关性不显著。

(2) 中国的正式制度环境不仅没有强化工艺创新对成本领先战略的影响,而是相反,产生的是弱化工艺创新与成本领先战略关系的负向调节作用;劳动制度没有对低成本创新动机与成本领先战略关系产生或正或负的调节作用;环境资源制度弱化了低成本行为动机对成本领先战略的影响。相比较而言,中国的正式制度、非正式制度对技术创新两种形式与产品差异化战略关系没有产生显著的、或正或负的调节作用;正式制度、非正式制度对工艺创新与顾客差异化战略关系没有产生显著的、或正或负的调节作用;正式制度、非正式制度显著弱化了产品创新与顾客差异化战略的关系。上述研究发现一方面印证了《2012年营商环境报告:在一个更加透明化的世界里经营》中对中国内地企业规管(正式制度)评估结果,即政府为企业服务的效率低,阻碍了企业正常发展;另一方面可能的解释是,国内民企(本书样本企业中民营企业比例分别为 85.21% 和 75.18%)是在一个半自由市场环境下运营发展,与民主体制下的西方成熟市场经济国家相比,中国的市场环境掺杂了更多的政治因素[36]。从定义上来看,私有制意味着政府不应该干预当地民企的内部管理及各项活动,除非是那些倡导公平竞争的法律法规(如《中华人民共和国反垄断法》)或保护员工不受雇主剥削的法律(如《中华人民共和国劳动法》)。然而有意思的是,民营部门发展的历史充斥着政府官员一直不断干预民企内部管理的例证,有时甚至对企业进行控制。社会学视角的"企业家—官员"学说认为,蓬勃发展的民营经济不单是"企业家—官员"关系的产物,而且将继续依靠这种关系而存在。边燕杰和张展新从"官商关系角度"来解释说明地方和国家官员对民营企业的重要性。他们指出当地政府的参与、与政府官员的联系对民营企业的发展起到至关重要的作用。与政府的良好关系可能会让一家企业在当地市场上具有某种竞争优势,或让企业更易获得资金[36]。

（3）企业高管团队两种认知风格对技术创新两种形式与成本领先战略关系没有产生或正或负的调节作用。相比较而言,高管团队两种认知风格对技术创新两种形式与产品差异化战略关系没有产生或正或负的调节作用;高管团队两种认知风格强化了工艺创新对顾客差异化战略的影响,高管团队分析型认知风格弱化了产品创新对顾客差异化战略的影响。实证结果与石盛林和陈圻的前期研究发现[12]是一致的,中国制造企业高管团队偏好工艺创新,而较高的分析型认知风格不利于产品创新。

（4）中国制造企业低成本创新方式有助于强化产品创新对成本领先战略的影响,但是会弱化产品创新对顾客差异化战略的影响。实证结果表明,中国制造企业可以通过低成本创新方式实施产品创新,实现"在新的产业市场中继续实施成本领先战略"。但是,基于低时间成本、低财务成本、低风险的产品创新不利于顾客差异化战略的实施,这也揭示了为实施顾客差异化战略而进行的产品创新相对于为实施成本领先战略而展开的产品创新所需的时间、成本、风险要高。

参考文献

[1] 吴明隆. 问卷统计分析实务:SPSS 操作与应用[M]. 重庆:重庆大学出版社,2010:244.

[2] 吴明隆. SPSS 统计应用实务:问卷分析与应用统计[M]. 北京:科学出版社,2003.

[3] 马庆国. 管理统计:数据获取、统计原理、SPSS 工具与应用研究[M]. 北京:科学出版社,2002.

[4] Chin W W. The Partial Least Squares Approach to Structural Equation Modeling[C]. Modern Method for Business Research, Lawrence Erlbaum Associates, Mahwah, NJ, 1998:295 - 336.

[5] Bearden W O, Netemeyer R G, Mobley M F. Handbook of Marketing Scales[M]. Sage Publications, Inc. : Newbury Park, CA, 1993.

[6] Hair J F, Anderson R E, Tatham R L, et al. Multivariate Data Analysis

[M]. New Jersey,NJ:Prentice-Hall,International,Inc.,1998.

[7] Nunnally J C,Bernstein I H. Psychometric theory[M]. 3rd ed. New York:McGraw-Hill,1994.

[8] 侯杰泰,温忠麟,成子娟. 结构方程模型及其应用[M]. 北京:教育科学出版社,2004.

[9] 邱皓政,林碧芳. 结构方程模型的原理与应用[M]. 北京:中国轻工业出版社,2009:73-90.

[10] Jöreskog K G,Sörbom D. LISREL 7:A Guide to the Program and Applications,Second Edition[M]. Chicago:SPSS,Inc.,1988.

[11] Fornell C,Larcker D F. Evaluating structural equation models with unobservable variables and measurement error[J]. Journal of Marketing Research,1981,18(1):39.

[12] 石盛林,陈圻. 高管团队认知风格与竞争战略关系的实证研究[J]. 科学学与科学技术管理,2010,31(12):147-153.

[13] Ghiselli E E,Campbell J P,Zedeck S. Measurement theory for the behavioral sciences[M]. San Francisco:W. H. Freeman,1981.

[14] 王松涛. 探索性因子分析与验证性因子分析比较研究[J]. 兰州学刊,2006(5):155-156.

[15] 陈圻,任娟. 创新型低成本战略的科学研究纲领方法论基础[J]. 科学学研究,2011,29(3):349-358.

[16] 纳雷安安. 技术战略与创新:竞争优势的源泉[M]. 程源,高建,杨湘玉,译. 北京:电子工业出版社,2002.

[17] 吴晓波. 二次创新的进化过程[J]. 科研管理,1995,16(2):27-35.

[18] 安同良,王文翌,魏巍. 中国制造业企业的技术创新:模式、动力与障碍:基于江苏省制造业企业问卷调查的实证分析[J]. 当代财经,2005(12):69-73.

[19] 古利平,张宗益. 中国制造业的产业发展和创新模式[J]. 科学学研究,2006,24(2):202-206.

[20] 李稻葵. 中国非国有企业研究文献综述[M]//徐淑英,边燕杰,郑国汉. 中国民营企业的管理和绩效:多学科视角. 北京:北京大学出版社,2008:170-171.

[21] 雷宏振,韩娜娜. 中国传统文化特征及其对企业创新影响[J]. 华东经济管理,2005,19(7):47-49.

[22] Scott S G, Bruce R A. Determinants of innovative behavior: A path model of individual innovation in the workplace[J]. Academy of Management Journal, 1994, 37(3): 580-607.

[23] 余菲菲. 区域文化差异及其对民营企业家能力的影响：以江苏和浙江为例[J]. 商业经济与管理, 2007(7): 19-23.

[24] 石盛林, 陈圻, 张静. 高管团队认知风格对技术创新的影响：基于中国制造企业的实证研究[J]. 科学学研究, 2011, 29(8): 1251-1257.

[25] 彭聃龄, 张必隐. 认知心理学[M]. 杭州：浙江教育出版社, 2004.

[26] 武亚军, 李兰, 彭泗清, 等. 中国企业战略：现状、问题及建议：2010 年中国企业经营者成长与发展专题调查报告[J]. 管理世界, 2010(6): 83-97.

[27] 石盛林, 贾创雄. 战略管理：实践、理论与方法：以企业生命周期为主线[M]. 南京：东南大学出版社, 2009.

[28] 曾鸣, 威廉姆斯. 龙行天下：中国制造未来十年新格局[M]. 北京：机械工业出版社, 2008.

[29] 李西, 胡冰洁. 低成本创新战略：以比亚迪股份公司电池产业为例[J]. 科技管理研究, 2012, 32(6): 7-9.

[30] 何颖, 黄林莉. 低成本创新是我国重塑国际竞争力的重要契机[N]. 科技日报, 2012-09-23(2).

[31] 侯雪莲. 杨元庆：不计成本、不管价格[N]. 中国经营报, 2013-01-21(C13).

[32] 朱海威, 王存福. 中小企业陷"用工贵"泥沼 如何跳出劳动力成本困局[N]. 新华每日电讯, 2013-01-21(4).

[33] 聂彩仁. 劳动力成本上升与企业的发展道路选择[J]. 改革与战略, 2009, 25(6): 161-162.

[34] 章宁旦, 邓新建, 韦磊, 等. 破坏环境资源犯罪呈频发态势[N]. 法制日报, 2013-01-10(4).

[35] 马富萍, 茶娜. 环境规制对技术创新绩效的影响研究：制度环境的调节作用[J]. 研究与发展管理, 2012, 24(1): 60-66.

[36] 徐淑英, 边燕杰, 郑国汉. 解释中国民营部门的成长与发展[M]//徐淑英, 边燕杰, 郑国汉. 中国民营企业的管理和绩效：多学科视角. 北京：北京大学出版社, 2008: 1-13.

第三篇 案例研究篇

第二篇问卷调查研究使用的是2011年和2012年的两次问卷调查时点数据，主要基于传统产业组织经济学的企业理论，考虑到波特竞争战略存在着建构情境、理论基础、哲学视角三个方面的局限性，本篇以企业家企业理论为企业理论基础，通过一个纵向时期数据的案例研究，探索企业家认知能力对技术创新与竞争战略关系的调节作用。

第六章"案例研究的理论背景"首先对企业理论做简要回顾，包括传统产业经济学企业理论、组织经济学企业理论、资源基础观、顾客价值基础观、演化经济学企业理论；然后给出本篇研究的企业理论基础——企业家企业理论；最后分析战略管理认知学派的隐含假设。

第七章"案例研究设计"首先给出了本篇案例研究使用的方法，即以例据为导向的案例研究方法和以诠释为导向的案例研究方法的综合运用，以及案例研究标准要求、具体步骤；其次阐述了理论抽样过程，介绍了福耀玻璃和创始人曹德旺的基本情况；再次对数据收集过程做了说明，数据来源包含访谈视频、福耀玻璃公司年报、媒体报道、自传《心若菩提》、知网文献和维普文献；最后给出了数据分析方法以及扎根理论的概念、流派、编码程序，介绍了质性数据分析软件NVivo 12。

第八章"案例研究的数据分析与研究发现"首先说明了数据准备过程，将所有的原始数据导入NVivo 12，建立项目"曹德旺案例研究"；然后按照开放式编码、轴心式编码与选择式编码的顺序展开数据分析；最后总结了本篇研究发现。

第六章
案例研究的理论背景

战略实践和研究要回答四个基本问题[1]：企业如何行为？企业为什么不同？多种业务企业总部的功能和价值是什么？什么决定了一个企业在国际竞争中的成败？而企业理论则主要关注四个问题[2-3]：企业是什么？企业为什么存在？什么决定了企业边界和规模？为什么企业之间存在绩效差异？从战略管理思维逻辑来看，企业理论对于"企业是什么"和"企业为什么存在"的回答，即从根本上阐明企业本质，恰恰是解决"企业如何行为"的逻辑思维起点。"企业理论的一个重要作用就是提供了一种将企业概念化的方法，以便研究我们关注的一些现象，特别是竞争问题。"[4]

从战略管理理论发展历程来看，企业理论的每次创新都从理论和方法两个方面促进了战略管理理论的发展和完善，使战略管理更为规范和科学[5]。本章首先简要回顾几种主要的企业理论，然后给出案例研究的企业理论基础——企业家企业理论，最后分析基于企业家企业理论的企业家认知研究假设前提。

6.1 企业理论的简要回顾

1980年代之前，经济学理论研究和战略管理实践一直是彼此独立地进行着[6-7]。与此同期的新古典经济学企业理论与其说是一种企业理论，不如说仍然是一种市场理论[8]。1980年代之后，传统产业经济学、组织经济学、资源基础观、顾客价值基础观、演化经济学等企业理论相继引入战略管理研究领域[9-10]。

1. 传统产业经济学企业理论

传统产业经济学哈佛学派代表人物Bain[11]在吸收和继承马歇尔的完全竞争理论、张伯伦的垄断竞争理论和克拉克的有效竞争理论的基础上，提出了"结构—行为—绩效"分析范式。Bain 认为,新古典经济理论的完全竞争模型缺乏现实性,同一产业内不同企业之间不是完全同质的,存在规模差异。不同产业具有不同的规模经济要求,因而它们具有不同的市场结构特征。市场竞争和规模经济关系决定了某一产业的集中程度,一旦企业在规模经济的基础上形成垄断,就会充分利用其垄断地位与其他垄断者共谋限制产出和提高价格以获得超额利润,同时,产业内的垄断者通过构筑进入壁垒使超额利润长期化。在 Bain 看来,企业依然是一个利润最大化的"生产函数",一组功能和子功能的集合体,由工业技术所能达到的范围来给企业划定"自然边界",外生的产业组织的结构特征(规模经济)是企业长期利润的来源。

2. 组织经济学企业理论

组织经济学包括两个主要理论体系:交易成本经济学和代理理论。以组织经济学企业理论为基础,学者们试图揭开企业内部结构和功能对企业战略选择和绩效的影响。

(1) 交易成本经济学企业理论

交易成本经济学以 Coase[12]的原创性论文《企业性质》为开端,由 Williamson[13]加以发展并完善。该理论以有限理性和机会主义假定为理论前提,把交易作为基本分析单位,认为市场和企业是协调资源配置的手段,选择市场还是企业是基于各自的交易成本。一项交易的成本取决于三个关键维度,资产专用性、不确定性以及交易频率高的交易倾向于在企业内部而不是通过市场进行。该理论将企业视为"一种控制结构"[4]168,其存在是因为在某些情况下企业内部协调成本要低于市场交易成本。企业规模被界定在这样一个定点:企业将倾向于扩张,直到在企业内部组织一笔额外交易的成本,等于直到通过在市场上或在另一个企业中组织同样交易的成本为止。

(2) 代理理论视角的企业理论

代理理论主要汲取了产权理论和交易成本理论的研究成果,形成两个主要流派:实证代理理论和委托代理理论。实证代理理论主要研究契约怎样影响委托人(股东)和代理人(经理人)的行为;委托代理理论的中心问题是委托人怎样设计代理人的薪酬结构,并且通过正式的数学模型来解决[14]。该理论认为由于现代企业所有权和经营权的分离,委托人和代理人之间存在利益上的分歧。代理理论假设人是有限理性、自私的和机会主义的[15],因此代理人将寻找最大化自己利益而可能损害委托人利益。在代理理论中,企业被视为"契约的连接",基本分析单位是契约。代理理论试图进入"黑箱"以解释委托人和代理人的冲突原因和后果,以及为减轻两者冲突的各种控制方式的有效性。

3. 资源基础观

将企业视为"资源集合体"的观点可以追溯到 Penrose[16] 和 Selznick[17]。Penrose 认为企业是异质性的,可利用的或可能的企业资源导致企业生产或服务独有的特征。Wernerfelt[18] 最终确立了企业资源基础观,该理论将企业资源定义为"全部资产、能力、组织过程、企业特性、信息、知识等被企业控制并能用于企业战略规划和实施"[19]。与新古典经济学企业理论相似,资源基础观将企业视为资源集合体,然而,资源基础观不包含新古典经济学的完全信息、同质性资源和资源流动性假设[20]。按照该理论,企业的异质性主要产生于企业所积累或拥有的资源差别,正是对那些有价值的、稀缺的、难以模仿和难以替代的特殊资源的理性认识和选择利用,导致了企业绩效和规模的差异。

4. 顾客价值基础观

顾客价值基础观思想的产生可以追溯到 Alderson[21]、Drucker[22]、Anderson[23]、Woodruff[24] 等,Slater[25] 最终确立了企业顾客价值基础观。该理论认为企业存在的目的是满足顾客需要,企业是"顾客需求的集合体",超常绩效是企业为顾客提供超常价值的结果。企业应致力于聚集在一个独特的细分市场或者有一种与众不同的独特价值主张,为目标顾客提供超常价值。为此,企业经营有着广泛的经济目标和为实现目标的多种战略选择。该理论认为企业之间绩效差异的原因是企业拥有了解和把握顾客价值及其变化趋势并不断创新的企业文化,而资源在这里扮演着相对较弱的角色。企业绩效影响着企业规模与范围,绩效超常或潜力巨大的企业能够产生扩张所需的资金或获得足够的外部资金支持。

5. 演化经济学企业理论

最早的演化思想可追溯到拉马克的基因遗传理论和达尔文的生物进化论。Nelson 和 Winter[26] 的《经济变迁的演化理论》是现代演化经济学的奠基之作。不同于前述各种企业理论,演化经济学借鉴了基因遗传理论和生物进化理论,把企业视为"具有智慧的有机的生命体"[27]。企业的经营性和行政管理性的"惯例"类似于生物的遗传基因,发挥着保留与传衍的功能。因为具有智慧,企业具有主动适应和影响环境的能力,能够通过学习和创新有目的和有方向地改变惯例。惯例具有三个基本特性:① 它存在于流程之中;② 惯例涉及隐性知识;③ 基于惯例的行为或反应几乎是自动或半自动进行的。企业的知识和能力则被看作内嵌于组织惯例中,它使用一组惯例来执行和协调各种各样的任务。企业的惯例之间存在一定的差异性,它们构成企业之间的区别。

6.2 企业家企业理论

从企业理论视角综合考察战略管理理论演变,传统产业经济学、组织经济学、资源基础观和顾客价值基础观分别以企业内外部空间作为思维出发点,探寻在某一时点上企业如何行为、企业为什么不同,提供了企业竞争优势的空间维度下的解释。而演化经济学则从时间的连续性出发,研究在一定时期内,各种战略要素是如何变化的以及这些变化对企业绩效的影响如何,这提供了竞争优势的时间维度下的解释。两个维度共同构成对于战略实践和研究基本问题的完整解释[28]。

然而,综合考察现有的研究成果,前述企业理论都可以归为"资本家的企业理论"[29],都没有能够对"企业如何建立"做出合理的解释,究其原因,根源就在于企业的灵魂——企业家的缺位。在新古典经济学中假定企业已经存在,理论模型是以经理人为中心构建,企业家被排除在了理论研究模型之外[30-33]。直到企业家企业理论的提出,才真正回答了"企业为什么存在"的问题[29,34-38]。

在把企业家引入企业理论方面,张维迎提出了"企业的企业家——契约理论",认为企业理论模型应以企业家为中心构建[34];杨其静提出了"企业家的企业理论",认为企业是企业家创建的、实现企业家人力资本价值的载体,企业家的人力资本包括提出创意的能力和整合投入品的能力[29];Teece认为在现实中管理者有时扮演着企业家的角色[36]。福斯和克莱因基于奈特的企业家认识,给出了一个完整的"企业家企业理论",回答了企业的存在、企业的内部治理、企业的边界[38]。

企业家企业理论认为,企业是企业家创建的、实现企业家人力资本价值的载体[29]56-63,企业就是企业家的人格化身[39]。借鉴基因遗传理论和生物进化理论,演化经济学把企业视为"具有智慧的有机生命体"[27]。由此可以认为,企业是企业家创建的、具有智慧的有机生命体,其存在的目的是实现企业家人力资本价值。企业家企业理论真正回答了"企业如何建立"和"企业为何存在"的问题[40],隐含着社会人、有限理性、满意决策的假设。基于企业家企业理论,通过对任正非、李彦宏的认知行为过程的分析,石盛林等[41]、石盛林和黄芳[42]提出了中国情境事业战略理论的基本框架——MFPIE 模型(Mission、Favorite Business、Profit Model、Internal Environment & Mechanism、External Environment & Trend,即企业家由"企业使命"驱动,选择"热爱的事业",通过"盈利模式"达成企业使命,需要"内部环境与机制"的支撑保障,以及洞悉"外部环境与趋势"的顺势而为),尝试回答了"企业如何建立""企业为何存在""企业做什么""企业如何做"四个问题。

6.3 战略管理认知学派的隐含假设

战略就是企业经营管理者清晰界定"企业做什么"和"企业如何做"。其中,"企业做什么"涉及使命和目标选择,"企业如何做"涉及实现使命和目标的路径选择。战略管理就是对"企业做什么"和"企业如何做"进行"质疑、探思、求解"的过程[43]。按照这样的思考逻辑,战略管理研究可以分为两个方面:一是与战略管理内容相关的研究,二是与战略管理过程相关的研究[44]。在明茨伯格[45]33 划分的战略管理十个学派中,设计学派、计划学派、定位学派主要从战略管理的整体视角表述战略管理内容,较少关注战略管理过程中的具体工作;企业家学派、认知学派、学习学派、权力学派、文化学派、环境学派则侧重于描述战略的制定和实施过程,较少关注对理想的战略行为的描述。其中,只有认知学派真正试图进入战略形成过程内部,尽管并不十分成功[45]277。基于企业家企业理论,本篇尝试从企业家认知视角,探讨企业家认知如何影响技术创新与竞争战略的关系,这属于战略管理认知学派的研究范畴。

战略管理认知学派的研究主要借鉴认知心理学的研究成果,尝试从管理者认知心理或行为中探求企业不同行为的原因[46-48],探索战略形成过程的本质[45]115,隐含着两个假设:认知有限理性假设、认知的内在主义和外在主义假设。

1. 认知有限理性假设

管理者认知有限理性概念源自 Simon 和 March 的研究[49-50]。认知视角的研究认为环境不是纯粹外生的,管理者对环境的解释是组织对环境反应的中介,而管理者面对的环境是复杂的、不确定的,由此,管理者对环境的认知是有限的[51]。黄凯南和程臻宇将"认知理性"的内涵描述为:拥有完整生物神经结构的个体通过生物调节过程、个体学习过程和社会学习过程等各种层次的认知过程,建立应对外界环境刺激的稳定认知模式,这种认知模式能够促使个体有效地处理各种有关内部机能和外部环境的能量、信息和知识,提高个体在各种演化环境中的适应性[52]。这种认知模式就是认知理性,而由此认知模式形成的行为模式是"认知理性行为"。认知有限理性源于人的认知行为受到信息有限性和认知有限性的双重约束[53]。首先,环境是复杂的,人们面临的是一个复杂的、不确定的世界,而且交易越多,不确定性就越大,信息也就越不完全;其次,人对环境的计算能力和认识能力是有限的,人不可能无所不知[54]。

2. 认知的内在主义和外在主义假设

认知的内在主义认为,认知不仅不涉及任何外在环境,还独立于任何外在环境,其内容都在大脑内[55]。认知的内在主义专注于个体身体与大脑的生物边界之内的信息加工过程的研究。认知由分离的各种内部精神状态所组成,可以通过规则或者算法的术语来描述,发生在头脑中的认知过程对整个认知任务的认知实现是充分的,对认知的研究应该以头脑内部为参照[56]6。

认知的外在主义认为,人类的心灵状态与心灵之外的世界中的事实之间存在着深刻的联系,割裂了这种联系是无法取得对心灵性质的理解的[56]9。认知的外在主义的主要观点有情境认知、具身认知、延伸心灵和分布式认知[56]10-11。例如,延展心灵论认为认知活动所指向的信念、欲望和意向等,也是部分地由那些外在环境、外在物的特征来构成的。因而,心灵不是束缚于人的颅骨和体肤,心灵的界限也不是身体;心灵是延展至外在环境中的,是延展至世界中的[57]。外在环境和外在物在认知和心灵进程中不只在因果上影响内部状态,它们本身就是认知和心灵进程的组成部分[55]。

从哲学认识论看,认知的内在主义主要采用了实证主义的方法和信念,即心理学原则上可以通过实验、测量等科学方法做出解释[56]6;认知的外在主义主要采用了建构主义的方法和信念,基于个人的知识和经验,通过主观建构做出解释。

认知的内在主义和外在主义假设,体现为战略管理认知学派的两种研究视角:客观派的实证主义研究视角和主观派的建构主义研究视角。

客观派"将知识的处理和构建看作一种试图勾画客观世界的结果",认知是信息处理过程、图式(绘图过程)、概念获取过程等[45]115-126,研究涉及认知偏见、认知需要、认知能力、认知异质性、认知冲突、认知风格、认知结构等对管理者处理信息、战略选择的影响[58]。

主观派"将认知看作构建过程的基础上,提出了战略就是做出解释的观点"[59],"认为所有的认知活动都是主观的,战略是对世界的某种解释"[45]115。按照解释主义者的观点,暗喻、象征性行为和沟通变得很重要,它们都是基于管理者全部的人生经验,这种情况不仅仅因为缺乏信息,还因为所获得信息是复杂的甚至矛盾的[60]。我们所看到的世界,可以被塑造,可以被设计,也可以被建构[45]132。

6.4 本章小结

不论是否有明确的说明,战略管理研究总是基于特定的企业理论展开的,为此,本章首先简要回顾了传统产业经济学企业理论、组织经济学企业理论、资源基础观、顾客价值基础观、演化经济学企业理论;然后给出本篇研究的企业理论基础——企业家企业理论,企业是企业家创建的、具有智慧的有机生命体,其存在的目的是实现企业家人力资本价值;由于企业家认知研究属于战略管理认知学派的研究范畴,最后给出了企业家认知研究的两个隐含假设,即认知有限理性假设、认知的内在主义和外在主义假设,明确了案例研究的理论背景。

参考文献

[1] Rumelt R P,Schendel D E,Teece D J. Fundamental issues in strategy:a research agenda[M]. Boston,Mass.:Harvard Business School Press,1994

[2] Slater S F. Developing a customer value-based theory of the firm[J]. Journal of the Academy of Marketing Science,1997,25(2):162-167.

[3] Conner K R. A historical comparison of resource-based theory and five schools of thought within industrial organization economics:Do we have a new theory of the firm?[J]. Journal of Management,1991,17(1):121-154.

[4] Seth A,Thomas H. Theories of the firm:Implications for strategy research[J]. Journal of Management Studies,1994,31(2):165-192.

[5] 石盛林,贾创雄,王娟. 战略管理:实践、理论与方法[M]. 北京:北京邮电大学出版社,2019.

[6] Teece D J. Economic analysis and strategic management[J]. California Management Review,1984,26(3):87-110.

[7] Rumelt R P,Schendel D,Teece D J. Strategic management and economics[J]. Strategic Management Journal,1991,12(S2):5-29.

[8] 程恩富,伍山林. 企业学说与企业变革[M]. 上海:上海财经大学出版社,2001:5.

[9] Hoskisson R E,Wan W P,Yiu D,et al. Theory and research in strategic management:Swings of a pendulum[J]. Journal of Management,1999,25(3):417-456.

[10] 石盛林. 战略管理理论演变:基于企业理论视角的回顾[J]. 科技进步与对策,2010,27(8):156-160.

[11] Bain J S. Industrial organization[M]. New York:Wiley,1959.

[12] Coase R H. The nature of the firm[J]. Economica,1937,4(16):386-405.

[13] Williamson O E. Markets and hierarchies,analysis and antitrust impli-

cations:A study in the economics of internal organization[M]. New York:Free Press,1975.

[14] 杜玛,斯赖德. 组织经济学:经济学分析方法在组织管理上的应用[M]. 原磊,王磊,译. 北京:华夏出版社,2006:111-112.

[15] Eisenhardt K M. Agency theory:An assessment and review[J]. Academy of Management Review,1989,14(1):57-74.

[16] Penrose E T. The theory of the growth of the firm[M]. New York: Wiley,1959.

[17] Selznick P. Leadership in administration:A sociological interpretation [M]. Evanston:Row,Peterson and Company,1957.

[18] Wernerfelt B. A resource-based view of the firm[J]. Strategic Management Journal,1984,5(2):171-180.

[19] Barney J. Firm resources and sustained competitive advantage[J]. Journal of Management,1991,17(1):99-120.

[20] Conner K R. A historical comparison of resource-based theory and five schools of thought within industrial organization economics:Do we have a new theory of the firm? [J]. Journal of Management,1991,17(1):121-154.

[21] Alderson W. Marketing behavior and executive action:a functionalist approach to marketing theory[M]. Homewood:R. D. Irwin,1957

[22] Drucker P F. Management[M]. New York:Harper & Row. 1973.

[23] Anderson P F. Marketing,strategic planning and the theory of the firm[J]. Journal of Marketing,1982,46(2):15-26.

[24] Woodruff R B. Customer value:The next source for competitive advantage[J]. Journal of the Academy of Marketing Science,1997,25(2):139-153.

[25] Slater S F. Developing a customer value-based theory of the firm[J]. Journal of the Academy of Marketing Science,1997,25(2):162-167.

[26] 纳尔逊,温特. 经济变迁的演化理论[M]. 胡世凯,译. 北京:商务印书馆,1997.

[27] 钱辉,项保华. 企业演化观的理论基础与研究假设[J]. 自然辩证法通

讯,2006,28(3):46-50.

[28] 蒋利亚.企业战略的性质:共同演化下的动态匹配[D].上海:复旦大学,2004:75-76.

[29] 杨其静.企业家的企业理论[M].北京:中国人民大学出版社,2005.

[30] 张维迎,余晖.西方企业理论的演进与最新发展[J].经济研究,1994,29(11):70-81.

[31] 鲍莫尔.企业家精神[M].孙智君,译.武汉:武汉大学出版社,2010:14.

[32] 史普博著.企业理论:企业家、企业、市场和组织内生化的微观经济学[M].贺小刚,李婧,译.上海:格致出版社,2014:7.

[33] 沙彦飞,贺小刚,郭立新,等.企业家意志与企业生成:兼评主流企业起源理论[J].技术经济与管理研究,2018(9):47-51.

[34] 张维迎.企业的企业家:契约理论[M].上海:上海人民出版社,2015.

[35] Klein P G. Why entrepreneurs need firms, and the theory of the firm needs entrepreneurship theory[J]. Revista De Administração,2016,51(3):323-326.

[36] Teece D J. Dynamic capabilities and entrepreneurial management in large organizations: Toward a theory of the (entrepreneurial) firm [J]. European Economic Review,2016,86:202-216.

[37] Anderson B S, Eshima Y, Hornsby J S. Strategic entrepreneurial behaviors:Construct and scale development[J]. Strategic Entrepreneurship Journal,2019,13(2):199-220.

[38] 福斯,克莱因.企业家的企业理论:研究企业的新视角[M].朱海就,王敬敬,屠禹潇,译.北京:中国社会科学出版社,2020.

[39] 张序.企业家概念及其相关问题辨析[J].社会科学研究,2005(1):122-127.

[40] 张曙光.企业理论的进展和创新:评杨其静著《企业家的企业理论》[J].经济研究,2007,42(8):153-160.

[41] 石盛林,王娟,张静.基于企业家企业理论的事业战略理论模型[J].南京邮电大学学报(社会科学版),2017,19(2):46-55.

[42] 石盛林,黄芳.基于企业家成功实践的事业战略理论重构[J].华东经济管理,2018,32(1):160-165.

[43] 石盛林,贾创雄.战略管理:实践、理论与方法:以企业生命周期为主线[M].南京:东南大学出版社,2009.

[44] Rajagopalan N,Rasheed A M A,Datta D K. Strategic decision processes:Critical review and future directions[J]. Journal of Management,1993,19(2):349-384.

[45] 明茨伯格,阿尔斯特兰德,兰佩尔.战略历程:穿越战略管理旷野的指南[M].魏江,译.2版.北京:机械工业出版社,2012.

[46] Schwenk C R. The cognitive perspective on strategic decision making[J]. Journal of Management Studies,1988,25(1):41-55.

[47] 杨迤,贾良定,陈永霞.认知学派:战略管理理论发展前沿[J].南大商学评论,2007(4):178-194.

[48] 韵江.战略过程的研究进路与论争:一个回溯与检视[J].管理世界,2011(11):142-163.

[49] Simon H A. Administrative behavior:a study of decision-making processes in administrative organization[M]. New York:Macmillan Co.,1947.

[50] March J G,Simon H A. Organizations[M]. New York:Wiley,1958.

[51] Kaplan S. Research in cognition and strategy:Reflections on two decades of progress and a look to the future[J]. Journal of Management Studies,2011,48(3):665-695.

[52] 黄凯南,程臻宇.认知理性与个体主义方法论的发展[J].经济研究,2008,43(7):142-155.

[53] 黄凯南,黄少安.认知理性与制度经济学[J].南开经济研究,2009(6):3-17.

[54] 邓汉慧,张子刚.西蒙的有限理性研究综述[J].中国地质大学学报(社会科学版),2004,4(6):37-41.

[55] 张铁山.延展心灵论题中的积极的外在主义和认知颅内主义之争[J].南京林业大学学报(人文社会科学版),2015,15(2):68-76.

[56] 于小涵.认知系统性的研究:基于分布式认知的视角[D].杭州:浙江大学,2010.

[57] 郁锋.环境、载体和认知:作为一种积极外在主义的延展心灵论[J].哲

学研究,2009(12):86-92.

[58] 石盛林,黄芳. 战略管理认知学派研究综述[J]. 科技进步与对策,2017,34(6):156-160.

[59] Chaffee E E. Three models of strategy[J]. Academy of Management Review,1985,10(1):89-98.

[60] Lampel J,Shapira Z. Judgmental errors,interactive norms,and the difficulty of detecting strategic surprises[J]. Organization Science,2001,12(5):599-611.

第七章
案例研究设计

揭示企业家认知对技术创新与竞争战略关系的影响机理,推进战略管理认知学派研究的深入,首先,必须对战略管理研究进行哲学反思。事实上,每一门学科的建立无不蕴含着对其哲学基础的终极思考[1],战略管理理论研究也走到了每一个学科都要经历的思维上的尴尬时期[2]。这种反思的源头应从"企业是什么"着手,从本体论反思企业的本质,从认识论反思实证还是建构的研究方法,从价值论反思管理学者是否"价值无涉"[3]。主流实证主义研究隐含的是管理学者的功能主义范式本体论,强调客观实证的认识论,以及"价值无涉"的价值论,正如韩巍[4]1778发现的"大量主流研究主要是在截面化而非历时性、去情境而非情境化、片段式而非整体性的认识论中生产缺乏重复性、可靠性的碎片知识"。彭新武[5]也注意到了"由于受传统科学和理性主义的影响,以往的管理理论大都带有普遍真理的色彩,追求理论的普适性和最合理的原则、最优化的模式,但是真正在解决企业的具体问题时,却常常显得无能为力"。

其次,厘清解释哲学反思问题的基本理论。① 从本体论来看,企业就是企业家创建的、实现企业家人力资本价值的"具有智慧的有机生命体",作为一个真实的存在,是企业家知识、经验与思想的产物。② 从认识论来看,企业家创建企业、选择"做什么"和"如何做"的过程实际上就是一系列信息加工过程,这个加工过程既是一个客观经验归纳过程,同时也是一个主观思想建构过程。与此相应地,管理学者的理论研究过程,既是从客位视角对企业家认知的客观归纳,也是从主位视角嵌入企业历史情境对企业家认知的主观诠释[6]。③ 从价值论来看,一方面,作为企业家创建的"具有智慧的有机生命体",企业价值观事实上就是企业家价值观的延伸;另一方面,管理理论是一门兼具人文、社会和自然科学属性的综合性学科,管理学者在建构管理理论时必然会受到自身价值观的影响。

最后,明确企业家认知内容和企业家认知演化的整合研究思路。在明确的哲学本体论、认识论、价值论假设基础上,从企业家认知视角出发,既要关注企业家在特定情境下对"做什么"和"如何做"的具体认知内容,又要循着企业生命体的成长、成熟、老化的历史脉络,探寻随着企业的发展企业家的认知演化过程。正如明茨伯格所言:"如果认知学派的意图能够被清楚地表达出来,它可以极大地改变我们今天所熟悉的战略教学和实践过程。"[6]115

基于上述思考,为了不受限于已有的理论,避免预设的理论观点给研究带来偏见或限制了新概念或理论的发现[1],本篇选择案例研究方法的原因有两点:一是考虑到探索中国企业家认知,揭示企业家认知对技术创新与竞争战略关系的影响,案例研究方法更具优势[7];二是致力于从中国优秀企业家的管理实践中凝练管理理论,更适合精确选取极具代表性的典型案例进行深入和详尽的分析[8]。

7.1 研究方法

案例研究并不只是一种数据收集的方法或是一种数据分析的方式,也不只是一种研究设计的特征而已,而是包括三者的一项周延而完整的研究策略[9],不同的研究策略隐含着研究者的本体论、认识论和方法论假设。

1. "以例据为导向"和"以诠释为导向"的案例研究

李平等[10]、Mir 和 Watson[11]将案例研究划分为两大流派:以例据为导向的案例研究和以诠释为导向的案例研究。

(1) 以例据为导向的案例研究

以例据为导向的案例研究以功能主义范式为其本体论基础,以感性上升成为理性为其认识论基础,以科学程序性为其方法论基础。在数据处理方面,强调可复制性(replication)、数据三方验证(triangulation)、编码程序(coding procedure),以及数据结构(data structure),因此偏好跨案例对比研究。在理论建构方面,强调发现已有客观规律、理论饱和(theoretical saturation)、数据与理论关联的严格匹配吻合,以及量化可靠性,因此偏好理论抽象性、线性因果性,以及还原性等。

(2) 以诠释为导向的案例研究

以诠释为导向的案例研究以诠释主义范式为其本体论基础,以感性与理性融合为其认识论基础,以人文意义性为其方法论基础。在数据处理方面,强调丰富多彩的现象描述(rich description)、数据多元性、整体情景性,以及动态过程性,即纵向追踪性,因此偏好单一案例研究。在理论建构方面,强调构建全新主观洞见、数据与理论关联的开放灵活解读,以及质性启发性,因此偏好具体故事性、非线性复杂涌现性及整体性、动态性、悖论性等。

(3) 两种案例研究的融合

事实上,大多数案例研究文章并未明确说明是否偏重以上两大流派的任何一方,而是常常将两大流派融合使用。李平等认为两种案例研究的融合使用符合中国传统哲学的阴阳思维[10]。对于本案例研究而言,融合使用两种案例研究,即采取实证主义与建构主义整合的研究方法[11],既要注重对企业家实践的"历时性、情境性、整体性"客观研究[4]1779,又要注重对企业家实践的主观建构[12],在客观呈现事实的基础上,通过主观诠释,归纳概念、范畴,进而建构理论。

2. 案例研究的标准

不论采取何种研究策略,案例研究均应遵循的标准有四个:构念效度、内部效度、外部效度和信度。

(1) 构念效度

构念效度类似于问卷调查研究的结构效度,指案例研究所界定的概念能够准确地反映概念所包含的属性与维度的程度。可以采取多重证据来源的三角检证、证据链的建立、信息提供人的审查等使研究具有构念效度[7]。首先,在多重证据来源的三角检证(或多角检证)方面,需要使用各种证据来源,包括文件(如信件、报告、报道、私人笔记等)、档案(公司数据、官方记录、现行数据库等)、人员面谈、现场观察等。如果不同来源都能获得类似的数据与证据,那么表明案例研究发现具有构念效度。其次,建立证据链,需要按照一定逻辑连贯性地呈现收集的案例数据,使得非案例研究者在阅读时也能够清晰地重现此逻辑,并可据此逻辑做出预测。逻辑越清晰、越连贯,则表明构念效度越高。最后,审查重要信息提供人。通过重要信息提供人审阅报告与数据,避免研究者个人的选择性知觉而产生不恰当的诠释,确保案例研究的构念效度。

本案例研究在构念效度方面,首先是对多渠道数据进行相互验证,其次是建立证据链,研究数据的时间跨度为1976年到2021年,通过上述做法确保案例研究的构念效度。

(2) 内部效度

内部效度类似于问卷调查研究的内容效度,指案例研究所界定的概念的属性与维度之间的一致性和相关性,以形成一个完整概念框架。一致性是指概念的属性与维度符合一致的逻辑特征,相关性是指概念的各个属性与维度之间有一定的相互联系。可以采用模式匹配(pattern matching)、解释建立和时间序列设计等提升内部效度。

模式匹配主要检验数据与理论是否契合,这里的契合有两种情况,第一种情况是数据与原有理论完全契合,第二种情况是在原有理论基础上发现了新的属性或维度。

解释的建立,首先,研究者提出可能的理论,检验数据是否契合理论;然后,根据数据修正提出的理论,继续寻找新的数据检验修正的理论;最后,再重复以上的过程,直到理论与数据趋近为止。

时间序列的设计,先分析观察到的现象在时间上是否具有先后顺序,再推论现象之间的因果关系。如果在后续的数据中,这些现象中的"原因现象"总是发生在先,并且总是导致"结果现象"的后续发生,由此即可推论现象具有时间上的因果关系。

(3) 外部效度

外部效度指明研究结论可以类推的范围。如果单一案例研究的结论与理论的类推范围越广、所能解释的组织现象越多,则表明结论与理论就越有力量。通常采用分析类推(analytical generalization)来判断研究的外部效度[7],即通过跨案例研究,如果在后续的案例研究能够重复发现先前的案例研究的结论与理论,则可表明案例研究的外部效度。本案例研究属于单案例研究,案例研究结论与建构理论的外部效度有待未来通过跨案例研究验证与完善。

(4) 信度

信度不同于问卷调查研究的信度概念,案例研究的信度是指案例研究过程的可复制性,即所有案例研究过程必须是可以重复的。为此,必须准备一份周详的案例研究计划书,同时必须建立一个案例研究数据库,以便有需要的研究者可以重复进行研究。案例研究计划书要给出研究过程、数据收集与分析原则等。本案例研究为保证信度,拟定了了详尽的案例研究计划,明确了"案例研究的步骤"(表7.1),建立了"曹德旺案例研究数据库"(表7.2)。

3. 案例研究的步骤

借鉴 Gioia 等的建议,从原始数据到理论诠释,案例研究包含 4 个阶段[13]:研究设计、数据收集、数据分析、理论建构。具体而言,可以划分为启动、研究设计与样本选择、研究方法与工具选择、数据收集、数据分析、理论建构、文献对话、结束等八个步骤[9]206。在实际研究时,各个步骤可能存在回路的循环关系,数据收集、数据分析可能需要反复地进行。本案例研究按照上述 4 个阶段展开,在具体的实施步骤上,由于是单案例研究,缺少步骤"⑥理论建构"中的"跨案例的逻辑复现";由于是新的理论建构,缺少步骤"⑦ 文献对话"中的"与类似文献互相比较"。

表 7.1 案例研究的步骤

阶段	步骤	活动	目的
研究设计	① 启动	界定研究问题 找出可能的理论背景	将问题聚焦 提供概念建构的较佳基础
	② 研究设计与样本选择	不受限于已有理论与假设,进行研究设计 聚焦于典型企业 理论抽样,而非随机抽样	维持理论与研究弹性 限制额外变异,并强化外部效度 聚焦于具有理论意义的成功案例
	③ 研究方法与工具选择	客观实证与主观建构的融合 采用多元数据收集方式 使用质性数据分析工具,如 NVivo 12	有利于发现新理论,提高内部效度 通过三角检证,强化概念效度 便于重复进行研究,确保信度
数据收集	④ 数据收集	反复进行数据收集与分析 采用弹性的数据收集方法	及时分析,随时调整数据的收集 有助于发现案例的独特性
数据分析	⑤ 数据分析	案例内分析 采用发散式方式,寻找跨案例的共同模式	熟悉数据,并进行初步的理论建构 有助于通过不同视角进行数据分析

续表

阶段	步骤	活动	目的
理论建构	⑥ 理论建构	针对各个概念,进行证据的持续复核 跨案例的逻辑复现 寻找概念之间的因果关系及其证据	精炼概念定义、效度及测量 证实、引申及精炼理论 确保内部效度
	⑦ 文献对话	与矛盾文献互相比较 与类似文献互相比较	确保内部效度、提升理论层次 提升类推能力、提升理论层次
	⑧ 结束	尽可能达到理论饱和	数据不再有新的发现时,则结束研究

资料来源:文献[7]、文献[13],本书引用时有修改

7.2 研究样本

本书旨在揭示企业家认知对技术创新与竞争战略关系的影响机理,探寻创新驱动的成本领先战略转型升级路径和动力机制,为确保案例研究的效度和信度,制定如下案例选取标准:

① 所选取的样本企业、企业家必须有大量的历时性、情境性、整体性的数据;

② 所选案例必须是制造业企业,因为本书研究聚焦的是中国制造业;

③ 所选案例是国内冠军企业,以便理论的建构,并具有实践指导意义;

④ 所选案例是上市公司,企业的各种信息是公开的,便于数据收集。

根据以上标准,本书采用理论抽样的方法,选取制造业单项冠军[①]福耀玻璃的创始人曹德旺为研究样本,研究时段为 1976—2021 年。曹德旺 1976 年结缘玻璃,1987 年创立福耀,30 余年来一致专注于汽车玻璃的研发、生产和销售。福耀集团于 1993 年在上海证券交易所主板上市,于 2015 年在香港交易

---

① 我国单项冠军企业的培育与中小企业"专精特新"化(专业化、精细化、特色化、新颖化)发展是密切联系的。我国从"十二五"时期开始引导中小企业"专精特新"化发展,到"十三五"时期开启制造业单项冠军培育工作,之后推动提升"专精特新""小巨人"企业数量和质量。我国单项冠军培育工作随着实际发展要求不断完善并初步形成梯次培育体系。自 2016 年工业和信息化部开展单项冠军评选活动以来,截至 2000 年 12 月,我国共遴选出 5 批 340 家示范企业和 256 项单项冠军产品,培育企业 96 家。福耀玻璃是第二批(2017 年)单项冠军示范企业。

所上市,现已成为全球最大的汽车玻璃供应商之一,产品得到全球知名汽车制造企业及主要汽车厂商的认证和选用,设计中心、生产基地和商务机构遍布中国 16 个省市以及美国、德国、日本等全球 11 个国家和地区,全球雇员约 2.7 万人。福耀集团先后荣获"中国质量奖提名奖""中国质量奖""智能制造示范企业""国家创新示范企业""国家级企业技术中心"等各类创新荣誉、资质,多年蝉联《财富》中国 500 强、中国民营企业 500 强,多次获得"中国最佳企业公民""中国十佳上市公司""CCTV 最佳雇主"等社会殊荣。

福耀集团董事长曹德旺先生从 1987 年至今个人捐款累计逾 120 亿元,被誉为"真正的首善";2009 年荣膺"安永全球企业家",2016 年荣获全球玻璃行业最高奖项——金凤凰奖,2018 年入选"改革开放 40 年百名杰出民营企业家",2021 年获"复旦企业管理杰出贡献奖"。

7.3 数据收集

数据收集过程遵守 7.1 节所述的案例研究标准,建立"曹德旺案例研究数据库"(表 7.2),根据数据来源,把数据分成六种类型,分别是访谈视频、公司年报(PDF 格式)、媒体报道(WORD 格式)、自传《心若菩提》(扫描 PDF 格式后再转录为 WORD 格式)、知网文献(PDF 格式)、维普文献(PDF 格式)。

表 7.2 曹德旺案例研究数据库

数据类型	数据来源
自传	《心若菩提》[14]、《心若菩提》(增订本)[15]
访谈视频	《遇见大咖(曹德旺)》(2016 年)、《美国工厂》、《开讲啦(曹德旺)》(2018 年)、《对话(曹德旺)——改变世界的中国生意》(2016 年)
公司年报	福耀玻璃工业集团股份有限公司年度报告(1999—2021 年)
媒体报道	百度搜索引擎以"曹德旺""福耀"为搜索词得到的新闻报道(1996—2021 年)
知网文献	CNKI 中国知识系列数据库以篇名"曹德旺""福耀"为检索词搜索的研究文献(1996—2021 年)
维普文献	维普中文科技期刊数据库以篇名"曹德旺""福耀"为检索词搜索的研究文献(1996—2021 年)

7.4 数据分析方法与工具

案例数据分析使用扎根理论,配合使用 NVivo 12 质性数据分析软件。

1. 扎根理论

(1) 扎根理论的概念

扎根理论(Grounded Theory)由 Glaser 和 Strauss 于 1967 年提出[16],强调从原始数据中寻找能够反映社会现象的概念,分析概念之间的相关关系,并通过反复的数据对比,建构能够解释社会现象的理论。运用扎根理论时,研究者在进入案例情境时一定要放下任何的理论预设,保持一种开放的心态,最初只是带着研究兴趣进入情境,避免先入为主的主观预设影响,让研究问题乃至理论建构从获得的数据中自然涌现,从而能够真正从现实情境中提炼出新的理论[17]。扎根理论这些特点恰好契合本书旨在揭示企业家认知对技术创新与竞争战略关系的影响机理的研究需要。

(2) 扎根理论的三种流派

自首次被提出之后,扎根理论被广泛应用于教育学和管理学等研究领域,并逐步形成了三大学派[16]:经典扎根理论、程序化扎根理论和建构型扎根理论。

① 以 Glaser 等为代表的经典扎根理论学派。经典扎根理论是扎根理论最初的版本,其最核心的方法论原则是让研究问题从社会现象及对其进行的观察思考中自然涌现,然后按照不断比较的原则,遵循规范的数据分析程序完成理论构建。经典扎根理论体现的是实证主义认识论,追求研究过程的科学化、客观性和研究结果的普适化,数据分析由开放性编码、选择性编码和理论性编码三个步骤组成。

② 以 Strauss 等为代表的程序化扎根理论学派。该学派在强调理论忠于数据的同时,更注重借助已有概念探寻数据中的规律。程序化扎根理论体现的是解释主义认识论,追求借助完善的概念体系来解释和预测客观现象,数据分析由"开放性译码—主轴译码—选择性译码"组成。

③ 以 Charmaz 为代表的建构型扎根理论学派。建构型扎根理论整合了经典扎根理论和程序化扎根理论的长处,在承认理论的客观性是第一位

的同时,强调注重人的主观性。Charmaz 认为:"数据和理论都不是被发现的,我们建构了自己的扎根理论。"[16] 建构型扎根理论体现的是建构主义认识论,编码过程分为4个阶段:初级编码、聚焦编码、轴心编码和理论编码。

基于不同的认识论,经典扎根理论强调理论构建的客观性,认为研究者只能以观察者的身份进行研究,从数据中得出科学的理论。程序化扎根理论则更强调人的主观认识能力,认为研究者要尽可能贴近数据才能揭示规律。而在建构型扎根理论中,研究者是主观性和客观性的共同体,两者都不能偏废。与"以例据为导向的案例研究"和"以诠释为导向的案例研究"的融合相适应,本书既注重理论构建的客观归纳,又关注研究者的主观诠释,采用 Charmaz 的建构型扎根理论进行数据分析。

(3) 扎根理论的编码程序

对数据进行逐级编码是扎根理论中最重要的一环,本书采用 Charmaz 的建构型扎根理论进行数据分析,借鉴经典扎根理论、程序化扎根理论的数据分析程序,采用三级编码,即开放式编码、轴心式编码和选择式编码[18]。

① 开放式编码。开放式编码是将数据分解、研读、比较、概念化和范畴化的过程,从而使发散的数据串联和收敛。开放式编码是扎根理论编码最基础的,同时也是最重要的环节,如前述扎根理论概念提及的,务必要保持开放的心态,对数据保持敏感,带着质疑、反思进入编码过程。对每个语句进行贴标签并反复比对、整理,最终选择、合并得到概念,再将相互关联的概念重新组合产生初始范畴。

② 轴心式编码。作为开放性编码的延伸和发展,顾名思义,轴心式编码就是沿着一条主轴(Axial)把开放性编码得到的概念、范畴串联或并联起来,即按照一定的逻辑思路整合所有概念和范畴。与前述内部效度的模式匹配、解释建立、时间序列设计相联系,整合所有概念和范畴的逻辑可以是因果逻辑、理论逻辑、时间逻辑等。本案例研究沿着"条件—行动/互动—结果"的逻辑,同时考虑已有的理论以及数据的时间序列关系,将每个初始范畴联系起来。

③ 选择式编码。选择式编码就是在轴心式编码得到的整个概念/范畴逻辑体系中,聚焦"核心问题",选择可统筹其他概念/范畴的核心概念、核心范畴,最后整合核心概念和核心范畴建构理论,对"核心问题"给出合乎逻辑和实际情境的解释。本案例研究聚焦"企业家认知能力如何影响技术创新

与成本领先战略的关系",在"条件—行动/互动—结果"的轴心式编码结果中选择企业家认知能力、技术创新、成本领先战略等核心范畴进行理论建构。

2. NVivo 12

本案例研究选用 NVivo 12 辅助扎根理论编码过程。NVivo 是澳大利亚 QSR 公司开发的一款功能强大的质性数据分析软件,全称是"Nudist Vivo"。NVivo 12 采用了传统的办公软件界面,集成了导入、创建、探索、共享等选项卡,可以导入文本数据(访谈录音稿、田野工作笔记、会议记录等)和非文本数据(照片、图表、可视化影像等);可以创建注释(备忘录、框架矩阵)、代码(关系、节点)、分类(案例、案例节点分类、文档分类)、文件夹、脚本、搜索(群组、文件夹);在"探索"选项卡上的"查询"功能中有文本搜索、词频、编码、矩阵编码、交叉分析,"示意图"功能中有聚类分析、比较示意图、探索示意图等。采用 NVivo 12 进行质性数据分析的流程如图 7.1 所示。

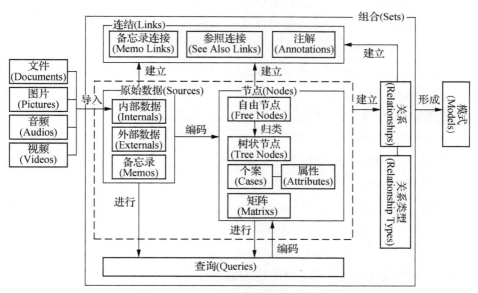

图 7.1　NVivo 12 质性数据分析流程图

本书案例研究根据前述扎根理论的三级编码,NVivo 12 主要用于开放式编码,涉及图 7.1 中的导入、编码两个阶段。

参考文献

[1] 吕力. 直面中国实践的管理伦理与哲学问题[J]. 管理学报,2013,10(12):1725-1734.

[2] 项保华,蒋利亚. 战略管理研究的对象与假设[J]. 自然辩证法通讯,2004,26(4):63-68.

[3] 高静美. 管理理论构建的哲学反思[J]. 浙江大学学报(人文社会科学版),2007,37(6):81-89.

[4] 韩巍. 管理研究认识论的探索:基于"管理学在中国"专题论文的梳理及反思[J]. 管理学报,2011,8(12):1772-1781.

[5] 彭新武. 管理哲学的问题及其当代性[J]. 哲学动态,2007(2):10-15.

[6] 明茨伯格,阿尔斯特兰德,兰佩尔. 战略历程:穿越战略管理旷野的指南[M]. 魏江,译. 2版. 北京:机械工业出版社,2012.

[7] Eisenhardt K M. Building theories from case study research[J]. Academy of Management Review,1989,14(4):532-550.

[8] Siggelkow N. Persuasion with case studies[J]. Academy of Management Journal,2007,50(1):20-24.

[9] 陈晓萍,徐淑英,樊景立. 组织与管理研究的实证方法[M]. 北京:北京大学出版社,2008:199-226.

[10] 李平,杨政银,曹仰锋. 再论案例研究方法:理论与范例[M]. 北京:北京大学出版社,2019.

[11] Mir R,Watson A. Strategic management and the philosophy of science:The case for a constructivist methodology[J]. Strategic Management Journal,2000,21(9):941-953.

[12] 张钢. 战略管理研究基础的建构论重构是否可能?[J]. 自然辩证法通讯,2001,23(4):43-52.

[13] Gioia D A,Corley K G,Hamilton A L. Seeking qualitative rigor in inductive research[J]. Organizational Research Methods,2013,16(1):15-31.

[14] 曹德旺. 心若菩提[M]. 北京:人民出版社,2015.

[15] 曹德旺. 心若菩提:增订本[M]. 北京:人民出版社,2017.
[16] 贾旭东,衡量. 基于"扎根精神"的中国本土管理理论构建范式初探[J]. 管理学报,2016,13(3):336-346.
[17] 贾旭东,谭新辉. 经典扎根理论及其精神对中国管理研究的现实价值[J]. 管理学报,2010,7(5):656-665.
[18] 卡麦兹. 建构扎根理论:质性研究实践指南[M]. 边国英,译. 重庆:重庆大学出版社,2009:55-91.

# 第八章
案例研究的数据分析与研究发现

正如第七章所阐述的,本篇案例研究是以例据为导向的案例研究和以诠释为导向的案例研究的融合使用,为此在数据分析时采用建构扎根理论,即经典扎根理论和程序化扎根理论的综合运用,同时从客位视角(实证主义的)和主位视角(诠释主义的),按照开放式编码、轴心式编码、选择式编码的程序展开数据分析,探索发现现象、概念、范畴,进而建构理论。在数据分析之前,先将所有的原始数据导入 NVivo 12,建立项目"曹德旺案例研究"。

在数据分析过程中要做到以下两点:

一是保持敏感。本篇案例研究旨在揭示企业家认知能力对于技术创新与竞争战略关系的影响,数据分析过程要求研究者对已有的理论以及数据中隐含的理论要保持敏感,注意发现数据中建构理论的线索,这就对研究者的理论功底提出了较高要求。为此,在数据分析之前,循着企业家为什么要创业、企业家创业时需要哪些资源、企业家如何思考决策"做什么"和"如何做"的逻辑思路,广泛搜集阅读了动机心理学[1-2]、认知心理学[3-4]、认知神经心理学[5]、人格心理学[6]等理论著作,以及企业家认知研究最新的中、外文献(见第二章文献综述)。

二是不断比较。充分利用 NVivo 12 的编码便利性,把不同时间、地点、情境呈现的现象、提炼的概念、发现的范畴之间不断进行对比,对概念、范畴的命名不断优化,最终得到能够更好表达范畴的属性和维度的概念编码、范畴编码,这种比较贯穿在整个编码过程中。具体而言,在数据分析中的比较通常包含四个步骤:第一,根据概念所归属的范畴对数据进行比较:对数据进行编码并将数据归到尽可能多的范畴之后,将编码过的数据在不同的范畴中进行对比,为每一个范畴找到属性或者维度。第二,将有关范畴及其属性和维度进行整合,对这些范畴进行比较,分析它们之间存在的逻辑关系,将这些逻辑关系整合起来。第三,勾勒出初步呈现的理论,确定该理论的内涵和外延,将初步理论返回到原始数据进行验证,同时不断优化现有理论,使之变得更加精细。第四，对理论进行陈述，将所掌握的数据、概念、范畴以及范畴之间的关系一层层地描述出来，作为对研究问题的回答。

8.1 数据准备

NVivo 12 质性数据分析的前期数据准备阶段主要包括建立新项目、初步整理原始数据、导入原始数据。

第一步，建立新项目。在 NVivo 12 中，新建项目命名为"曹德旺案例研究"，用于后续的数据存放、数据编码、关系建立等。

第二步，初步整理原始数据。根据数据来源，把数据分成 6 种类型，分别是访谈视频、公司年报（PDF 格式）、媒体报道（WORD 格式）、自传《心若菩提》（扫描 PDF 格式后再转录为 WORD 格式）、维普文献（PDF 格式）、知网文献（PDF 格式），其中访谈视频借助金舟文字语音转换软件进行了文字转录。

第三步，导入原始数据。NVivo 12 支持导入内部材料和外部材料，以"内部材料"形式导入的数据直接存放在新建项目里面，以"外部材料"形式导入的数据则需要指定外部材料的"文件路径""位置说明"等。本篇研究的数据全部以"内部材料"形式导入，按照前述的 6 种类型，建立 6 个文件夹存放相应的数据，便于后续的编码等研究。

本篇研究的"曹德旺案例研究"项目建立和数据导入后的部分结果如图 8.1 至图 8.3 所示。

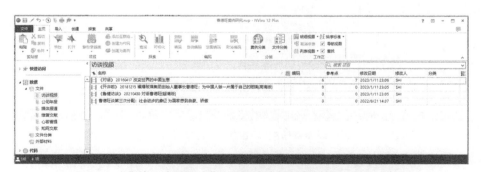

图 8.1 "曹德旺案例研究"项目的访谈视频数据导入结果示意图

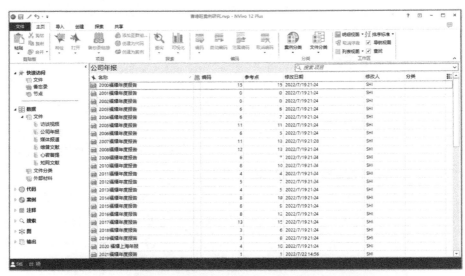

图 8.2 "曹德旺案例研究"项目的公司年报数据导入结果示意图

图 8.3 "曹德旺案例研究"项目的知网文献数据导入结果示意图

8.2 数据分析

数据分析在编码步骤上采用的是"程序化扎根理论"方法,即"开放式编码—轴心式编码—选择式编码",在编码策略上则兼顾了经典扎根理论与程序化扎根理论,以"建构型扎根理论"认识论为主,即在注重编码的客观性、自然涌现的同时,还要注重研究者基于理论或经验的主观诠释。在正式编码之前,首先使用 NVivo 12 的"探索"功能对导入的数据进行"词频"分析。词频条件设置为:① "搜索范围"为选定的文件夹"文件"中的"访谈视频""媒体报道""维普文献""心若菩提"和"知网文献"("公司年报"由于数字较多,"词频"分析没有选择);② "分组"为完全匹配;③ "具有最小长度"输入 3,即最小长度为 3 字词;④ 其他系统默认。然后"运行查询",观察词频分析结果,将"有限公司""100"等不需要的词"添加至停用此表",再次运行查询。由图 8.4 和表 8.1 分析结果可知,"企业家"词频计数达到 523,占比达到 0.24%,突显企业家的核心作用,表明了本书提出的基于企业家企业理论研究的必要性。

图 8.4　词语云

表 8.1　词频汇总表示例

单词	长度	计数	加权百分比/%
企业家	3	523	0.24
制造业	3	156	0.07
董事长	3	148	0.07
基金会	3	146	0.07
供应商	3	138	0.06
人民币	3	134	0.06
生产线	3	110	0.05
PPG	3	88	0.04
100	3	82	0.04
2008	4	75	0.03
2009	4	75	0.03
2019	4	75	0.03
总经理	3	74	0.03
2018	4	72	0.03

数据来源：NVivo 12"词频"分析导出。
注：PPG 的全称为"Pittsburgh Plate Glass"，即匹兹堡平板玻璃有限公司。

企业家是企业创建者、方向引领者、规则制定者。纵观福耀玻璃从 1987 年正式创立到今天走过的 37 年发展历程，贯穿始终的是创始人曹德旺学习、成长、升华的人生历程。曹德旺认知能力随着自身学习、经验积累、身心修养而不断提升，从创办福耀玻璃初期的"创业企业家"，到带领福耀玻璃成长为汽车玻璃的冠军企业的"优秀企业家"，再到引领福耀玻璃为社会发展做出巨大贡献的"卓越企业家"，带领福耀玻璃实现可持续发展与卓越成长。

8.2.1　开放式编码

在开放式编码中，将案例数据中的历史事件、历史行动进行不断地比较，以确定其相似性和差异性，贴上标签。这样，相似的历史事件、历史行动被组合在一起，形成概念；逻辑关系明确、相互联系的、内涵互补的概念整合形成范畴；然后通过不断比较分析，在属性和纬度两个层面发展范畴。

具体而言，开放式编码包含定义现象、界定概念、发展范畴三个步骤，对案例数据进行简化和提炼[7]。本案例研究首先对"访谈视频""公司年报"

"媒体报道""心若菩提"进行编码,然后利用"维普文献""知网文献"进行"文献对话",修订完善概念、范畴。

1. 定义现象

逐行逐段地仔细阅读原始数据,从中筛选出与研究主题相关的一个个独立的事件,即"贴标签",然后赋予每个事件一个所指或代表现象的名称,即"定义现象"。需要指出:① 这个过程不是一次性能够完成的,可能需要反复阅读数据、筛选若干次;② 正如本章开始提到的,在反复阅读、筛选过程中要保持敏感,只要感觉有可能与研究问题相关,在初次"贴标签"时可以首先筛选出来;③ 经过不断比较,直到没有新的"现象"涌现为止;④ 为减少误差和偏见,同时便于不同来源数据的不断比较,"现象"的命名尽可能使用"原生代码"(in vivo codes)[8]70,即使用研究对象自己的一些独特的词语给现象命名。

此过程在 NVivo 12 的操作中就是对筛选出的"节点"中的"参考点"进行"编码",一个"贴标签"动作就是在 NVivo 12 中生成一个"参考点",一个或若干个"参考点"可以"编码"为一个"现象",即如果在 NVivo 12 中呈现出一个编码有若干个"参考点",则意味着该"现象"编码的时候有若干个"贴标签"动作。例如,图 8.5 的编码示例,现象"我暗下决心,冲破人事的这道篱笆"有 4 个参考点,即贴了 4 个标签。

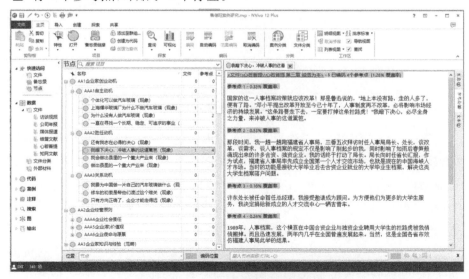

图 8.5　NVivo 12 中"定义现象"示意图

243

通过上述过程，最终定义了 280 个现象。

2. 界定概念

概念反映事物的一般的、本质的特征，是"对特征的独特组合而形成的知识单元"[9]。由于本篇案例研究综合运用了以例据为导向的案例研究和以诠释为导向的案例研究，与此相应地，在编码时综合采用了经典扎根理论和程序化扎根理论的编码方法，体现在概念界定上使用两种策略。

第一种编码策略注重"以例据为导向"，即客位视角编码，主要根据客观事实的自然涌现、归纳提炼。如图 8.6"BB1 企业家感知能力"节点层次可视化所示，包含的概念分别是"BBB1 关注组织内部各种信息""BBB2 关注国内外政治经济信息""BBB3 关注国内外行业信息""BBB4 善于透过表象发现问题"，这些概念的提炼主要基于客观事实的归纳提炼。

图 8.6　NVivo 12 中节点"BB1 企业家感知能力"节点层次可视化

第二种编码策略是"以诠释为导向"，即主位视角编码，主要根据已有理论或研究者经验把现象归属到已有的理论概念中。如图 8.7"AA1 企业家创业动机"节点层次可视化所示，包含的概念分别是"AAA1 自主动机""AAA2 胜任动机""AAA3 关系动机"，这些概念源自 Deci 和 Ryan[10-12]提出的自我决定理论。根据动机心理学的自我决定理论，人们在一生中必须持续满足三个基本的心理需求——自主、胜任和关系——以达到最佳的机能水平，不断体验个人的成长与幸福感。与三种心理需求相对应的是由此引发的相应行为动机。

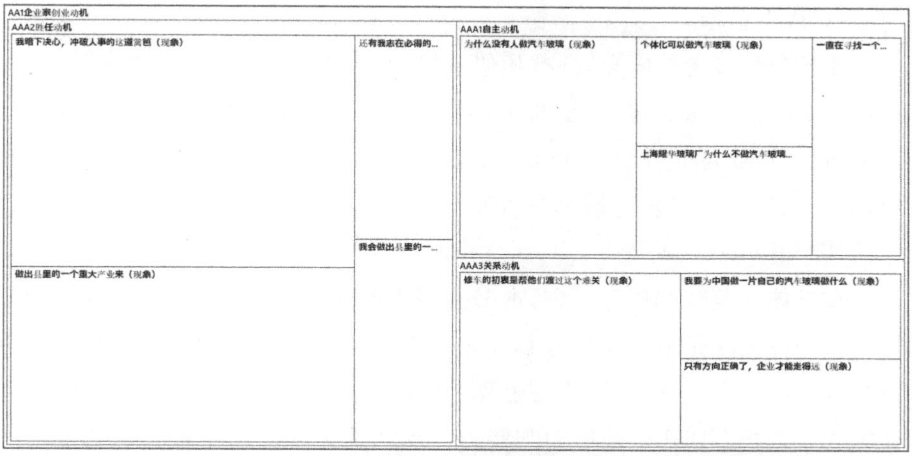

图 8.7　NVivo 12 中节点"AA1 企业家创业动机"节点层次可视化

　　本案例研究中，企业家自主动机是为了满足自主需求引起的。企业家创业、经营企业就是希望可以自主选择自己行为，例如发起、调节和维持自己的行为。当这种需求得到满足时，企业家会体验到"做自己想做的事"的自由。曹德旺说："一直在寻找一个长期、稳定、可追求的事业。通过去年的承包，我发现承包制并不是彻底解决企业危机的办法，它只能治标，不能治本"[13]89。由此他萌生了自己创业的想法。

　　企业家胜任动机是为了满足胜任需求引起的。企业家勇于创业、勇于承担不确定性风险，就是不安于现状，希望完成具有挑战性的任务。当这种需求得到满足时，企业家会体验到掌控感、成就感和控制感。曹德旺慷慨激昂地说："汽车玻璃行业会成为一个很大的产业。上夹层玻璃生产线，专业做汽车玻璃厂，我相信，有县里的支持，我会做出县里的一个重大产业来。"[13]122-123 这体现的正是曹德旺对"专业做汽车玻璃厂"的掌控感。

　　企业家关系动机是为了满足关系需求引起的。企业家创业成为企业创始人、董事长、CEO，从某种意义上讲，是希望与他人交往中获得相互尊重。当这种需求得到满足时，企业家会感受到来自他人和社会的支持。曹德旺说："我要为中国做一片自己的汽车玻璃，让所有的中国人都能用上，用得开心、用得安心。"[13]96 这表明了曹德旺立志通过自己创业，让自己、让中国人获得尊重的决心。

使用上述两种策略,共发展了 53 个概念,具体见表 8.2。

3. 发展范畴

比较分析概念的内涵,把有相似或接近内涵的概念聚拢成概念群,用一个更抽象的词对这个组命名,即范畴(category)。给范畴命名有三个途径:一是自己总结,尽量用代表行动的词组;二是从已有文献中选择适宜的范畴,但要确保这个概念与数据中涌现出来的概念的一致性;三是用数据中的原话,即"in vivo code"。

在具体的范畴归集过程中,本书按照两种逻辑思路展开:

第一种思路是根据企业家认知心理过程,即企业家在创业动机的驱动下,对信息的感知、注意、决策的过程。依此逻辑思路归纳的范畴如"AA1 企业家创业动机""BB1 企业家感知能力""BB2 企业家注意能力""CC1 企业家直觉决策能力""CC2 企业家分析决策能力"。

第二种思路是根据企业经营管理过程,即企业的计划、组织、领导、控制过程,计划过程涉及战略决策、制定经营计划,组织环节主要是建立组织结构、配置资源,领导环节主要是对员工的激励、考核,控制过程涉及诸如管理创新、技术创新、竞争战略的具体实施等。依此逻辑思路归纳的范畴如"AA2 企业经营原则""DD1 管理创新""DD2 工艺创新""DD3 产品创新""EE1 成本领先战略""EE2 差异化战略"等。

按照上述逻辑,归纳提炼 15 个范畴,具体见表 8.2,由于篇幅所限略去了开放式编码结果。

8.2.2 轴心式编码

轴心式编码就是基于一定的轴线,即逻辑思维主线,把开放式编码界定的概念、发展的范畴按照一定的逻辑关系整合在一起,建构一个概念化理论模型。在此过程中,伴随着对开放式编码形成的范畴、概念的聚类分析,形成更高层级、更大范围的范畴,并借由轴心式编码逻辑探索范畴形成的理论及现实依据。

本书基于企业家企业理论,循着企业家对企业"做什么"和"如何做"的思考选择过程,同时运用反诘法质疑"为什么做""凭什么做""什么情境可以做""还需要哪些条件才能做""如何做""遇到同行竞争怎么办"等,即"条件

—行动/互动—结果"的逻辑关系,建构的概念化理论模型如图 8.8 所示,图中范畴说明及其包含的概念见表 8.2。

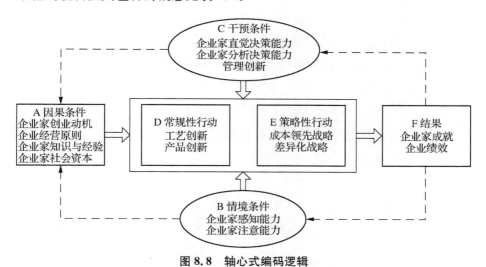

图 8.8　轴心式编码逻辑

A 因果条件。回答企业家"为什么做""凭什么做"的问题。曹德旺"一直在寻找一个长期、稳定、可追求的事业",发现"汽车玻璃行业会成为一个很大的产业",立志"为中国做一片自己的汽车玻璃"。曹德旺的创业动机,一方面源自从 1976 年"结缘玻璃",至 1986 年积累的玻璃制造知识和经验,其中既包括如"烘弯夹层车间的流程管理、质量检测等一系列知识",也包括体悟到"做企业必须具备文化自信""你真正有文化,看问题就跟人家不一样";另一方面源自获得来自县政府、技术合作伙伴、供应商合作伙伴等社会资本的支持,他"正是因为有对政府政策的坚定不移的信心,正是因为对自己能力的自信,以及相互之间的信任,才有了今天的福耀"。

B 情境条件。企业家感知和注意到的信息是企业家创业与经营企业的情境条件,回答"什么情境可以做"的问题。面对同样的外部情境,企业家能够能够感知到普通人看不到的信息,并注意到其中的创业与经营机会信息,其根源既有企业家创业动机驱动的主动感知信息能力,又有企业家凭借自身知识和经验的敏锐注意信息能力。例如,曹德旺参观完福特博物馆后,感悟到"在国家产业转型期,传统产业总是排头兵。福耀该做什么,已然明晰""我独自思忖:人的时间、精力、经验、资金都是有限的""就得像小朋友手中的镜子,将发散的太阳聚集成威力无比的光束一样,集中精力、集中资金、集中时间,如拳头一般,专打一点"。随着应用技术的发展,汽车玻璃将会朝着环保、节能、智能、集成方向发展。

C 干预条件。回答"还需要哪些条件才能做"的问题。企业家根据自己的知识和经验,利用社会资本,对感知的信息进行选择。经过筛选的信息进入大脑时有两套决策系统:自动决策系统和受控决策系统[14-15]。系统 1 是直觉的、感性的和无意识的直觉决策;系统 2 是逻辑的、理性的和缓慢的分析决策。大脑为了节约资源,遇到问题时信息会先由直觉决策系统处理,行不通才由分析决策系统处理,大脑交替使用直觉和分析两套决策系统(图 8.9)。

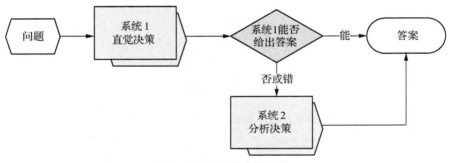

图 8.9　大脑的决策系统

曹德旺"涉足汽车玻璃,完全是一个偶然"[16]94。1984 年 6 月的一次武夷山游玩,曹德旺发现维修市场的汽车玻璃价格"太离谱了",直觉地意识到能做汽车玻璃。然后经过一番仔细的市场调研,他下定决心要为中国"做一片自己的汽车玻璃"[16]96。前者体现的是曹德旺的直觉决策能力,直觉告诉自己能"做什么";后者则是曹德旺分析决策能力的体现,经过仔细调研解决了"如何做"的问题。为配合决策落地实施,1985 年元旦,曹德旺"送走了第一批去上海培训的工人",这个举措可以归结为管理创新。

类似的情境还出现在 2008 年金融危机来临之前,曹德旺就在 2007 年第 11 期的《福耀人》上写了篇《一叶知秋》,预言"冬天即将到来""我们需要经受严寒的考验"[17]。然后"几番冥思苦想,反复计算,缜密考虑",他出台了四条措施:停止一切扩张性再投资、收窄销售信贷规模、必要时关闭低效益或亏损企业、推动精细管理[16]314-315。企业家的直觉告诉自己"做什么",而后经过分析决定"如何做"。

表 8.2　轴心式编码与开放式编码的结果

轴心逻辑	范畴	范畴说明	概念
A 因果条件	AA1 企业家创业动机	回答企业家为什么创业，根据动机心理学的自我决定理论，有自主、胜任、关系三个动机	AAA1 自主动机 AAA2 胜任动机 AAA3 关系动机
	AA2 企业经营原则	可以写下来的企业经营的明确要求，如社会责任、价值观、使命与愿景	AAA4 企业社会责任 AAA5 企业价值观 AAA6 企业使命与愿景
	AA3 企业家知识与经验	回答企业家凭借什么去创业，一方面是学习前人已有的发现，即知识；一方面是总结自己的发现，即经验	AAA7 "术"的知识 AAA8 "道"的经验 AAA9 做人的知识
	AA4 企业家社会资本	回答企业家凭借什么去创业？企业家朋友圈的私人关系、与政府的关系、与产业链伙伴的关系	AAA10 企业家朋友圈 AAA11 与政府的关系 AAA12 与产业链伙伴的关系
B 情境条件	BB1 企业家感知能力	企业家感觉、知觉各种内部外部信息过程体现出的感知丰富性、敏感性和想象力，感知的深度与广度	BBB1 关注组织内部各种信息 BBB2 关注国内外政治经济信息 BBB3 关注国内外行业信息 BBB4 善于透过表象发现问题
	BB2 企业家注意能力	企业家对感知的信息有意识地选择、聚焦、持续关注	BBB5 注意组织内部的细节信息 BBB6 注意与组织相关的外部信息 BBB7 能够从众多信息中选择重点 BBB8 持续专注选择事业的信息
C 干预条件	CC1 企业家直觉决策能力	企业家凭借本能、经验、知识对信息进行快速的、粗略的、自动的信息加工而做出决策的能力	CCC1 相信自己的直觉 CCC2 做事有原则 CCC3 不确定情况下的直觉决策 CCC4 紧急情况下的果断决策

续表

轴心逻辑	范畴	范畴说明	概念
C 干预条件	CC2 企业家分析决策能力	企业家通过逻辑、推理、计算对信息进行缓慢的、仔细的、控制的信息加工而做出决策的能力	CCC5 做事有明确的目标 CCC6 遇事做详细分析 CCC7 搞懂所有的相关问题 CCC8 做事有清晰的计划
	CC3 管理创新	管理创新包含计划、组织、领导、控制等方面的创新,其中广义的计划创新涵盖了各个战略层次、各个职能战略的创新	CCC9 福耀管理模式 CCC10 治理结构创新 CCC11 领导指挥创新 CCC12 控制方式创新 CCC13 专业化战略 CCC14 产业链整合 CCC15 全球化战略
D 常规性行动	DD1 工艺创新	为生产新的(有重大改进的)产品或提高生产效率,采用在技术上是新的(有重大改进的)工艺设备或生产方法	DDD1 引进先进设备 DDD2 改造现有工艺与设备 DDD3 自主研发工艺与设备
	DD2 产品创新	企业将新的产品或有重大改进的产品成功推向市场。对企业而言,新的产品必须是"新"的,但对于企业所在的行业或市场而言,其不一定必须是"新"的	DDD4 开发新产品、新技术 DDD5 提高产品科技含量 DDD6 开发使用新材料 DDD7 与客户同步设计
E 策略性行动	EE1 成本领先战略	企业通过采用一系列具体策略在产业中赢得成本领先地位	EEE1 强化生产过程管理 EEE2 强化销售过程管理 EEE3 加强成本费用管理 EEE4 扩大生产规模 EEE5 降低产业链总体拥有成本
	EE2 差异化战略	企业为客户市场提供差异化的产品或服务,形成在产业范围内的独特性优势	EEE6 产品多样化 EEE7 注重品牌价值
F 结果	FF1 企业绩效	企业经营结果体现在两个方面:一是可以定量化的经营绩效,二是不能定量化的社会认可	FFF1 企业经营绩效 FFF2 企业社会荣誉
	FF2 企业家成就	企业家创业、经营企业的结果体现在两个方面:一是外界赋予企业家的荣誉,二是企业家自身感悟	FFF3 企业家荣誉 FFF4 企业家感悟

D 常规性行动。常规性行动可以理解为企业家的主动性行动,即为把"做什么""如何做"的决策落地而采取的行动,主要体现在技术创新方面:一种是产品创新,一种是工艺创新。与第二篇问卷调查研究相比,案例研究有三个新发现:第一是发现了"DD2 产品创新"的新维度"DDD7 与客户同步设计";第二是发现了"DD1 工艺创新"方式的历史演进规律,从创业初期的 1984 年购买上海耀华玻璃厂旧设备与工艺,到 1987 年购买芬兰泰姆格拉斯公司的先进设备与工艺(DDD1 引进先进设备),然后在 2000 年的时候,福耀有了自己制造的国产化的汽车玻璃生产设备(DDD3 自主研发工艺与设备);第三是发现了"DD2 产品创新"方式的历史演进规律,从"DDD4 开发新产品、新技术",到"DDD5 提高产品科技含量",继而"DDD6 开发使用新材料",同时"DDD7 与客户同步设计",福耀玻璃产品创新从无到有、从有到精、从自己独立创新到供应链协同创新。

E 策略性行动。策略性行动可以理解为企业家的博弈性行动,即在把"做什么""如何做"的决策落地时,一方面要主动技术创新,另一方面还要与同行业者展开博弈,采取互动性的竞争战略。与第二篇问卷调查研究相比,案例研究同样有两个新发现:第一是发现了"EE1 成本领先战略"的新维度"EEE5 降低产业链总体拥有成本";第二是发现了福耀玻璃成本领先战略的驱动源不仅有"工艺创新",而且"管理创新"在其中发挥着重要的调节作用,工艺有了管理创新的协同,才能更好地发挥作用。

F 结果。企业家创业与经营企业的主观目的是成就企业家的人力资本价值,企业家实现主观目的的前提是企业在客观上取得经营绩效和社会认可,所有这些都是企业家创业与经营企业的结果。福耀玻璃建成了较完善的产业生态,砂矿资源、优质浮法技术、工艺设备研发制造、全球布局的 R&D 中心和供应链网络;专业、专注、专心的发展战略能快速响应市场变化和为客户提供有关汽车玻璃的全面解决方案。曹德旺 2021 年获"复旦企业管理杰出贡献奖"。

8.2.3 选择式编码

选择式编码是在轴心式编码的基础上,根据研究主题对轴心式编码建构的概念化理论模型的深化与提炼,即对主轴编码所形成的内容进行再一次的整合和精炼,从主范畴中挖掘出能统领其他范畴的"核心范畴"并开发

"故事线"(storyline),进而建构一个解释研究主题的理论框架。本书旨在探讨技术创新对竞争战略的影响机理,本篇案例研究基于企业家企业理论,企业的技术创新、竞争战略都是企业家做出的决策,为此选择企业家认知能力、技术创新、竞争战略共三个核心范畴,开发企业家认知能力对技术创新与竞争战略关系调节作用的"故事线",如图8.10所示。

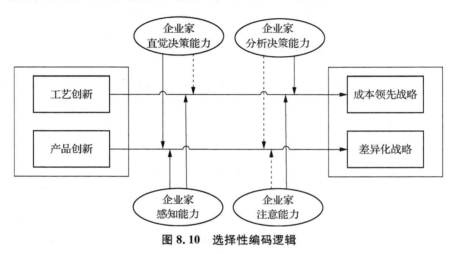

图 8.10　选择性编码逻辑

按照企业家对信息的感知、注意、决策的过程,曹德旺认知能力对福耀玻璃技术创新与竞争战略关系调节作用的"故事线"可以概括为:① 企业家感知能力对工艺创新与成本领先战略关系,以及产品创新与差异化战略关系有明显的调节作用;② 企业家注意能力对工艺创新与成本领先战略关系有明显的调节作用;③ 企业家直觉决策能力对产品创新与差异化战略关系有明显的调节作用;④ 企业家分析决策能力对工艺创新与成本领先战略关系有明显的调节作用。

第一,企业家对企业内部和外部信息的感知越丰富、越有想象力、越敏感,则技术创新对竞争战略的影响程度越明显。例如,1984年6月,曹德旺到南平出差,南平市人民政府经济技术协作办公室(简称南平协作办)派了一辆汽车送他去武夷山游玩。途中他买了根竹根做的拐杖,准备给母亲用的。上车时他把拐杖当扁担,挑着其他的东西。驾驶员突然说话了:"老曹,上车时小心一点,车玻璃不要给我碰了。万一破了,你可赔不起。"看曹德旺一脸不信的模样,驾驶员继续说道:"真的很贵,老曹,一片就要几千块钱呢。"曹德旺还是不信,回到福清后,就到汽车修理店去转了转,结果大吃一惊:马自达汽车换一块前挡玻璃 6 000 元,若急要 8 000 元[16]。从感知的信息中,曹德旺"愤怒之余","我陷入了思考":"为什么没有人做汽车玻璃?""一平方的玻璃一块也不过几元,加工一下,一块玻璃,最多也就十几二十元的成本吧?既然有那么多的汽车需要玻璃,我生产了,一块卖个几百元,不仅替代了日本进口的汽车玻璃,让老百姓享受到实惠,自己还能赚到很多的钱。"

再如,1995 年福耀玻璃万达工厂投产后,尽管厂房内安装的全部是从芬兰莱米诺公司引进的夹层玻璃生产设备,工厂很漂亮,质量也很稳定,但曹德旺却感到成本改善效果不理想。经过调研,曹德旺发现主要是管理层的惯性思维——管理层对成本和质量的管理,还停留在过去国内维修市场供应商的时代,还没有从原来国内维修市场高利润的状态中清醒过来,还以为自己是世界一流的管理者,甚至沉醉于一点小小的进步——每平方米夹层玻璃单耗从 3 m^2 降到 2.8 m^2(当时世界上的单耗数字是 2.85 m^2)。曹德旺用自学的管理会计技术分析控制成本,认为只有做到产品高质量的保证,才能有效地控制成本。

曹德旺的这些思考体现的正是企业家感知信息的丰富性、想象力和敏感性,前者从感知外部信息中发现了汽车玻璃的市场机会,后者从感知的内部信息中发现了提高质量降低成本的机会,直接影响了福耀玻璃后来的技术创新与竞争战略选择,致力于通过持续的工艺创新提供高品质低成本的汽车玻璃、通过产品创新满足客户的多样化产品需求。

第二,正如第 6.3 节中的"认知有限理性假设"所指出的,企业家的认知行为受到信息有限性和认知有限性的双重约束。首先,环境是复杂的,企业家面对的是一个复杂的、不确定的世界;其次,企业家受限于自身的知识与经验,对当下所处情境的感知能力是有限的。为此,企业家会对感知的信息做出有意识的选择、聚焦,而对自己感兴趣的"事业"信息则可能持续关注。例如,1984 年 6 月,曹德旺到南平出差,在当时的情境下,曹德旺聚焦的感知信息中的关键词有"汽车玻璃""日本进口""真的很贵"等。再如,在 1995 年万达工厂投产后,尽管管理层对单耗达到世界先进水平 2.8 m^2 感到很自豪,但是曹德旺聚焦的依然是感知信息中的"质量""成本"等。曹德旺选择、聚焦的这些信息主要涉及工艺创新、成本领先战略,即企业家注意能力强化了工艺创新与成本领先战略的关系。

第三,正如第 8.2.2 节中的"C 干预条件"所分析的,企业家所注意的信息会先由直觉决策系统(系统 1)处理,行不通才由分析决策系统(系统 2)处理。企业家根据直觉或经验判断"能做"还是"不能做""做什么"或"不做什么"。在不确定或紧急情况下,企业家不仅需要快速判断"能做什么",还要果断做出"如何做"的决策。例如,1984 年 6 月的南平出差之行,曹德旺经过筛选的"汽车玻璃""日本进口""真的很贵"等信息,首先是由系统 1"直觉决策系统"处理,意识到了汽车玻璃的事业机会;到底能不能做呢? 而后问题再交给系统 2"分析决策系统"处理——曹德旺经过一番详细的市场调研,最后下定决心"做一片自己的汽车玻璃",让每一位中国人都能够有用得上、用得放心、用得舒心。再如,1995 年万达工厂投产后,经过筛选的"单耗 2.8 m^2"进入系统 2"分析决策系统"处理——曹德旺用管理会计技术分析控制成本,认为可以做到高质量低成本。曹德旺直觉决策系统做出了做汽车玻璃的产品创新决策,分析决策系统做出了如何高质量低成本生产汽车玻璃的工艺创新决策,即企业家直觉决策能力主要影响着产品创新与差异化战略的关系,而企业家分析决策能力主要影响着工艺创新与成本领先战略的关系。

8.3 案例研究发现

归纳开放式编码、轴心式编码、选择式编码提炼的概念与范畴,围绕"企业家认知能力如何影响技术创新与竞争战略关系"的案例研究主题,梳理提炼概念与范畴之间的逻辑关系,得到逻辑上关系递进的两个主要发现:

第一,提出了企业家认知能力的概念,发现了企业家认知能力的维度。企业家认知能力是指企业家对信息的感知、注意、决策的能力,是企业家在信息加工过程中的主观能动性体现,包含感知能力、注意能力和决策能力三个维度。

(1) 企业家感知能力是企业家感觉、知觉各种内部外部信息过程体现出的感知丰富性、敏感性和想象力,表明企业家感知的深度与广度。案例研究归纳得到感知能力的四个维度:关注组织内部各种信息、关注国内外政治经济信息、关注国内外行业信息和善于透过表象发现问题。

(2) 企业家注意能力是企业家对感知的信息有意识地选择、聚焦、持续关注。案例研究归纳得到注意能力的四个维度:注意组织内部的细节信息、注意与组织相关的外部信息、能够从众多信息中选择重点、持续专注选择事业的信息。

（3）企业家决策能力包含两个方面。一是企业家直觉决策能力，指企业家凭借本能、经验、知识对信息进行快速的、粗略的、自动的信息加工而做出决策的能力。案例研究归纳得到直觉决策能力的四个维度：相信自己的直觉、做事有原则、不确定情况下的直觉决策、紧急情况下的果断决策。二是企业家分析决策能力，指企业家通过逻辑、推理、计算对信息进行缓慢的、仔细的、控制的信息加工而做出决策的能力。案例研究归纳得到分析决策能力的四个维度：做事有明确的目标、遇事做详细分析、搞懂所有的相关问题、做事有清晰的计划。

第二，分析了企业家认知能力对技术创新与竞争战略关系的调节作用。企业家感知能力、注意能力、决策能力在信息加工的不同阶段，对技术创新与竞争战略关系的调节作用表现呈现出差异性。

（1）在感知信息阶段，企业家感知能力对工艺创新与成本领先战略关系，以及产品创新与差异化战略关系有明显调节作用，即企业家感知信息越丰富，对信息的感知越敏感、越具有想象力，技术创新对竞争战略的影响程度越明显。

（2）由于受到信息有限性和认知有限性的双重约束，企业家会对感知信息进行自觉或不自觉的选择、聚焦，在过去和当下的情境中，企业家关注最多的是感知信息中的"质量""成本"等信息，即企业家注意能力对工艺创新与成本领先战略关系有明显调节作用。

（3）企业家决策能力可以划分为直觉决策能力和分析决策能力，直觉决策系统对筛选后的信息做出"能做"还是"不能做""做什么"或"不做什么"的快速、粗略、自动的决策，然后分析决策系统再对"如何做"做出缓慢的、仔细的、受控的决策。在技术创新的两种形式中，产品创新更多的是一种"做什么"的灵感触发，而要把这种想象落地，还要依靠工艺创新解决"如何做"的生产流程等，即企业家直觉决策能力主要影响产品创新与差异化战略的关系，而企业家分析决策能力主要影响工艺创新与成本领先战略的关系。

8.4 案例研究结果讨论

8.4.1 企业家认知能力的演变

借鉴企业生命周期理论,把处于企业生命周期不同阶段的企业家划分为三种状态:处于企业成长阶段的创业企业家、处于企业成熟阶段的成功企业家、能够避免企业老化带领企业持续发展的卓越企业家。很显然,处于不同状态的企业家认知能力是不同的,企业家认知能力随着企业生命周期的演进而进化,只有认知能力不断进化的企业家才有能力引领企业持续发展。

通过对曹德旺案例研究数据的反复研读,可以清晰地感受到曹德旺的变化:从创办福耀玻璃初期的"创业企业家",到带领福耀玻璃成长为汽车玻璃的冠军企业的"成功企业家",再到引领福耀玻璃为社会发展做出巨大贡献的"卓越企业家",与此相应的是企业家认知能力的持续进化(表8.3)。

表 8.3 企业家认知能力演变

演变	认知能力							
	感知能力		注意能力		直觉决策能力		分析决策能力	
	广度	深度	集中度	持续性	情感	自动	理性	控制
创业企业家	小	浅	小	短	个人兴趣	快	个人理性	慢
成功企业家	大	深	大	长	企业使命	快	企业理性	慢
卓越企业家	很大	很深	适中	很长	社会价值	快	产业链理性	慢

1. 企业家感知能力的演变

创业企业家感知信息的广度小、深度浅,随着企业的发展,企业家感知信息的视野变得越来越大,对信息的敏感性越来越强。例如,在1984年6月的南平之行,曹德旺感知到的是汽车玻璃的事业机会;1995年万达工厂投产后,尽管管理层觉得成本和质量的管理是一流的,但曹德旺却感知到了玻璃单耗成本还有降低的空间。2004年福耀反倾销案的胜诉,让曹德旺体悟到了自己学习会计知识、把账做完整的重要性:一是向国家交代,应该交多少税;二是向银行交代,是赚钱还是不赚钱;三是向股东交代,钱用在什么地方,赚还是亏;四是对自己交代,能显得更加自信。2007年11月,曹德旺就预感金融危机即将来临,后来有记者问道:"曹总,您是怎么预知到金融危机要发生,经济的冬天即将来临?"曹德旺笑笑说:"很多信息存在于宏观层面中,因此常常会被人们所忽略。但我很注意,我喜欢看各类报纸杂志,每天从福州家里到福清工厂上下班来回的路上,我也喜欢听车载收音机播报的新闻。看到、听到的这些来自各类媒体的各类信息,经过收集消化,成为我观'天象'的依据。"[16]312

企业家感知的广度扩大、对信息敏感性增强,根源在于随着自身知识和经验的积累,企业家能够"看到"的事物越来越多,当然前提是企业家自身主动学习、反思和总结。还在高山异型玻璃厂做采购员时,"富余出来的时间,除了泡汤,我都用在读书上"。曹德旺拜陈科长(福州水表厂会计科)为师,学完了会计学所有知识,知道了什么是原始凭证,懂得了原始凭证的重要性,学会了如何归类、分析财报,明了如何通过财务数据,分析经营状况,了解市场动态和走向[16]74-75。1987年在芬兰泰姆格拉斯培训期间,曹德旺给自己的任务就是每天在车间里转悠,尽可能详细地了解车间的工艺流程、质量控制、检验测试、现场管理等一系列知识、管理工具、各种表格,"有不懂的就问"[16]140-141。

2. 企业家注意能力的演变

在感知能力演变的同时,企业家的注意能力也在持续进化,创业企业家由于感知信息广度的局限性,主要选择、聚焦所从事事业领域的信息;随着感知信息广度的扩大,企业家选择、聚焦的信息面随之扩大,从所从事的事业领域扩展到了相关事业领域;由于企业家认知的有限性,卓越企业家选择的信息范围不会无限扩展,最终会聚焦在企业核心事业领域。

1984年,曹德旺发现维修市场汽车玻璃的商机后,当年就从上海耀华玻璃厂买回了设备图纸和工艺,1985年5月就生产出了第一片汽车钢化玻璃,这"带来了惊人的利润"。到1986年底,汽车钢化玻璃系列产品生产规模得到扩大,主要产品达到国内先进水平,被中汽公司定为全国进口汽车修配定点供应单位。此时,曹德旺敏锐地感觉到"汽车玻璃行业会成为一个很大的产业",决定要"做更高级的夹层玻璃",1987年从芬兰引进设备,1988年投产汽车夹层玻璃。1989年7月开始向广州标致汽车公司出售汽车玻璃,福耀的业务拓展至配套汽车玻璃市场。1999年,正式组建福耀研究发展中心,增强自主研究开发与创新能力。2006年,福耀集团研究院被国家发展和改革委员会、科技部、财政部、海关总署、国家税务总局等联合认定为"国家认定企业(集团)技术中心"。福耀的产品覆盖前挡风玻璃、门玻璃、后挡风玻璃、天窗、模块化玻璃等全系汽车玻璃,持续推动汽车玻璃朝"安全舒适、节能环保、造型美观、智能集成"的方向发展,天幕、隔热、隔音、抬头显示、可调光、防紫外线、憎水、太阳能、包边模块化等高附加值产品占比持续提升。福耀汽车玻璃业务快速发展"靠的是自力更生、不断学习和创新,靠的是专注用心和高度的社会责任感"[18]。

企业家注意能力的演变不是一个线性的持续保持专注的过程,随着感知信息越来越多,企业家在很多时候无法抵御诱惑。但是,成功企业家即使经历了挫折,依然能够自我反省,清晰地看到自身的长处与不足,重新聚焦核心事业领域。1993年6月福耀玻璃公开上市后,福耀玻璃除了汽车玻璃公司以外,先后投资建立了工业村公司、装修公司、加油站、高分子公司、配件公司、香港贸易公司等,福耀玻璃看起来发展得很好,但却赚不到更多的利润。这是为什么?曹德旺经过一年多(1993年至1994年)的反省与调研,最终决定聚焦汽车玻璃为专营主业,清理掉遍布于全国的几百家销售部,市场定位从原来的国内维修市场拓展为出口维修市场与汽车厂家的原始设备制造商(Original Equipment Manufacturer,OEM)。此后,曹德旺一直专注于汽车玻璃。

3. 企业家决策能力的演变

在企业成长阶段,企业家的直觉决策更多的是由个人兴趣与情感驱动的快速、自动的决策,企业家的分析决策更多的是基于企业家个人理性的分析、计算而做出的决策;当企业进入成熟阶段,企业使命、企业价值观成为企业家直觉决策的主要驱动因素,企业理性成为企业家分析决策的基础;而卓越企业家的直觉决策的主要驱动因素是社会价值,分析决策则是基于整个产业链理性。

1984年曹德旺决定做汽车玻璃,是基于个人兴趣的直觉和个人理性的分析做出的决策。1993年至1994年面对福耀玻璃第一次危机时,曹德旺做出的全面重组与改造、聚焦汽车玻璃为主业、清理掉几百家销售部、改组公司董事会等决策,体现的更多是企业家从企业全局和未来发展的理性分析。

1997年东南亚金融危机时,很多印尼企业破产,印尼 ASAHI(日本旭硝子公司)的日本总经理来拜访时,曹德旺承诺每个月买一船大概 4 000 t 左右的玻璃,价格参考中国市场的现价。曹德旺看到的是"从产业链理论来讲,上下游企业是有买卖关系的,但是分工不同,绝对不是各自孤立地存在的。要想让福耀公司健康发展,不仅需要我们自己产品客户端用户的繁荣,更需要我们产品供应商的发达"[16]233-234。这体现了企业家在分析决策时的产业链理性。

2007年为了应对金融危机,曹德旺出台的停止扩张性投资、关闭低效益企业等举措,则体现了企业家基于社会价值的直觉决策和基于整个产业链发展的分析决策,曹德旺认为,"企业家要紧跟政府政策走","中央政府一再强调要淘汰落后产能,既然我们已经知道这些产能过剩,就应该积极响应"[16]323-324。2009年,曹德旺意识到砂矿"沉渣中的氟,不会因堆放时间长而淡化。长期堆存,积少成多,会成为一个祸害子孙的根源"。曹德旺毫不犹豫地关闭了投资 8 000 多万元人民币的双辽砂矿。在 2018 年的《开讲啦》中,曹德旺总结到,中国古代讲的是"三道":君子爱财取之有道,政有政道商有商道,当老师有师道。商道是什么?必须坚持一种原则,敢作敢当,把责任担当起来,能够在社会中形成影响。

企业家的直觉决策能力源于对事业领域的持之以恒地专注、学习、思考、实践和反思而建立起来的对自己直觉的自信。正如认知神经心理学所揭示的,决策在很多时候都是感性的,企业家的使命感、责任感、做事的原则,有助于企业家在不确定或紧急情况下做出不仅仅是"正确"的,而且是"对"的决策。曹德旺立志"要为中国做一片自己的汽车玻璃"、坚守"儒家的仁义礼智信",始终坚持"国家因为有您而强大,社会因为有您而进步,人民因为有您而富足"的信念[13]389,引领福耀玻璃成长为世界领先的、享有盛誉的汽车玻璃供应商,成为中国制造业高质量发展的典范。案例研究发现印证了 Mintzberg[19] 所声称的,政策层面的决策需要一种更直观的方法,这种方法涉及处理模糊性和复杂性。事实上,在当今快速多变的商业环境中,凭直觉做决策越来越多地被视为一种可行的方法[20-21]。企业家在分析决策过程中积累的知识和经验的正向反馈,有助于增强企业家对自身直觉的自信,提升企业家的直觉决策能力。

8.4.2 管理创新的调节作用

第8.2.2节发现了管理创新对技术创新与竞争战略关系的调节作用。管理创新包含计划、组织、领导、控制等方面的创新,其中广义的计划创新涵盖了各个战略层次、各个职能战略的创新。案例研究归纳得到管理创新的七个方面:治理结构创新、领导指挥创新、控制方式创新、专业化战略、产业链整合、全球化战略、福耀管理模式。管理创新为技术创新、竞争战略的各项行动落实奠定了基础、提供了保障,有助于强化技术创新对竞争战略的影响。

(1) 在治理结构创新方面,1993—1994年面对福耀玻璃第一次危机时,曹德旺改组董事会。第一,新董事会由11名董事组成。其中持股5%以上股东占一个董事席位,共5名;外聘独立董事3名;内聘公司高管3名,任管理董事,主要代表职工权益。董事会实行席位制,议事实行票决制。董事不分界别一人一票,平等权利。第二,任何重大决策需股东会表决的必须由董事会提报,未获董事会批准不得报请股东会表决[16]215。

(2) 在领导指挥创新方面,1984年10月买回了设备,1985年元旦,送走了第一批去上海培训的工人。1987年,从芬兰泰姆格拉斯公司引进设备后,同年11月,曹德旺带领一批技术人员到芬兰接受技术培训。1995年,为应对福耀玻璃第一次危机,曹德旺清理掉了遍布于全国的几百家销售部,将遍布全国的几百家经销店卖给负责经营的人。1999年,针对公司经营费用偏高,公司从管理上狠下功夫:一方面在全集团范围内实施企业资源计划(Enterprise Resource Planning,ERP)系统,建立了现代化的信息和管理平台;一方面改善考核和激励机制,使人人有指标,人人有动力。2000年取得显著成效,经营费用比例从1999年的24.89%(三种费用合并)下降到2000年的18.27%。2007年10月,为应对金融危机,邀请了韩国标准协会(Korean Standards Association,KSA),对下属主要工厂和部门的相关人员分期分批进行精益生产培训。

(3) 在专业化战略方面,福耀抵制了能够赚快钱的各种诱惑,坚持在汽车玻璃行业里扎实积累,执着追求。"父亲不做其他行业投资,"福耀总裁、曹德旺之子曹晖说,"他担心如果赚了其他快钱,很容易就会分心,就不再会一心一意地做汽车玻璃。"正是由于这份专注,福耀才能不断审视自己的发展战略,包括已经开始向建材玻璃领域投资等,果断于2008年下半年实施产业调整。在反思了不该分心做另一片玻璃(建筑用玻璃)的同时,福耀更坚定了"只做一片玻璃(汽车玻璃)"的信念[18]。

(4) 在产业链整合方面,2003年在反倾销案打得热火朝天的时候,福耀发现,若想获得世界八大汽车厂汽车玻璃供应商的认证,就必须要有自己的汽车玻璃级浮法玻璃生产线。另外,自己生产原材料,免去了依靠进口所带来的巨额运输费、包装费和关税,生产成本也大大降低,竞争力自然随之增强。2004年初发生的日本浮法玻璃厂商拒绝供应UV-CUT(挡紫外线玻璃),更坚定了福耀做自己的汽车玻璃级浮法玻璃的决定。福耀若要想彻底摆脱原材料受制于人,做汽车厂家所要,唯有加快自己的原片工厂的建设[16]303-304。

(5) 在全球化战略方面,2005年,福耀与奥迪签订全球配套协议,开创了中国自主零部件企业国际配套的先河。自此,福耀融入奥迪全球采购网络,进入全球高端汽车品牌市场。2006年,福耀顺利获得全球八大汽车企业汽车玻璃供应商认证。像奥迪、大众、丰田这样的国际客户,对福耀的质量提升、管理提升提供了很多支持。经过三十余年的发展,福耀已在中国16个省市以及美国、俄罗斯、德国、日本、韩国等11个国家和地区建立了现代化生产基地和商务机构,并在中美德设立6个设计中心,全球雇员约2.7万人。福耀产品得到全球知名汽车制造企业及主要汽车厂商的认证和选用,提供全球OEM配套服务和汽车玻璃全套解决方案,并被各大汽车制造企业评为"全球优秀供应商"。

(6) 在福耀管理模式方面,2021年,福耀集团"四品一体双驱动"质量管理模式荣获第四届中国质量奖。"四品一体双驱动"质量管理模式,是福耀在数十年质量管理实践中,将中国人本思想与现代科学管理高度融合,不断摸索试错、总结改善而最终形成,兼具中西方企业管理精粹的创新型企业质量管理体系。该模式以曹德旺提出的"敬天爱人、止于至善"作为文化引领,以其"产品、人品、品质、品位"的四品一体作为体系核心,以"福耀卓越管理系统"为保障,通过"创造需求、稳健研发、协同供应、精益智造、敏捷服务"的价值创造,以人文驱动人品终身提升、创新驱动产品持续迭代,推动企业发展,树立行业典范,实现极致品质,满足人们对高品位生活的需求。

参考文献

[1] 皮特里.动机心理学[M].郭本禹,王志琳,王金奎,等译.5版.西安:陕西师范大学出版社,2005:10.

[2] 伯克利 E,伯克利 M.动机心理学[M].郭书彩,译.北京:人民邮电出版社,2020.

[3] 加洛蒂.认知心理学:认知科学与你的生活[M].吴国宏,译.5版.北京:机械工业出版社,2015.

[4] 马特林.认知心理学:理论、研究和应用[M].李永娜,译.北京:机械工业出版社,2016.

[5] 加扎尼加,依夫里,曼根.认知神经科学:关于心智的生物学[M].周晓林,高定国,译.北京:中国轻工业出版社,2011.

[6] Burger J M. 人格心理学[M].陈会昌,等译.8版.北京:中国轻工业出版社,2014.

[7] 刘志成,吴能全.中国企业家行为过程研究:来自近代中国企业家的考察[J].管理世界,2012(6):109-123.

[8] 卡麦兹.建构扎根理论:质性研究实践指南[M].边国英,译.重庆:重庆大学出版社,2009:55-91.

[9] 国家质量技术监督局.术语工作 词汇 第1部分:理论与应用:GB/T 15237.1—2000[S].北京:中国标准出版社,2001:1.

[10] Deci E L, Ryan R M. The empirical exploration of intrinsic motivational Processes[J]. Advances in Experimental Social Psychology, 1980,13:39-80.

[11] Deci E L, Ryan R M. The general causality orientations scale:Self-determination in personality[J]. Journal of Research in Personality, 1985,19(2):109-134.

[12] Deci E L, Ryan R M. The "what" and "why" of goal pursuits: Human needs and the self-determination of behavior[J]. Psychological Inquiry,2000,11(4):227-268.

[13] 曹德旺.心若菩提:增订本[M].北京:人民出版社,2017.

[14] Allinson C W, Hayes J. The cognitive style index: A measure of intuition-analysis for organizational research[J]. Journal of Management Studies, 1996, 33(1): 119-135.

[15] Stanovich K E, West R F. Individual differences in reasoning: Implications for the rationality debate?[J]. Behavioral and Brain Sciences, 2000, 23(5): 645-665.

[16] 曹德旺. 心若菩提[M]. 北京: 人民出版社, 2015.

[17] 观曹德旺: 一叶知秋[EB/OL]. (2007-11-01)[2023-02-24]. https://xueqiu.com/1337170840/174141500.

[18] 许红洲, 童娜, 石伟, 等. 越走越宽广的创新之路: 福耀集团坚持自主创新系列报道(上)[N]. 经济日报, 2011-04-11(1).

[19] Mintzberg H. Planning on the left side and managing on the right[J]. Harvard Business Review, 1976, July—August, 49-58.

[20] Burke L A, Miller M K. Taking the mystery out of intuitive decision making[J]. Academy of Management Perspectives, 1999, 13(4): 91-99.

[21] Khatri N, Ng H A. The role of intuition in strategic decision making[J]. Human Relations, 2000, 53(1): 57-86.

04 第四篇
结论与展望篇

本篇总结第二篇问卷调查研究和第三篇案例研究,得出本书的研究结论并展望未来研究,包含第九章"研究结论与未来研究展望",分三个小节分别阐述,即得到问卷调查研究和案例研究的研究结论、明确本书研究发现的理论贡献和实践启示、指出本书研究的局限性和未来研究展望。

第九章
研究结论与未来研究展望

为推进我国制造企业成本领先战略的转型升级,本书以中国制造业企业为研究对象,基于企业家认知能力、高管团队认知风格、技术创新、竞争战略、战略管理制度基础观等理论,运用问卷调查研究、案例研究等研究方法,探讨技术创新对成本领先战略的影响机理,形成了本书的研究结论。

9.1 研究结论

本书以中国制造业企业为研究对象,采用问卷调查研究的时点数据和案例研究的历史数据,探索了技术创新对成本领先战略的影响机理,最终形成了五个研究结论:

基于2011年257家中国制造企业样本和2012年427家中国制造企业样本的两次问卷调查研究,形成了三个主要结论:

第一,企业实施的成本领先战略可以区分为两种:以运营效率为主要驱动因素的传统型成本领先战略,以技术创新为主要驱动因素的创新型成本领先战略(表5.17)。两种类型的成本领先战略的财务绩效、市场绩效、总体绩效都没有显著差异(表5.18)。总体来看,样本企业中,以传统型成本领先战略为主导的比例高于以创新型成本领先战略为主导的比例(表5.17)。

传统型成本领先战略主要通过"努力提高内部生产运营效率""采取各种形式训练和培训员工提高技能""完善生产过程控制规程和制度""加强质量控制并有明确的质量控制程序",以实现"确保单位产品生产成本低于主要竞争者""确保销售价格低于主要竞争者"(表4.7,表5.10)。可以看到,在生产技术水平一定的条件下,传统型成本领先战略主要依靠"人"驱动。创新型成本领先战略主要通过"经常进行设备技术改造以提高工作效率或产品质量""注重引进国内外先进设备提高质量和效率""及时淘汰落后或高耗能设备以降低成本提高质量""经常进行生产流程的改进以提高生产效率、改进产品质量""经常改进产品工艺或作业流程"的工艺创新,或者"经常改进或调整产品的功能,开发能被市场接受的新产品""经常采用新材料、新的零部件或新设计""注重产品随国内外市场变化升级"等的产品创新来驱动(表4.5,表5.7),即创新型成本领先战略主要依靠"设备"或"产品"驱动。

第三篇案例研究中的开放式编码结果(表8.2)印证了问卷调查研究的发现,福耀玻璃工艺创新从成立初期的购买旧设备图纸,引进国外先进工艺或设备,然后在学习消化引进设备和技术的基础上进行技术改造,到后来自行设计研制工艺或设备;产品创新从早期开发能被市场接受的新产品(相对企业自身的新产品),然后根据国内汽车厂商多、单个厂商需求量小、各个厂商需求不同的特点,开发出了拥有原始的、首创的核心技术及其开发的新产品,到后来开始参与客户的产品设计环节。

由此推论,传统型成本领先战略向创新型成本领先战略的转型升级,转型的路径是由依靠"人"驱动转向依靠"设备"驱动,升级的路径是由低技术水平产品的成本领先转向高技术水平产品的成本领先,工艺创新和产品创新共同驱动成本领先战略的转型升级。

第二,从技术创新形式来看,企业实施的是以成本领先战略为主导的竞争战略,由以提高质量、降低成本、提升效率为主要目的的工艺创新驱动(表4.5,表5.7)。从低成本创新动机来看,本书提出并实证检验了低成本创新动机的三个维度——本能动机、认知动机、行为动机(表4.11,表5.41),其中,本能动机、行为动机对成本领先战略有显著影响(表5.48)。

从企业低成本创新动机的三个维度得分来看,行为动机、本能动机、认知动机的得分依次为3.131、2.843、2.708(表5.47)。就问卷调查所处的时代情境来看,企业创新行为具有明显的投入少、风险小、见效快的低成本特征,即"只有短时间内取得成效的技术创新才会去做""只能选择风险较小的技术创新""只能选择资金投入少的技术创新";而且企业根据自身资源能力要不要低成本创新的本能动机偏低(得分均值2.843,小于中位数3),即使是低成本创新,企业可能都不会去做,因为企业"主要按客户要求从事代工,不需要创新""如果销路好,扩大生产规模比创新更有利""创新风险高,多半是赔钱生意";企业的低成本创新选择是由在综合内部外部信息后认为是否需要创新的认知动机决定的(得分均值2.708,小于中位数3),即"创新是大企业的事,中小企业没有能力去作""效益一般,没有资金进行技术创新""没有技术人员进行技术创新"。

第三篇案例研究中由福耀玻璃技术创新历程,得到了与上述结论相反的研究发现,即低成本创新动机不能驱动成本领先战略的转型升级。可能的原因如下:一是由中国制造业企业所处的特定历史情境决定的,当大多数企业都在走"低成本创新"之路的时候,曹德旺1987年就投资购买芬兰泰姆格拉斯公司的先进汽车玻璃生产设备,1988年又以108万美元买下了该公司的一台试验室设备;二是由企业家认知能力的差距决定的,福耀玻璃之所以能够成为中国制造业单项冠军,被世界各大汽车制造企业评为"全球优秀供应商",创始人、董事长曹德旺的高认知能力发挥着决定性的作用。

第三,中国2011年和2012年的正式制度不仅没有强化工艺创新对成本领先战略的影响,相反,弱化了工艺创新对成本领先战略的影响;劳动制度没有对低成本创新动机与成本领先战略关系产生显著调节作用;环境资源制度弱化了低成本行为动机对成本领先战略的影响。高层管理团队存在两种认知风格——分析型和创造型,且分析型强度高于创新型,两种认知风格对技术创新两种形式与成本领先战略关系都没有显著调节作用。

为什么正式制度和非正式制度的调节作用都是负向的?本书第5.4.1节讨论了可能的四点解释:① 政府为企业服务的效率低;② 民营企业还不能够公平地获得或使用资源,特别是金融资源,制约了企业技术创新,特别是原创性的产品创新;③ 中国传统文化具有官僚型文化特征和"实用—经验理性"特征;④ 区域文化中有勤劳、精巧、柔韧的经济价值观,精打细算、精细作业、节省开支、细水长流的经济作风。这些制度环境特征,特别是非正式制度特征,在当下依然有鲜明的表现,在一定意义上,这些历史情境特征决定了企业技术创新和竞争战略的选择。

为持续优化制度环境,2019年国务院颁布《优化营商环境条例》,深化简政放权、放管结合、优化服务改革。2021年印发《国务院关于开展营商环境创新试点工作的意见》,推出了101项改革措施,在6个试点城市开展了营商环境创新的试点工作。2022年6月,《国务院关于加强数字政府建设的指导意见》出台,全面推进政务运行数字化转型,全面提升政府履职效能。世界银行数据显示,中国营商环境排名从2012年的第91位提升到了2020年的第31位。制度环境优化显著促进了企业的技术创新,世界知识产权组织(World Intellectual Property Organization,WIPO)发布的全球创新指数报告显示,中国的排名从2012年的第35位上升到了2022年的第11位。

为什么高管团队两种认知风格——分析型和创造型,对技术创新两种形式与成本领先战略关系都没有显著调节作用?结合第三篇案例研究中曹德旺认知能力的演变,可以推论,高管团队作为企业经营的"代理人"(本书第6.1节),其认知能力偏低是主要原因。相比企业家,特别是在民营企业中,高管团队无论是在感知信息的丰富性、敏感性和想象力,对感知信息有意识地选择、聚焦、持续,还是在凭借知识经验的直觉决策、依据逻辑、推理、计算的分析决策等认知能力各个维度都要弱于企业家。

以福耀玻璃曹德旺为研究对象的案例研究,形成了两个主要结论:

第一,本书提出企业家认知能力的三个维度——感知能力、注意能力、决策能力。企业家认知能力随着企业生命周期的演进而进化。企业家认知能力是指企业家在信息的感知、注意与决策过程中的主观能动性体现。借鉴企业生命周期理论,把处于企业生命周期不同阶段的企业家划分为三种状态:创业企业家、成功企业家、卓越企业家,企业家认知能力随着企业生命周期的演进而演变,即处于企业生命周期不同阶段的企业家的认知能力存在差异。

创业企业家感知信息的广度小、深度浅,随着企业的发展,企业家感知信息的视野变得越来越广,对信息的敏感性越来越强。在感知能力演变的同时,企业家的注意能力也在持续进化,由所从事的事业领域扩展到了相关事业领域,而卓越企业家最终会聚焦在核心事业领域。在决策能力演变方面,直觉决策的驱动因素由以个人兴趣与情感为主,向企业使命与价值观为主演变,卓越企业家的直觉决策主要由社会价值驱动;分析决策由基于企业家个人理性分析与计算,向基于企业理性的分析演变,卓越企业家的分析决策则基于整个产业链理性。

第二,企业家感知能力、注意能力、决策能力在信息加工的不同阶段,对技术创新与竞争战略关系的调节作用表现呈现出差异性。① 在感知信息阶段,企业家感知能力对工艺创新与成本领先战略关系,以及产品创新与差异化战略关系有明显调节作用,即企业家感知信息越丰富,对信息的感知越敏感、越具有想象力,技术创新对竞争战略的影响程度越明显。② 在信息选择阶段,企业家由于受到信息有限性和认知有限性的双重约束,会对感知信息进行自觉或不自觉的选择、聚焦,在过去和当下的情境中,企业家关注最多的是感知信息中的"质量""成本"等信息,即企业家注意能力对工艺创新与成本领先战略关系有明显调节作用。③ 在决策阶段,企业家直觉决策系统对筛选后的信息做出"能做"还是"不能做""做什么"或"不做什么"的决策,然后分析决策系统再对"如何做"做出决策。在技术创新的两种形式中,产品创新更多的是一种"做什么"的灵感触发,而要把这种想象落地,还要依靠工艺创新解决"如何做"的生产流程等,即企业家直觉决策能力主要影响产品创新与差异化战略的关系,而企业家分析决策能力主要影响工艺创新与成本领先战略的关系。

9.2 理论贡献和实践启示

1. 理论贡献

本书的理论贡献主要体现在以下四个方面:

第一,发展了战略管理定位学派的成本领先战略研究。将成本领先战略区分为两种类型,可以是资源驱动的传统型,也可以是技术创新特别是产品创新驱动的创新型;揭示了技术创新形式、低成本创新动机对成本领先战略的影响机理。

第二,将战略管理的定位学派竞争战略研究和认知学派高管团队研究整合起来,创新性地提出并验证了高管团队的两种认知风格——分析型和创造型,揭示了高管团队两种认知风格对技术创新形式与成本领先战略及差异化战略关系的调节作用。首次将动机心理学引入低成本创新研究,提出并实证检验了低成本创新动机的三个维度——本能动机、认知动机、行为动机,分析了低成本创新动机对成本领先战略的直接影响,比较了低成本创新与差异化战略的关系。

第三,将战略管理的定位学派竞争战略研究和制度学派制度环境研究整合起来,分析了制度环境对技术创新形式与成本领先战略及差异化战略关系的调节作用;揭示了劳动制度、环境资源制度对低成本创新动机与成本领先战略关系的调节作用。

第四,将战略管理的企业家学派研究和认知学派企业家研究整合起来,提出了企业家认知能力的概念及其三个维度——感知能力、注意能力、决策能力,分析了企业家认知能力对技术创新与成本领先战略关系的调节作用,比较了企业家认知能力对技术创新与差异化战略关系的调节作用。把企业生命周期理论与企业家认知能力结合起来,分析了企业家认知能力的演化进程,并以此区分了创业企业家、成功企业家和卓越企业家。

2. 实践启示

本书研究的实践意义体现在,中国制造业正处于转型升级的关键时期,要实现中国制造从全球产业链的低利润区向高利润区的升级,依靠技术创新推动竞争战略进化是必由之路。中国制造企业的实践已经证明,单纯依赖以工艺创新为基础的传统型成本领先战略是远远不够的。日本战略之父大前研一的研究发现,虽然中国制造企业的生产设备甚至比日本、德国等国制造企业还要新,但中国制造企业的产品创新能力还很弱,表现在对外贸易中,2008 年出口总额中以自有品牌出口的仅有约 10%,相反贴牌生产由于简单易行受到众多中国制造企业的青睐。本书研究发现为推动从"中国制造"向"中国创造"转变、攀升全球产业价值链高端提供了战略指导。

第一,在转型升级路径上,实现从"传统型成本领先战略"向"创新型成本领先战略"的转变,进而能够"在新的产业市场中继续实施成本领先战略"。这里要特别强调的是,创新型成本领先战略的创新驱动源要着力在产品创新方面,大幅度提升产品创新强度,通过产品创新开拓"新的产业市场",并且在新的产业市场中通过成本领先战略获得和保持竞争优势。

第二,在转型动力内部机制上,首先是企业家自身认知能力的提升,认识到个体认知能力的局限性,聚焦核心事业领域;其次是提升高管团队创造型认知风格强度,增强主动创新动机强度。

第三,在转型动力外部机制上,加强对企业家认知能力的提升、企业高管团队创造型认知风格的形成,促进主动创新的正式制度的建设落实和非正式制度的培育,增强有利于企业主动创新的劳动制度、环境资源制度的建设和实施力度。

9.3 局限性与未来研究展望

第一,问卷调查研究抽样局限性。本书的问卷调查研究局限性主要体现在抽样方法方面。考虑到调查的困难性，本书的调查采取了方便抽样的方法。尽管最后获得的样本也具有一定的随机性和代表性，但是样本企业集中在江苏，抽样方法对结果的推广有一定的限制。将来需要采取随机抽样并扩大样本的地区分布和所有制性质分布，以增加研究结论的外部效度。

第二，问卷调查研究发现局限性。研究发现：① 正式制度弱化了工艺创新对成本领先战略的影响、弱化了产品创新对顾客差异化战略的影响；② 非正式制度弱化了产品创新对顾客差异化战略的影响；③ 劳动制度对低成本创新动机与成本领先战略关系的调节作用不明显；④ 环境资源制度弱化了低成本创新的行为动机对成本领先战略的影响。这些实证结果是2011年和2012年的研究发现，与预期方向均相反，对于上述结果，本书只是对这些现象背后的原因做了粗略的分析，还有待于今后更深入研究。

第三，案例研究发现局限性。本书的案例研究属于单案例研究，尽管严格按照案例研究的构念效度、内部效度和信度要求，采用了规范的扎根理论方法，并辅以NVivo 12软件进行规范的数据分析，案例研究发现的外部效度检验有待后续跨案例研究验证。

针对上述研究的不足，未来研究主要基于企业家企业理论，聚焦中国制造业冠军企业，通过跨案例比较研究，验证和发展本书的研究发现，贡献战略管理的中国情境理论，助力中国制造业转型升级。具体而言：第一，通过跨案例比较研究，完善企业家认知能力的概念，开发测量量表；第二，通过跨案例比较研究，探寻企业家认知能力的演化及其影响因素，特别是制度环境的影响；第三，聚焦冠军企业，探寻冠军企业家认知能力的形成与演变规律，推动中国制造业转型升级。